美國政府

張金鑑 著

學歷：美國士丹福 (Stanford) 大學政治學系
學士、政治研究所碩士

經歷：國立政治大學教授先後兼政治學系主任
、政治研究所主任、公共行政研究所主
任、財政部簡派專門委員及高等考試典
試委員、立法院立法委員、教育部學術
審議委員、中華學術院行政管理研究所
理事長、國立中興大學兼任教授

三民書局印行

國立中央圖書館出版品預行編目資料

美國政府／張金鑑著．--初版．--臺北
市：三民，民84
面：　公分
參考書目：面
ISBN 957-14-0222-2 (平裝)

1.美國—政治與政府

574.52　　　　80002035

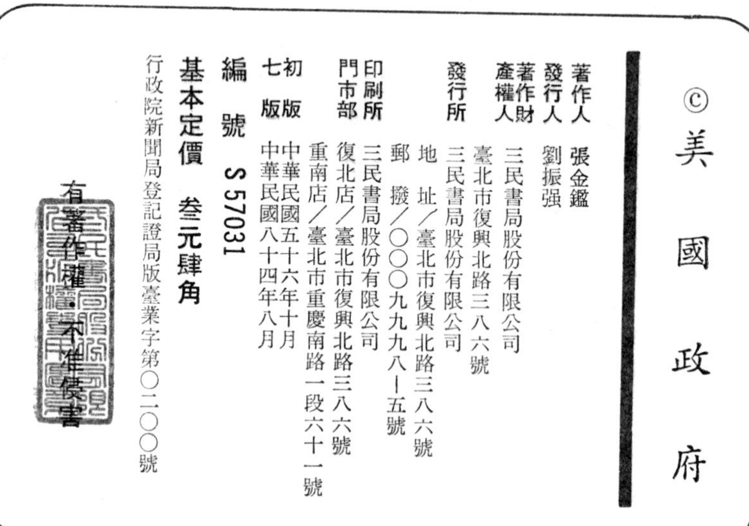
© 美國政府

著作人 張金鑑
發行人 劉振强
著作財產權人 三民書局股份有限公司
臺北市復興北路三八六號
發行所 三民書局股份有限公司
地址／臺北市復興北路三八六號
郵撥／〇〇〇九九九八—五號
印刷所 三民書局股份有限公司
門市部 復北店／臺北市復興北路三八六號
重南店／臺北市重慶南路一段六十一號
初版 中華民國五十六年十月
七版 中華民國八十四年八月
編號 S 57031
基本定價 叁元肆角
行政院新聞局登記證局版臺業字第〇二〇〇號

ISBN 957-14-0222-2 (平裝)

美國政府目錄

目錄　四

美國政府

第一章　美國政府的背景

一、殖民地政府——哥侖布雖遠在十五世紀之末就發現了新大陸，但一直至一六〇七年英國人始於渥金尼亞（Virginia）境內建立一個永久定居的詹姆士城（James Town）。接着而有一六二〇年及一七三二年的教徒移民，卒致在北美洲而有十三州殖民地的成立，殖民地的政府係在英國的管制下，各殖民地政府的法律地位，並不相同，約分之，計有左列三種：

1. 皇家殖民地（Royal Colonies）——在十三州中以皇家殖民地佔數最多，凡八個，即紐亨夏（New Hampshire）、紐約（New York）、紐澤西（New Jersey）、維吉尼亞、北卡羅來那（North Carolina）、南卡羅來林（South Carolina）、喬治亞（Gerogia）及麻塞邱塞（Massachusetts）。皇家殖民地置於英皇直接控制之下，由英皇派遣總督（Governors）駐在各州，受英皇之指揮與命令治理各地。總督爲行政首長對英皇負責。各州另設置有參議會（Council），由英皇或總督指派若干參議員組織之，以爲總督的諮詢或參贊機關。實際上，總督對參議員有任免之權，不過在形式上要經英皇核准。

殖民地另設有人民代表會議，由選民選舉代表組織之。參議會有似立法機關的上院。人民代表會議有似立法機關的下院。殖民地的法官由總督徵得參議會的同意委派之。殖民地議會所通過的法律須報請英皇核准方能生效。人民對殖民地最高法院的判決，如有不服得上訴於英國樞密院之英皇。這種政治制度一直維持到一七七六年獨立時。

2.自主殖民地（Proprietary Colonies）——在美國獨立革命前，英國在北美洲擁有三個自主殖民地，卽瑪麗蘭（Maryland）、得拉威爾（Delaware）、及本薛文尼亞（Pennsylvania）。這三個殖民地的自主權是給予巴爾特莫爾（Baltimore）及威廉彭（William Penn）兩貴族及其後裔的。英皇頒給特許狀（Charters）准許自主者委派總督及其他官吏，並設置議事機關與法院，並享有英皇在皇家殖民地中所有的其他特權。

在瑪麗蘭和得拉威爾各設有兩院制的議事機關，上院曰參議會由自主者或持有者（Proprietor）委派參議員組織之；下院則由選民選舉代表，組織代表會。在本薛文尼亞州，議事機關是一院制，由自主者委派參議員組織之，但無立法權，僅是總督的一個顧問機關。英皇對殖民地通過的法律具有否決權；殖民地最高法院的判決案得上訴於樞密院的英皇。

3.特許殖民地（Charter colonies）——羅得島（Rhode Island）和康乃克特（Connectient）是特許狀殖民地。英皇所頒給的特許狀是頒給由當地居民所組成的團體，英皇在這種殖民地的權力亦比較的有限制。特許殖民地的政府係依主權在民的民主主義的原則組織之。

總督由當地居民選舉之，任期一年。在理論上總督人選須經英皇同意，但是在事實上這只是徒有其名的形式。特許殖民地設有兩院制的議事或立法機關，議員均由選民選舉之。總督對議會通過的法律並無否決權，亦無須逕請英皇批准。法官及其他官吏均由議會委派之。不過殖民地最高法院的判決案仍得上訴於樞密院的英皇。當時的殖民地在特許狀的保障下，在政治上享有幾乎和今日相等的民主與自由。羅得島和康乃克特的特許狀，於革命後成爲各該州的根本法，一直在一八四二年和一八一八年才各予取消。假使英國當年使十三個殖民地都有這樣的獨立與自主，那美國的獨立革命亦可能不會發生。

美國今天的地方政府制度有許多是淵源於殖民地時代的。新英格蘭的貢獻在市（Town）、南部的發展在縣（County），中部則同時利用了市和縣。新英格蘭各地的殖民地，當時爲了宗教自由，都是羣居在一起的。其次爲了防止野蠻的紅印第安人的襲擊，他們亦只有共同居處，團結一致以抵禦敵人。爲了防禦野獸來侵，及集體禦寒羣居亦屬必要。在立法機關亦正式的劃定市鎮疆界以前，居民卽在其住區建立自治的政府。所謂市或鎮就是圍繞着一個教堂所建立成功的住宅區。

市民或選民常定期舉行會議，商討公共事務，因之，市民或鎮民大會就成爲地方政府的主要機構。大會有權徵收租稅，分配土地及制定法規。居民大會選舉『良人會』（Board of selectmen），祕書及巡警負責處理地方事務。市或鎮同時是選舉殖民地議會議員的選舉區。

新英格蘭的市鎮民大會乃是純粹或直接民主制度事例。大會不僅是一種政治集會，亦是一種社交的活動，在人民的生活上是十分重要的。哲斐生（Thomas Jefferson）曾稱贊這是『實行民主自治政府的最明智最妥善的設計』。美國今天在新英格蘭各州的地方自治中，仍保持着這種直接民主制度；不過因爲今日都市人口大量集中，範圍過大，情形複雜，不能不予以若干修正。

南部各殖民地的地方政府，則以縣制爲主，這是因爲當地的土地與氣候適於作大規模的墾植。在人口比較疏散的農業地區，由總督委派保安官（Justice of peace）以治理之。保安官合署辦公的地方稱爲『縣公署』（County Court）。這是一個立法、司法、行政合一的機關。因之，縣是殖民地一個地方行政區劃，同時亦是居民一個自治單位。

在一縣之內，分設爲若干教區。一個教區係以一個教堂或教會爲中心。每一教區由教區居民選舉『教區委員』（Vestry）一人以治理之。這些教區委員都是殖民者的領袖人物。教區的工作除宗教事務外，兼管民政事務。民政事務之重要者爲徵收租稅及救濟貧民。

在中部的各殖民地，地方政府則採取市與縣的並用制。紐約與紐澤西則採市民大會制，實行直接民權，和新英格蘭各地的情形相似，市比縣佔着較重要的地位。在本薛文尼亞及得拉威爾兩地，則縣爲重要。在這些縣中則由縣民選舉委員組織縣政委員會負責治理縣務。

在殖民地時代以工商經濟尚未發達，並無人口大量集中的都市。直至美國獨立革命的前夕，當時只有所謂廿四個都市，市民總數僅佔全體人口百分之三。都市具有法人地位，由總督頒給特許狀規定其權利與義務。紐約是最早的特許市。其他的都市多在本薛文尼亞和紐澤西兩地。其較有名的都市爲阿爾尼亞（Albang），費城（Philadelphia），安尼堡（Annapolis）及納發克（Norforlk）等。都市的治理機關爲市議會（Council），由選民選舉少數參議員及多數議員組織之。總督另行委派市長及祕書（Recorder）參加市議會處理行政事宜。市議會是個立法、司法、行政三權合一的機關。參議員及市長同時具有相當的司法功能。在費城、安尼堡和納發克三市，參議員和議員都是終身職。

二、革命時的政府——自詹姆士城的設置至獨立革命，在此一六九年間殖民地和英國政府間，常發生不斷的磨擦與爭執。殖民地的總督有些常是貪污無能的。爲了徵稅、徵兵、判罪、發給執照、發行紙幣、組織銀行等問題常發生弊端致引起人民的不滿。英國與殖民地間衝突的開始，是由於英國政府通過法律獨佔對殖民地的貿易，對若干商品如羊毛、毛織品、鐵器等的生產與出口均加以限制，藉以保護英國的工業；至於殖民地的政費開支，亦全着由殖民地徵稅以支付之。殖民地的議會常會不肯撥付殖民地政府的經費及駐軍糧餉，每引起英國政府對殖民地的强制執行。英王喬治三世（Geroge Ⅲ）於一七六〇年即位，對美洲殖民地採行高壓政策，致引起反抗情緒。幾經設法妥協，均歸無效，卒於一七七六年爆發爲獨立革命。

十三州殖民地要想革命成功，不能祇靠零星分散的反抗，必須採取聯合陣線及統一行動，爲互通聲氣，以便聯絡，各地均成立『通訊委員會』。一七七二年亞當士（Samuel Adams）首先在波士頓（Boston）組設通訊委員會。在一年之內，麻塞邱塞各地都相繼紛紛的成立這種通訊委員會。其他殖民地受『波士頓茶社』（Boston Tea Party）的影響與領導，亦都先後設立通訊委員會。至一七七三年末，十三州殖民地建立起一個完全通訊網。這些通訊委員會有似現代的政黨。政黨委員會不僅互通消息，交換意見，且進而管理殖民地事務。其後這些通訊委員會並推選參加『大陸會議』（Continental Congress）的代表，並爲大陸會議決議案的執行者。殖民地政府雖然照舊存在着，但這些法外的機關都異常活躍，侵奪了他的不少法定職權。

英國政府企圖懲罰麻塞邱塞州的人民，因爲他們的反抗情緒最爲高漲，反抗行動最爲激烈。這一懲罰企圖更促成殖民地的團結。一七七四年六月十七日麻塞邱塞提議召開『大陸會議』，要求每一個殖民地皆指派代表參加，共商殖民地與英國的關係問題。十三州除喬治亞未派代表參加外，餘十二州均有代表與會。該會議於一七七四年九月五日在費城舉行。這一會議被稱爲第一次大陸會議。

大陸會議的代表自然不是殖民地政府所委派的，因爲政府仍在英國控制之下。代表多係地方委員會或代表會議選舉產生的。在革命份子較多的殖民地議會，亦都推選代表參加大陸會議。各代表自稱是殖民地善良人民所指派的代言人。

大陸會議通過一項影響深刻的『權利宣言』（Declaration Right）、一致決議抵制英國貨品，阻止其進口，並拒絕使用之；同時成立了一個『大陸協會』（Continental Association）以監督此項決議的執行。大陸協會分設於各縣市，在通訊委員會的指揮監督下推行工作。大陸會議在十月廿六日閉幕時曾作決議，如其要求得不到英國政府的滿意解答，將於一七七五年五月舉行第二次大陸會議。

英國對大陸會議的回答是壓制性的。於是麻塞邱塞州準備作戰，在康卡特（Concord）與萊克山頓

(Lexington) 發生流血事件。一七七五年五月十日在費城舉行第二次大陸會議。與會人員多爲曾經參加第一次會議者。喬治亞州亦遣派代表參加。直至一七八一年三月邦聯條款 (Articles of Confederation) 發生效力以前，第二次大陸會議一直是各殖民地的聯合的政府機構。

第二次大陸會議集會時，與會人員主張獨立者爲爲數甚少。一七七五年七月華盛頓 (Geroge Washington) 被推爲聯軍總司令，一年以後會說：『當我受命爲總司令時，我厭惡獨立，但時至今日，除獨立外，別無他途』。當時的領袖們亦多持與此相同的結論。至一七七六年六月十一日，大陸會議推選五人負責起草『獨立宣言』，以哲斐生 (Thomas Jefferson) 爲主席。大陸會議依渥金尼亞代表李亨利 (Richard Henry Lee) 的提議，於七月二日一致通過獨立決議案。二日後，正式宣佈獨立。

獨立革命爆發，皇家總督及其他官員紛紛逃走，各地陷於無政府狀態。大通會議遂指示各州，依民主的原則，建立增進幸福，維護安全的政府。各州並無機構以爲過渡憑藉，大陸會議相繼成立州政府。麻塞邱塞州恢復一六九一年的特許狀，直行至一七八〇年通過該州新憲法爲止。這一州憲一直實行至今日。羅得島及康乃克特仍維持其原來特許狀下的政府組織。其他各州則依民主原則，自行訂定憲法，成立國家組織政府。在歷史首次出現的民主國家和成文憲法，則是美國獨立革命時的各州。新州憲下的政治機構，大體沿殖民地的舊制。有七個州的州憲中皆載有人民權利條款。選舉採限制選舉制。各州政府皆採三權分立制。不過在實際上，立法機構的權力最重，地位最高。人民厭惡總督，因之把行政機構的權力剝奪了許多，而移轉於立法機關。

州政府的行政首長，所謂州長者，由選舉產生之，任期一年，四州由人民選舉之，其他各州由州議會選舉之。在本薛文尼亞及喬治亞兩州，議會採一院制。其他各州沿殖民地之舊均採兩院制。下院的名稱或曰『紳董院』(House of Burgesses)，或曰『平民院』(House of Commons)，或曰『代表院』(House of Representatives)。下院議員由選民選舉之，任期一年。上院則稱『立法院』(Legislative Council) 或『參議院』(Senator Council)。上院議員由選民或下院選舉之，任期一年至五年。上院代表財團利益；下院則代表人民利益。司法制度則沿殖民地之舊，少有變革。

三、邦聯政府——第一次第二次大陸會議均無組織法或憲法。那些會議是適應緊急需要而召開的，係屬暫時性的，戰事既發生，決心要獨立，自然要採取步驟要設立堅固的永久性政府。一七七六年六月大陸會議指派各州代表一人組織委員會，起草各州邦聯的組織條款。此種『邦聯條款』(Articles of Confederation)於一七七七年十一月十七日經大陸會議通過，並經各州議會先後批准生效。

自法律的觀點言，獨立宣言所創造的乃是一個獨立的國家，而非十三個獨立的州；但事實上各州的權利甚大，各具獨立性，大陸會議並非是較高的權力機關，而是以各州的意志爲意志。邦聯政府依邦聯條款第三條的規定，乃是『各州基於彼此的深切友愛，相互結合，成爲堅固的聯盟』。邦聯不是由各州人民組織成功的團體，乃是以各州爲主體的一種聯盟。這一聯盟在推行各州的共同防禦，維護自由安全及相互利益，各州仍是主權者，保持有完全的獨立與自由。

依邦聯條款，邦聯政府乃是脆弱無力的。第二次大陸會議仍繼續維持其存在。這是邦聯政府的唯一機構。只有議事機構，而無執行機構，政務推行，不無困難。邦聯政府中亦無獨立的司法機構，爲了解決各州之間的爭執及審判海盜及俘虜，得臨時成立邦聯法院。邦聯會議採一院制，由各州議會推舉代表組織之，每州最少二人，最多不得超過七人。代表任期以三年爲限。代表的費用由各州支付之。表決時，分州投票，一州一票。代表可以被各州隨時召回，而換以他人。

依邦聯條款的規定，邦聯政府的權力是宣戰、媾和、主持外交、包括遣派使節、締訂條約，按各州土地價值徵收租稅，按各州白種居民人口徵集充員士兵，舉行公債，發行貨幣，建立海軍，解決各州間的爭執，建立郵政制度，管理度量衡，爲了審理某些案件成立法院，爲適應事實需要得任用官員及成立委員會。這些權力的行使以及邦聯條款的修改，至少要有九州的同意方能生效。

各州對邦聯政府所負的義務，是遵行邦聯政府的決定；各州相互尊重各州公民的完全權利；各州相互信賴其文書，法案及司法程序；各州相互引渡其逃亡者；各州之間如有爭執逕請邦聯會議予以解決；各州之間應准自由交通與貿易。除授予邦聯會議的權力外，各州仍保留有其餘的一切權力。州政府的責任是保護人民的生產及增進一般幸福。

邦聯會議每年在費城舉行年會，偶爾亦在他市舉行。會議代表九十一人，集會時出席者祇約三分之一。議事規則規定，只要代表總數八分之一的反對，就可否決會議的議決案。會議之下設有若干常設的行政委員會以處理外交、財政、軍事、海事等事務。這些委員會就是美國聯邦政府國務院、財政部、國防部的前身。

邦聯政府最大成就是提供各州以政治與軍事的統一思想，俾能促成聯邦憲法的產生。在邦聯政府的主持下，勝利的結束了獨立革命戰爭，英國與美國締訂和約。邦聯政府與外國建立正常外交關係，遣派駐外使節，設立使領館。當時著名的外交使節有富蘭克林（Benjamin Franklin）、亞當士（John Adams）、哲斐生（Thomas Jefferson）、及狄恩（Silas Deane）。他們都是卓越的政治家，對美國革命有偉大的貢獻。

邦聯政府的重大缺點，是他們本身無執行機構，無權直接向各州人民採取行動；一切措置都要仰仗於各州政府。邦聯政府的公債高達四千萬元之多，所付利息亦甚鉅，但他不能直接向人民徵收租稅，祇能催促各州政府繳納其配額。由於戰爭的關係，各州財政亦陷於支絀，加以各州間的猜忌觀望，繳納攤款者，並不踴躍。一七八一年至一七八六年間各州攤款總數計一五、六七〇、〇〇〇美元，收到者僅二、四一九、〇〇〇美元。喬治亞和北卡羅來那兩州則分文未繳。歐洲强國對美國各州之間各設關卡，實行檢查與抽稅，妨害自由貿易，但邦聯政府亦無法禁止之。因各州自有其貨出口貿易，予以歧視待遇，對之亦徒嘆奈何。邦聯政府雖有權發行貨幣，但並未實行；因各州自有其貨幣，統一與替代至爲困難。邦聯政府雖不够堅强，但他確已成功的完成了其時代使命，厥功甚偉。在戰爭中推行了不少政治改革，經濟及文化均有長足的進步，實屬難能可貴。

邦聯會議既感不够堅强有力，乃謀修正邦聯條款使邦聯有徵收進口稅之權，但此一修正案未經羅得島批准致未能實行。邦聯無力行使統一的權力，各州之間摩擦反日趨劇烈。瑪麗蘭與維吉尼亞兩州爲關稅及航行問題，衝突甚爲尖銳，各州乃各派代表於一七八五年三月在渥那（Mount vernon）華盛頓寓開會謀求解決。經通過計劃謀使兩州關稅統一，對商業及貨幣作協調的管理。兩州並建議爲謀求十三州的統一與協調各派代表舉行會議共資商討。

依維吉尼亞議會的提議各州代表於一七八六年九月在安納堡集會；依時到會者祗五州代表。因到會代表過少，會議決議於明年再行召集各州代表開會，共商各州的聯合與統一問題，開會地點並決定在費城。邦聯會議對此計劃，遲遲未批准，而各州已有派出代表者。最後，邦聯會議於一七八七年二月廿一日在費城舉行各州代表會議，但與安納堡會議的决議無關。因之，除羅得島外，各州皆遣派代表與會，即構成著名的制憲會議。

四、制憲會議——邦聯會議依决議向各州發出通知，要求各州遣派代表於一七八七年五月第二星期一，在費城集會，共商如何修改邦聯條款，成立聯邦憲法，期以維持各州的聯合及建立有力政府。十一個州均很快的由議會或州長派出代表。羅得島拒絕參加。紐亨夏推出代表較遲。代表共七十四人，報到者五十五人，經常出席者約三十人。最後在聯邦憲法上簽字者有三十九人。出席代表均爲重要人物，華盛頓、富蘭克林、馬迭生 (Madison)、漢彌爾頓 (Hamilton) 均爲代表。哲斐生、亞當士以在歐洲任大使，未被派爲代表。

代表人選多爲年青力壯者，富蘭克林年最長，計八十一歲，得頓 (Dayton) 年紀最輕，僅二十六歲。五十歲以上者十四人，四十歲以下者二十一人。平均年齡爲四十二歲。他們多是受過較好教育及專門職業人員。二十五人是專校畢業，三十三人是律師。這些人都是經驗豐富，熱心公務者。他們亦多是富有階級，籍貫都在沿海地區。

美國制憲會議於一七八七年五月十四日在費城獨立廳開幕。直至五月二十五日，與會代表始足法定人數。富蘭克林被選爲大會主席，因爲他年最長，又爲集會州的主人（本州人），並孚衆望。雖然他曾推舉華盛頓任主席候選人，但還是他當選。甲克生 (William Jackson) 當選爲大會祕書長。大會通過會議規則，決定一州一票，以過半數票爲通過，會議採祕密進行方式。祕書長當時所作的會議紀錄並不完全，且有錯誤。而其後經發表的馬迭生所保持的私人記錄，則甚爲完全而有價值。

大會全體委員會決定，大會使命不在於修改邦聯條款，而在於成立一個新憲法，建立完全的國家政府。維吉尼亞代表兼該州州長倫道夫 (Edmand Randolph) 提出馬迭生所執筆的一個憲法草案，這個草案被稱爲維吉尼亞方案，代表各大州的觀點，主張建立强有力的中央政府。這一方案主張設立兩院制的國會，下院議員由選民選舉；上院議員由各州提名，交由下院選舉之；行政首長由國會選舉，任期一年；另設獨立的司法機關，法官由國會委任，爲終身職。這一方案幾經討論，遭到不少反對。

在大會中另行提出對案者，有紐澤西方案和漢彌爾頓方案。紐澤西方案是該州代表彼德生 (William Paterson) 所提。受到大會的重視，予以深切考慮。這一方案對邦聯條款修正不大，受到邦聯及各小州的支持。聯邦國會採一院制，議員由各州議會選舉，各州平等，在國會中一州一票。新國會對課稅有較大的權力。行政機關採委員制，行政委員由國會選舉，任期一年。聯邦政府只設最高法院，法官由行政委員會任命，爲終身職。這一方案經四日討論，以七對五票被否決，多數人傾向於類似的維吉尼亞方案。

維吉尼亞方案經全體委員會通過，提報大會討論。在大會中又遭遇激烈的反對，乃不得不另求妥協與折衷之道。妥協折衷之道，在於一方面不犧牲各州的利益，一方面又能建立强有力的國家政府。幾經周折與辯論，卒由康乃克特州代表約翰生（Johnson）提出折衷方案。國家政府設兩院制的國會，上院代表各州，下院代表人民。下院議員依人口比例决定其當選數額。但南方六州有萬人奴隸，因而主張奴隸算入代表人口內，但不作爲課徵直接稅對象。北方各州認爲這種辦法有欠公平，堅持反對，最後協商結果，無論課稅或選舉，奴隸人口均按四分之三計算。

北部及中部各州，工商業發達，主張中央政府具有管制工商業的權力。南方各州係農業社會，依賴黑奴耕作；深怕中央有了這種權力將會禁止黑奴進口，而加力反對。妥協的結果，中央有工商管制權，但在廿年內不得禁止黑奴買賣；條約的締訂，要經上院三分之二的多數通過方能生效。

會議進行二月有餘，至七月廿六日，重大爭執均獲得協議作成决議二十六項，交五人憲法起草委員會據以擬訂憲法條文。憲法起草委員於九月十三日提出有似現行美國聯邦憲法的條文，報請大會討論。起草委員會主席爲馬立士（Gourerneur Marris）。大會於九月十五日正式通過聯邦憲法。於兩日內，三十九個代表在憲法上簽名，制憲會議宣告閉幕。世界第一部成文憲法於是誕生。

很多人認爲美國聯邦憲法是制憲代表憑自己的思考與智慧而制定的一種嶄新發明或創造。其實一切政治制度都有他的淵源與背景。美國憲法不是無根之物，並非憑空產生的。當時的制憲代表對政治制度史都有相當瞭解，對英國憲法西歐政府尤爲清楚，對當時有關政治制度的名著亦甚熟悉。舉其著者有布萊克斯東（Blackstone）的英國法律論（Commentaries of the laws of England）、洛克(John Locke)的政府論(Two Treaties on Government)，孟德斯鳩(Montesqueu)的法意(Spirit of Laws)、盧梭(Rousseau)的民約論(Social Contract)、浩布士(Hobbes)的巨靈論(Leviathan)等。這些的事制與理論都是美國憲法的資料與淵源。

美國聯邦憲法使鬆弛的邦聯變爲緊密的聯邦；合十三州而成爲一個統一的國家；强有力的中央政府亦因之宣告成立。依憲法第七條的規定，制憲會議通過的憲法經九州批准卽發生效力。聯邦憲法由制憲會議送請邦聯會議核定轉送各州要求批准。得拉威爾批准最早，時在一七八七年十二月十二日，繼之者爲本薛文尼亞、紐澤西等州，批准者的第九州是紐亨夏，時在一七八八年六月廿一日；最後批准者爲羅得島。

贊成批准憲法者爲聯邦派，不贊成者爲反聯邦派。制憲代表多贊成批准憲法。聯邦派在得拉威爾、紐澤西、康乃克特、喬治亞、瑪麗蘭五州勢力最强，贊成早日批准憲法。維吉尼亞、紐約、北卡羅來那、羅得島四州是反聯邦派的地盤，均批准憲法較遲。而本薛文尼亞、麻塞邱塞、南卡羅來那、紐亨夏四州則兩派勢力相若，意見紛歧。

憲法批准後，邦聯會議於一七八八年九月十三日選定紐約爲美國首都；並着各州於一七八九年一月第一個星期三選舉總統選舉人。總統選舉人經分別選出，集會投票選舉總統。參議員廿二人，衆議員五十九人分別選出，一七八九年三月四日第一屆國會在紐約華爾街(Wall Street)聯邦廳舉行開幕式。上下兩院聯合會議開計總統選票，華盛頓當選爲總統，亞當士當選爲副總統；二人於一七八九年四月三十日宣誓就職。美國聯邦政府至此宣告組成。

第二章　美國政府的特質

政治制度均具有時間性與空間性。制度是生長成功的，各具有其歷史與傳統，且隨時需要而作因時制宜的演變與適應。政治制度又是民族性格與地理環境的產物，因地制宜，因勢利導。因之世界上决沒有兩個國家的政治制度是完全相同的。美國人具有其特殊的歷史背景、民族性格及地理環境，所以其政治制度具有其獨特性質。綜約言之，美國政府的特質，具有左列七點：

一、成文憲法——不成文憲法以英國爲典型。成文憲法乃是美國人的發明。所謂不成文憲法，並非謂無文字記載以規定國家根本事項，政府組織職權及人民權利義務。而是說這些事宜的規定，則散見於各種有關歷史文書、普通法律、及重要條約中。同時，習慣、先例及解釋亦構成憲法之一部。且憲法修改並不難，與普通法律的修改採相同手續。故不成文憲法率爲柔性憲法。成文憲法者係經特別編訂，將國家根本事項政府組織權力等統行集中記載於一部法典或文書。美國憲法是一七八七年制憲會議所通過的一種文書。英國則拿不出如此的文書。美國成文憲法淵源於殖民地的特許狀。這是權利與義務的保障書。在革命時期，州政府依特許狀的精神，制定各州新憲法。美國政府自始即有成文憲法的基礎。美國憲法的修改較之普通法律爲難，故爲剛性憲法。

二、國民主權——美國採行聯邦憲法後，國家主權移屬於全體國民。國家的基本要素之一是主權。主權是國家的最高權力，具有命令或指揮他人的力量。在殖民地時代，英王與英國國會是主權者。在革命時期，英國的主權被停止，殖民者自己自認是最高權力者。在邦聯條款時代，主權屬於十三州。美國憲法序言曰：『我們合衆國民爲成立更完美的聯合體，樹立正義，保障民主的和平……特依神意制定美國合衆國憲法』。由此足見國民是國家的主人翁。多數國民的義志是最高的，其權力亦是不受限制的，所謂國民並非指全體人民，乃指合格公民或選民。僑居本國的外人及屬國的屬民(Nationals)均非主權者。眞正主權者是有投票權的選民。選民資格初期限制較嚴，以後逐漸放寬。在南北戰爭前黑人、婦女、未成年者均無選舉權。所謂公民指美國公民，並非指各州公民。在南北戰爭時，南方的政治家客利鴻(John C. Calhoun)曾堅持各州公民主權說，主張各州有自由退出合衆國的權利。南北戰爭後，州公民權說消逝，聯合公民權說勝利；全國國民的集合體才是主權者。關於國民主權說另一爭執問題，就是國民有無叛亂權或革命權。在理論上，洛克、盧梭答案是是；而浩布士的答案是否。美國在革命時期，咸認人民有此革命權。但在近年來爲要抑止共產黨徒傾覆活動，最高法院判定國民無此權力。因爲人是理性動物及愛好和平的，在現行的民主制度，國民可經由和平方法與途徑改造政府。爲了維持理性、和平與秩序，國民無權以暴力推翻政府。

三、代議政治——民主政治分爲兩種形式，一是直接民主，一是間接民主。在直接民主制下，公民自行集會或投票，直接處理政務或制定法律。古代的希臘城市國家，卽曾實行直接民主制。近代國家復有採行公民投票制者，使公民行使創制權、複決權和罷免權，亦屬直接民主制。間接民主制，通常稱爲代議政治(Representative Government)，卽由公民選舉代表及官吏，組織議會表達民意，主持政府處理公務。在美國，雖然新英格蘭各市鎭的市鎭民大會行使直接民權，有幾州公民亦享有創制權、複決權、罷免權，但就美國聯邦政府的政治體制言，確是代議政治或間接民主制。美國公民對聯邦法律並無創造權、複決權，亦不能集會或投票處理聯邦事務。公民參與聯邦政務的途徑有二：一是選舉衆議員和參議員組織國會，制定法律，表達民意；一是選舉總統選舉人，由之選舉總統，主持聯邦政務。這些都是代議政治和間接民主。代議制度仍是以民爲主的民主政治。實行『多數統治』政府的一切措施悉以民意為依歸。民意者係多數公民的一致意志。這和君主政治與獨裁政治根本不同。在君主制下國家權力屬於一人。在獨裁制下國家權力屬於少數領袖。

四、三權分立——國家的權力要可分為立法、司法、行政三種。這三種權力可以聯合行使；亦可分立行使。在英國，行着『立法與行政合一』制，國會至上。行政首長及其內閣對國會負責；國會有權決定其進退。首相與閣員同時為國會議員。英國法院雖處於獨立地位，但無權審查國會所通過的法律，決定其是否違憲。在獨裁國家，一切政治權力更是集中於行政的部門，最後最高的權力，屬於獨裁者一人。只有在實行總統制的美國，是行着立法、司法、行政三權分立制。這三種權力以三個不同的機關獨立行使，而彼此間尙具有牽制作用，以保持政治權力的平衡，以防任何一機關流於獨斷。

殖民地時代的政治家對孟德斯鳩在法意中所主張的『制衡原理』甚為熟悉；對英皇及總督的專斷權力，至為厭惡。所以各州的新憲法多採三權分立制。麻塞邱塞州憲明定：『本州政府行政機關決不得行使立法權或司法權；立法機關決不得行使行政權或司法權；司法機關決不得行使行政權或立法權，期以建立法治政府而非人治政府』。他們政治權力是必要罪惡，不可信賴，應避免集中，以防強大。因之，聯邦憲法採取了三權分立的新設計。憲法明定，一切立法權力屬於國會；一切行政權力屬於總統；司法權力屬於最高法院及其下級法院。憲法以三條的獨立條文分定三種機關的權力，即含有獨立行使之意。立法、司法、行政三種權力不但是分立的，而且是相互牽制，使趨於平衡，而使任何一機關的權力，不使流於專制。國會立法權受到以下的牽制：(1)法律須兩院分別通過；(2)總統對國會通過的法律有否決權；(3)最高法院有法律的審查權，視其是否違憲。總統的行政權力受到以下的牽制：(1)總統不得頒行命令替代法律；(2)總統支付經費須照國會通過的法律，預算及撥款案；(3)國會以三分之二多數通過得打消總統的否決案；(4)國會有權彈劾總統並審判之；(5)條約的締訂須經參議院批准；(6)高級官員的任命須經參議院同意；(7)法院有權審查行政命令及協定是否違憲。司法機關受到以下的牽制：(1)法官由總統任命；(2)法官任命須經參議院同意；(3)法官有被國會彈劾的可能；(4)國會有權規定法院的管轄權。

三權分立及牽制制衡的目的，在防政治權力的集中與專斷，藉以保障民權與自由。但因此使事權不統一，力量不集中，致形成政府無力，難以有效的爲民服務。自廿世紀以來，美國的三權分立有漸趨動搖的趨勢。國會常通過授權案，行政機關獲得很大行政立法權，委任立法的數量日見增多。總統利用廣播、電影、電視、新聞政策及大量的用人權力，對國會立法能發生絕大的影響力。美國近年來，設置不少工商管制機構。這些機構不僅有行政權，同時亦掌有準立法權，與準司法權。事雖如此，但美國的三種機關，都仍能堅守自己的崗位，維護其憲法上所賦予的權責。分權的基本原理與精神仍屹立不移。

五、聯邦制度——在憲法上明白劃分中央與地方的政治權力，在規定的權責範圍內，各有獨立自主的行動自由，是謂聯邦制度。聯邦制度的觀念雖由來已久，但自美國憲法採行這種制度後，便發生廣大影響，其他現代國家仿行者頗衆。加拿大、澳洲、墨西哥、巴西、瑞士等都是聯邦國。若干主權國的較脆弱的聯合，曰邦聯(Confederation)。美國革命時期依邦聯條款組織會議，南北戰爭時期的美洲州聯(Confederate States of America)，國際聯盟及聯合國都可歸入這一類。邦聯者只是若干主權國的混合物。而聯邦者係若干主權國的新安排成功的一種化合物。在美國革命時，深感邦聯會議的無力，所以革命成功乃適應時代需要，建立團結强固的聯邦政府。各州雖仍保持其完整地位，但各州人民共同的建立起一位新的美洲合衆國。美國聯邦在南北戰爭時，雖曾一度遭到危機，但經過這次攷驗後，其地位更趨鞏固。美國聯邦制度是今日世界上歷史最長久的。其他聯邦國率係模仿美制。將來世界政府的建立，自必以採行聯邦制度爲基礎。單一國是與聯邦國相對待的。在單一國，中央政府的權力高於一切，地方政府並無獨立自主之權。地方只是國家政府的行政區劃與工具；中央對地方的權力，可以任意予奪。英國、法國、比利時等均爲單一國。在聯邦國家，當聯邦法律與州法律相抵觸時，聯邦法律的效率高於州法律。美國憲法明定『聯邦憲法，國會通過的法律及條約，爲美國的最高法。』關於聯邦法律與各州法律衝突案件，由聯邦法院裁定之。

六、司法審查——美國的最高法院有權審查國會所通過的法律及行政命令是否違憲。如屬違憲，法院得宣佈其無效或不予適用。因此，美國最高法院是世界上權力最大的法院。這一制度由事實發展而來，並非憲法的明文規定。如果總統，法院違犯憲法，事應如何處理，憲法對此亦付闕如。總統常以違憲爲藉口，否決國會所通過的法律。國會亦常指責總統違憲以爲報復。同時，總統與國會亦常認爲法院的若干裁定不合憲法。這些爭執如何解決，自應尋找出一個適當解決的途徑。事實演變的結果，致有『司法審查制』的產生。憲法雖未明定最高法院有司法審查權，但憲法第三條載明：『司法機關有權管轄一切由美國憲法、法律、條約所引起的一切爭執案件。』由這一條文的含義引申言之，最高法院當然有審查法律、命令、協定是否違憲之權。

國會於一七八九年通過司法法（Judiciary Act）規定最高法院得頒行執行令（Writ of manda-amus）强制官吏履行一切職責。一八〇一年三月三日晚間總統亞當士委派馬布瑞（Marbury）爲哥倫比亞區的保安官。馬布瑞尚未奉到委任狀，亞當士已卸任。新任總統哲斐生的國務卿馬迭生拒絕頒發馬布瑞的委任狀。馬布瑞乃依司法法的規定控告馬迭生要求最高法院頒行執行令强制馬迭生頒發委任狀。最高法院審理的結果，認爲馬布瑞有權要求委任狀。但他不能依司法法要求最高法院頒行執行令。因該法擴大了憲法所定法院原有職權。這種違憲的法律是無效的，法院不能適用。這是最高法院首次宣佈法律違憲的案件。自馬布瑞案後至一九五九年，最高法院裁定違憲法律凡八十一件。

羅斯福（F. D. Roosevelt）總統『新政』（New Deal）措施，有許多被最高法院認爲違憲，致引起社會人士對司法審查制的批評與不滿，認爲法官年齡太大，態度保守，過度偏袒資產階級，不能與進步的社會相適應。當時羅斯福爲貫徹其『新政』政策，乃加派最高法院法官，改組其成份，使易於接受進步觀點。自一九三七年羅斯福改組最高法院以來，所採觀點較前已有改進。對聯邦政府權力的解釋採較寬的看法，傾向於國家主義或中央集權制。對憲法中商業條款作最廣義的定義，使聯邦政府具有強大權力管制工商業，俾能適應社會經濟的新發展。由個人主義自由主義漸走向民主社會主義。這是司法審查制的一大轉變與進步。

七、限制政府——美國制憲會議認定十三州有團結一致成立新國家的必要；且應當設立政府執行國家的一定功能。政府是制定法律和執行法律的機構，政府應負責保護人民的生命財產、抵抗外來侵略、辦理外交、管制通貨及裁制個人或團體的反社會行動。如果政府功能祇限於這些事務，國家只要有立法者、法官、警察和軍隊就够了。但是現代的國家，沒有至此止步的。相反的，現代國家更有龐大的管制機構和衆多的服務人員。美國憲法的精神原採限制政府 (Limited Government)，重在個人生命財產的保障，其作用是消極的，惟自二十世紀以來，政治思想顯有轉變，漸由警察國家進爲福利國家。政府功能由個人主義進步到社會主義。

關於政府功能的強弱與大小，計有四種不同的主張：一是反對國家主義者，主張完全廢除國家與政府。無政府主義認爲國家是搾取、壓迫、貪汚的工具，應取消一切強制權力，而代以自由互助的福利結合。工團主義者亦主張廢除國家與政府，而依經濟生活組織工團 (Syndicate)，使具有有限度的政府權力管理工人。若干共產主義者亦認爲國家於最後必歸於消逝。二是個人主義，最大多數的美國人都是主張自由放任的個人主義。認爲國家和政府乃是必要的罪惡，應將其權力限制到最低限度，對內維持秩序，對外抵抗侵略，其地位猶如『守夜警察』(Night-watchman)，至於社會及其經濟生活的改進與管制，應讓由私人或自然力料理之。管理最少，政府最好。近年來政府職能的擴張，乃是他們所反對的；認爲這足以妨阻個人的創造力與自由。三是進步主義者。這批人的主張處於個人主義與集體主義之間，乃是二者的中庸之道。美國的『新政派』(New Dealers)及『自由派』(Liberals)都屬於這一陣營。他們是『福利國家』(Welfare State)的擁護者。所持論點有似功利主義，政府的功能在爲最大多數的人民謀求最大幸福。他們雖亦極力反對私有企業與財產的弊害與濫用，但並非是社會主義者。四是集體主義者，主張儘量擴大政府的權力與活動，使個人自由縮小到最低限度。政府對人民的經濟和社會生活可以採取積極的大量的干涉。國家社會主義者主張生產手段收歸國有，經濟的分配與交換亦由政府加以管制。共產主義者所主張，除國家社會主義者的實施外，更進而由政府嚴格管制人民的經濟和社會生活；同時主張以暴力建立政府，實行獨裁政治。法西斯主義者主張實行高度集權的國家主義，反對民主與自由，要擴張政府權力到最大限度。

美國人的生活方式和政府哲學是居個人主義與進步主義中間的，我們無以名之，可稱之爲限制政府。政府職能雖在日見擴張，但人民確認他不能超出憲法所規定的範圍；同時國民是主權者，政府是人民的工具，官吏是人民的僕人。政府的組織與職權有憲法作明文的規定，不能輕易變動。政府的三種機關各自獨立，各有專責，相互牽制。政府與法院非依『法定程序』，不能侵害民權。政府對人民負責，實行文治政府，軍人居於次要地位，而受文人的管轄。雖然近年來有不少人主張擴大政府職權，建立强有力的政府，但以受有憲法及傳統的保障，政府權力仍大受限制。

第三章　美國政府的演進

政府是完成國家使命與功能時所運用的工具或手段。國家的使命與功能的性質和內容是隨時代而變異的，故政府的組織與權能亦因之而演進以爲適應。美國政府成立及今已有一百八十餘年，其間經過不少的演變，以謀適應時代需要。美國政府演進或適應的途徑，扼要言之，有左列四端：

一、憲法的修改——改變政府組織與職能的正式途徑是憲法的修改。依聯邦憲法第五條的規定，憲法修改的方法有二：⑴國會兩院會議三分之二的通過提出憲法修正案，交由各州議會批准，獲得四分之三州的批准時，憲法修改案即生效。⑵各州議會三分之二的請求，由國會召開修憲會議，經與會人員四分之三通過憲法修正案。美國憲法的幾次修改都係採用第一種方法。第二種方法並不會使用。憲法第五條並明定在一八〇八年以前不得提出任何修正案改變憲法第一條第九節第一及第四兩項的規定；不得各州同意不得剝奪該州在參議院的平等權利。憲法修改純粹是立法功能。憲法修正案無需經總統或州長簽署送請批准。除各州在參議院的平等代表權不能修改外，修憲權力者可採用任何的憲法修正案。各州批准憲法修正案的時限，依最高法院的解釋乃是一種政治問題，國會有權決定之。國會所定批准時間，最短者七個月，最長者七年。

美國憲法是剛性憲法修正並非易事。憲法成立迄今修改共第十二次凡廿二條。美國立國時所通過的憲法未載人民自由權利保障，故於憲法生效後不久，在一七一九年通過第一次的修正案凡十條。第一條規定宗教、集會、言論、出版及請願的自由權。第二條規定爲保障自由國家的安全，應保持正規軍隊，人民服兵役的權利不得侵奪。第三條規定軍隊在平時不得到房主同意不得居住民房；即在戰時亦須依法律規定方能住入。第四條規定人民無故不被搜索與被逮捕的權利。第五條規定人民非經大陪審官的陪審不得處以死刑或重刑；一罪不得兩罰；人民不得被迫作不利於自身的作證；人民非依法定程序不得剝奪其生命、財產或自由；私產不得無補償的收歸公用。第六條規定刑事被告須有法定管轄權的法院予以審理，並經陪審官陪審，有權獲知被控的性質與原因及對其不利的證據；有權延請律師爲之辯護。第七條定，依習慣法的訟案，其爭執款額超出美元二十元者，仍不得剝奪其受陪審官陪審的權利；陪審官裁定的事實，不得重予檢討。第八條規定，過度保證金、罰金、殘酷的非常的懲罰不得施行，第九條規定，凡憲法規定的人民權利，不得被輕視或否定。第十條凡未被憲法授予聯邦政府的權力及不被憲法禁止爲各州所有權力，其餘一切權力均屬於各州。

第二次的修正案在一七九八年，爲第十一條規定聯邦政府的司法權力，不得審理此州公民控告彼州的案件；亦不得審理外國國民控告各州的案件。第三次的修正案，在一八〇四年爲第十二條，規定總統選舉人應分別投票選舉總統與副總統，選舉票封送國會，由參議院院長主持，在國會開票，以得多數票者當選爲總統。如無人過半數票者，就得票較多之前三人，由衆議院投票選擧之；但選票依州計算，一州有一個投票權。第四次修正案在一八六五年爲第十三條在廢除奴隸制度。第五次的修正案在一八六八年爲第十四條，規定：(1)生爲或歸化爲美國國民者同時卽爲住在州州民；州不得剝奪美國國民的權利，或豁免其義務；州非依法定程序不得剝奪任何人生命財產或自由；州在其管轄權內不得否定對任何人的法律平等保護(2)衆議院議員人數按各州人口分配之；人口計算包括不納稅的印第安人。(3)美國聯邦及各州政府的議員及官吏均須宣誓遵守憲法，效忠國家，不得幫助或利便敵人與叛變者；國會兩院三分之二的通過得罷黜這種議員或官吏。(4)依法發行公債的債權是有效的；但爲資助叛變所發行的公債是違法的無效的。

第六次的修正案在一八七〇年爲第十五條規定不得以種族、膚色或前曾爲奴隸而剝奪美國國民的選舉權。第七次修正案在一九一三年爲第十六條，規定國會有權依各種稅源課徵所得稅，不顧及各州的人口調查或分配比例。第八次修正案在一九一三年爲第十七條，國會參議院議員改由各州公民選舉之，每州二人，一人有一個投票權。第九次的修正案在一九一八年爲第十八條乃禁酒條款。第十次的修正案在一九二〇年爲第十九條規定男女公民均有選舉權。第十一次的修正案在一九三三年爲第二十條，規定：⑴總統副總統任期於任滿之年一月二十日截止；參議員衆議員任期於任滿之年一月三日截止；⑵國會每年至少集會一次，會期於一月三日開始；⑶如果總統當選人於任期開始時死亡，由副統總當選人爲總統；如總統未能於任期開始時選出或未確定其資格，由副總統當選人代理總統直至總統適格爲止；如總統當選人副總統當選人均不適格時，國會得以法律規定由何人或何種方式代理總統直至有適格之總統副總統爲止。第十二次的修正案在一九三三年爲第二十一條在廢止第十八條的禁酒修正案。第十三次的修正案在一九五一年爲第二十二條規定總統只能連任一次。

美國憲法的修正程序是十分困難的，國會兩院三分之二的通過，各州四分之三的批准都是不容易的。所以有人主張國會兩院過半數的通過，各州三分之二的批准，卽使該憲法修正案生效，今日美國有多人主張美國憲法應該作以下的修正：⑴廢除總統選舉人制度，總統改由直接民選。⑵限制總統締訂行政協定的權力及縮小締結條約的範圍。⑶規定最高法院法官的人數。⑷降低公民投票年齡爲十八歲。⑸强迫承認男女權利的平等。⑹廢止第廿二條的修正案，不必限制總統任期。

二、司法的解釋——政府的演變與成長有多處是經由最高法院的司法解釋。美國聯邦憲法是剛性憲法，條文修改不易，幸賴有司法的解釋可以適應時代環境的要求，就呆板的文字作靈活的說明。幾乎憲法的每一條條文都曾到過法院請求裁定其疑義與爭執。由於法院的裁決與解釋，使人們對此條文得到新的瞭解與運用。最高法院院長休士（Charles E. Hughes）曾說：『我們雖生活在憲法之下，但憲法是什麼，尙有待於法官的解釋』。

這裏略舉事例，以證明休士之言非虛。最高法院會解釋說，憲法的序言，祗是一種宗旨的說明，並不能視之爲權力的給予。最高法院裁定所得稅爲直接稅而非間接稅。最高法院根據憲法的隱含權力認爲聯邦政府有權設置公司如銀行之類。最高法院解釋稱憲法並不跟隨國旗走，新獲得的領土並不一定適用聯邦憲法。憲法修正案的前十條條文，最高法院裁定祗適用於聯邦政府。最高法院有權宣佈法律違憲；陪審官應由十二人組成之；這些都是由司法解釋而來。

就一般的司法慣例言，除非有不得已的原因或理由，法官判案都是遵循前例的。這種判例就構成所謂『法官制定法』（Judgemade Law）。但是美國最高法院對於憲法爭執案件的裁定或解釋，常是前後不一致的。後種解釋常常推翻前種解釋。因爲如此，才能使司法解釋配合環境需要，適應時代演變。

如果讓五十年或三十年以前的憲法法學家看美國現行經解釋的憲法，他們必大爲驚異，認爲違憲的地方太多了。當時，國會無權管制工業、礦業、電力及農業生產，因其交易範圍尙未達於『州際貿易』程度，無需聯邦政府的權力予以干涉。但是今日這些經濟事業，範圍大爲擴張，顯已突破州的界限，聯邦政府自然的對之具有管制的權力。在當時聯邦政府不得向州政府的機關或官吏課征租稅；州政府亦不得向聯邦政府官吏課稅；但是在今日這種豁免權大部份經取消了。當時法院認定國會無權制定法律，規定初選的提名；今日則認定國會有這種權力。各州政府以法律規定黑白人種分校及分乘公共交通，過去是認爲是合法的；今日則認是爲是違憲的。美國的憲法精神和政府權力，在這百餘年來有着重大的變遷與演進。其所以致此之道，有的固由於憲法修改，有的則由於司法解釋。

三、立法的設計——憲法條文祗能作概括及扼要的規定。在實際的運用上，須賴有較爲詳明的法律予以補充和說明。憲法是什麼，國會對之實有很大的發言權。法律的補充和說明給予憲法條文一種新意義和新內容。這種事件的發生，在實質上無異是對憲法的修正。國會是民意代表機關，為要國會能有效的充份的表達民意，國會應該有權制定一切法律，包括有關憲法補充，說明及應用的法律。

國會在這方面的立法和設計是爲數衆多的。舉其事例，不一而定。憲法並未規定政府設置幾個部會；至於各該部會的內部織組與編制如何，憲法中更是一字未提的。國會有權視事實需要通過法律設置、撤消、或合併各部會，並在其組織法中規定其職權與編制。美國憲法第二條第二項僅規定總統及各部會首長有任用官之權；但如何任用並無明文規定。國會於一八八三年通過吏治法（Civil Service Act）設置獨立的文官委員會，掌考試任用人行政事宜，規定政府用人應採功績制（Merit System），公務人員非經公開競爭考試及格不得任用。

美國憲法的制定者曾顧慮到將來可以有一天總統與副總統均因故去職致政府陷於羣龍無首的混亂狀態。如果發生這種事故，憲法規定國會有權立法規定如何選舉行政首長。因之，國會於一八八六年通過總統繼任法（Presidential Succession Act）；此法於一九四七年又予以修正，規定總統副總統均行去職時由衆議院議長代理總統；其次爲參議院的臨時院長；再其次爲參加內閣會議的各部部長，其次序依各部設置先後定之。國會對政府的功能予以廣大的解釋。爲使其有效的達到目的，完成使命，國會曾通過法律設置龐大驚人的國防機構，及爲數衆多的行政部會，使之有權管理人民的經濟與社會，俾高度工業化的國家和極度複雜的社會能和諧的成功的向前發展。

四、行政的解釋——最高法院與國會固然有憲法的解釋權和說明權，在實際上行政首長或總統亦握有這種權力。不過其所採行的方式各有不同就是了。美國總統有不少人堅持說，憲法是什麼，不能僅看他的文字規定，要看他實際執行的情形如何以爲斷。憲法的實行大部份是行政機關的事。總統對憲法的看法有時便可直截了當的付諸實施。哲斐生總統並未於事前獲得國會的許可或授權，他便自行採取行動獲得路易士安那(Louisiana)廣大領土。這種行動在憲法上是不無疑義的。林肯(Lincoln)總統堅持南方各州從不曾脫離美國聯邦。約翰生(Johnson)威爾遜(Wilson)羅斯福(F. D, Roosevelt)總統都認爲國會對行政官吏的免職並無限制的權力。克里温蘭(Cleveland)總統堅持總統有權使用國家軍隊在各州强制執行聯邦法律並保護聯邦財產。老羅斯福(Theodore Roosevelt)同意依據行政協定去監督山都大明溝(Santo Domingo)關稅的徵收；而國會則主張以締訂條約方式行之。在第一次世界大戰時，威爾遜總統曾不顧國會的反對而武裝商船。柯立芝(Coalidge)總統曾拒絕派遣軍隊進入一州維持秩序；他所持理由說那僅是州議會或州長的要求。美國有不少總統均主張總統有權不得國會同意派遣美國軍隊至世界任何地區保護美國人的生命財產。羅斯福認爲美國憲法給予他廣大的權力，讓他能以成功的推行其偉大的經濟復興計劃和新政。從這些事例中足以證明總統在憲法的修正與擴張上扮演着重要的角色。

此外有一些的政治習慣或慣例，亦使美國憲法的原來面目大爲改變。美國憲法並無一條談到政黨。但政黨在美國政治制度上政府運用上早已成爲不可或缺的重大因素。政黨的活動與運用是習慣形成的，並非由於憲法的規定。美國憲法明文規定總統由總統選舉人團(Electoral College)選舉之，美國制憲人認此爲一明知的設計和發明。但這一條的規定早已成爲具文，事實上因政黨制度的運用及初選制度的採行，總統無異是直接民選。內閣會議完全是習慣的產物，並無憲法根據。國會中各種委員會的設置與運用均由於需要與習慣，憲法並無規定。衆議院議員須爲代表州的住民，亦是習慣的產物，並非憲法所明定。

總之，美國憲法原爲幾條的呆板條文，但百餘年來，在實際上運用的結果，他成爲一種活的文書。雖然美國憲法亦常依需要予以修正，但不斷的解釋與實際的運用，確使美國的政治制度不困於條文的羈束，而生杆格不入之弊。活的解釋與運用使政治組織與制度能以隨時與變遷的社會情勢及人民需要相適應，既不阻礙社會進步，又可避免革命，且給予人民以活力與新生。

第四章　聯邦主義的實際

一、聯邦與各州的權限——在單一國一切權力均集中於中央政府。在聯邦國，政府權力確定的分配於中央與地方，各有專司，各守分際。美國與瑞士為最老的聯邦國。以聯邦制度通用於幅員廣大，人口衆多的國家，美國尚是第一個。美國的聯邦制度確認人民是最高主權者，而權限的劃分有三種方式：(1)某些權限給予中央政府；(2)某些權限給予各州政府；(3)某些權限留給全國國民。憲法第十的修正案明定：『凡未經憲法授與聯邦政府亦未被憲法禁止各州所有的權限，均留給各州或人民。』

聯邦政府的權限，計可分為三種：(1)授與權限（Delegated Powers），(2)隱含權（Implied Powers），(3)固有權限（Inherent Powers）。由憲法明文規定或特別列舉給予總統、國會或聯邦法院的事權，屬於第一類，聯邦政府具有的授權權限有十四，即：(1)租稅權，(2)公債及貨幣權，(3)建設郵政局及郵政路線權，(4)商標權及著作權，(5)管制州際及國際商業權，(6)設置各級法院之權，(7)宣戰及海上拿捕與報復權，(8)編制及維持陸軍之權，(9)維持海軍之權，(10)維持國民兵之權，(11)管治領土及財產之權，(12)拘禁及處罰海盜及犯罪者之權，(13)確定度量衡標準之權，及(14)主持外交關係之權。

為了有效的執行憲法所授與的權限，不得不採行某種措施。採行這種措施時所不可少的權力，即謂之為隱含權限。聯邦政府護得這種權限，非由於憲法條文，而來自最高法院的解釋。聯邦既有貨幣權，為有效的流通與管制貨幣自然要有設置銀行的權限。這種銀行權便是隱含權限。聯邦的隱含權限計有以下五種：(1)由於有租稅權，公債權，貨幣權及管制商業權，聯邦有設置銀行及公司之權；(2)由於有設置郵路及徵稅用以增進社會幸福之維持國防及管制商業，聯邦有設學校、修公路、辦衛生及推行保險等權；⑶由於聯邦有維持陸海軍之權，聯邦有權設置軍事學校；⑷由於聯邦有處理財產權、商業權、戰爭權，聯邦有發電權，及出售剩餘電力權；⑸由於聯邦有徵稅用於增進一般福利及管制商業權，聯邦有輔助及管制農業之權。

憲法上並未規定聯邦的固有權限。其行使的來歷與淵源有三：⑴美國既是一個獨立完整的主權國家，她自然具有負責任的必要權力。⑵為要使憲法列舉的各種授與權限聯合一致的有效執行，自然需要更多更大的權限。⑶由於事實的要求，需要中央政府採取必要的行動。最高法院的解釋認為在國際事務上，聯邦政府具有這種權限，但在內政事務上，最高法院對此尚未作肯定的解釋。

美國憲法禁止聯邦國會行使以下的權限：⑴徵收出口稅；⑵按各州人口分配直接稅；⑶一律的直接稅制；⑷人權保障被減剝；⑸在商業上給予此州較他州為優的優先權；⑹有不有關州的同意，變更州的疆界；⑺置新加入之州與原來各州以不平等地位；⑻允許奴隸制度的存在；⑼授給貴族頭銜。

依美國憲法的規定，未授與聯邦及不禁止各州行使的保留權限均給予各州或人民。各州的保留權限有七：⑴管制州內商業；⑵建立方地政府；⑶維護健康、安全與道德；⑷保護生命、財產及維持秩序；⑸批准憲法修正案；⑹辦理選舉；⑺修改各州憲法及州政府組織。

各州政府不得行使的權限，有下列十種：⑴製造貨幣，維持軍隊或軍艦；⑵對外締結條約；⑶通過法律損害契約義務；⑷反對人民受法律的平等保護；⑸違犯聯邦法或阻擾聯邦法律；⑹因種類、膚色、或性別而取消人民的選舉權；⑺征收進口稅；⑻征收出口稅；⑼允許奴隸制度存在；⑽給予貴族頭銜。

聯邦政府和各州政府，共同行使以下的七種權限：⑴租稅權；⑵公債權；⑶設立銀行及公司權；⑷設置及維持法院之權；⑸制定及執行法律之權；⑹為了公共用途有征收財產之權；⑺支付公款增進公共利益。在共有的權限行使上，如州法律與聯邦法律相牴觸，前者失效，聯邦法律的效力高於州的法律。

二、各州之間的關係——各州間的關係，美國憲法第四條有所規定。最高法院對憲法第四條的解釋，亦是規範州際關係的法律依據。憲法第四條第一項明定：『每一州對於其他州的公共法律，文書記錄及司法程序，應給予充份的信仰與信用。國會通過普通法律規定證信這些法律、文書、程序的方式與效力』。

所謂『充份的信仰與信用』，是說每一州應該接受或承認其他州的法律、憲章、措施、紀錄、法院判決與記載。例如甲法院判決張三應償付李四債款一萬元；乙州可以代甲州強迫張三支付此數。此州所發給的結婚證書為彼此所接受。A州的出生證明書可以被B州用以作為確其法律年齡的正式根據。但是這種的『充份信仰與信用』，却有兩個例外，一是刑法，一是離婚法。在甲州犯罪的刑事犯，乙州法院不得予以處罰。關於離婚的規定，各州的法律是不一致的。

為要防止各州的歧視，每州人民的特權與豁免權一律為其他各州承認所保證。由此規定，人民得到他的保護權、旅行權、訴訟權、訂約權、結婚權、置產權、經商權及租稅平等權。由於人民獲得了這種權力或權利，才能合美國的五十個州而成為一個團結的國家，不是五十個分離的州或國。聯邦法院曾否決了若干州對他州人民歧視企圖，各州的團結與合作才得賴以保持。加州曾公佈法律禁止貧民移入該州，被最高法院判定此項法律為違憲。

美國憲法第二項規定：『任何人民在此州犯叛亂或其他重要刑事案件，逃往他州；他州的行政當局有將該犯引渡至原州，接受法律裁判之責。』在各州合作之下，這種引渡工作進行頗為和諧。只要發現有事實，此州照會彼州，彼州總是認眞照為辦理這項引渡工作。不過，彼照會之州，如果檢查事實認為有問題，亦間有拒絕引渡者。

美國憲法第一條第十項規定：『任何一州不得聯邦國會的同意，不得與他州締結協定或契約。州際協定或契約多半是有關各州疆界、河道、港口、水道、橋樑等問題。近年來此項協定或契約亦有涉及經濟或行政問題者。事實上有許多州際協定或契約，並未經國會採取行動而生效的。州長間非正式協定常能發生實際的效力，州際協定或契約，總以平等與互惠爲原則。

各州法律的不統一和不一致，實在構成行政上及司法上的大困難與困惑。爲了解決及改進這一問題，美國自一八九二年起曾有『州法統一會議』(National Conference of Commissioners on Uniform State Laws)。與會人員係由各州州長指派代表參加之。該會議曾擬定了不少『模範法』，此供各州參考採行。該會所擬定的『股票移轉法』(Stock Transfer Act)、『棧房收據法』(Ware house Receipts Act)、『證券工具法』(Negotiable Instruments Act)曾被各州所採行。一九二五年有『美國立法人員協會』(American Legislators Association)的成立，其任務在促各州立法的一致，以免衝突。一九三五年復有『州政府會議』(Council of State Governments)的組設，每二年集會一次，每州參議員、衆議員及行政官各一人參加會議，謀求各州立法的協調。

美國憲法禁止各州征收進出口稅，使聯邦政府對州際及國外貿易具有重大的管制權力，謀求全國貿易的暢通。但是事實上，各州之間仍有很多的經濟歧視，造成貿易障礙與壁壘。各州對於進境的植物及動物常藉口免疫或衛生檢查，使他州生產的牛奶或肉類不能向本州出售。由於州政府實行交通管制，車輛的暢通，有時受到限制。車輛檢查標準，駕駛規則，各州亦不甚統一。他州的酒類進入本州，每受到限制。總之，對本州的生產者予以方便，對外州的生產者予以不利。

但是這種歧視與限制，則遭受多方面的打擊，設法予以消除：(1)聯邦各部會與『州政府會議』採取聯合行動，說服各州，取消歧視性的立法。(2)聯邦法院採取行動如頒行制止令，接受控案及和平的干涉等，期以撤除州際貿易壁壘。(3)由聯邦機關草擬各州統一法規草案以供各州參採施行。(4)聯邦政府頒行的『食品、藥物、化粧品法』，對此等物品的名稱、內容、品質予以標準化，使各州一體遵行。(5)聯邦政府藉補助金制度壓迫各州放寬或取消其歧視措施。

三、聯邦與各州的關係——由於社會經濟的發展及交通運輸的發達，在聯邦與各州的關係上呈現着顯著的中央集權的趨向。縣市的權限和功能被州政府所取去者不少。州政府亦逐漸受到較多的聯邦控制與干涉。聯邦政府所以能取得這種權勢，大半是靠了『補助金制度』(Grants-in-aid) 的運用。州政府或地方政府爲推行某事業或工作如能符合國家政府所規定的條件時，則由中央予以一定的補助金。在這條件的規定上，上級便取得了控制權，使下級不得不受其干涉。

補助金有的是經常的，有的是臨時的；有的是供應普通需要，有的是供應非常需要。美國聯邦政府每年支付的補助金數額，爲數頗有可觀。以一九六〇年的補助金支付爲例，總數即超出七十億美元以上。其中用於公路建造者三十億，公共救助者二十億，教育者四億，住宅及都市革新者三億七，失業及就業者三億，科學者二億八，衛生、農業資源者七億四。

贊成採用補助金制度者，持以下的理由：(1)中央與地方得以合力發展及推行其共同的事業。(2)地方政府財力不足以推行某種事業時，得中央之助，足以解除其財政困難。(3)幫助『所得』(Income) 重行分配，並促進稅制的進步。(4)促進地方政府行政的標準(5)替代中央政府去直接辦理某種事業或行政。(6)使地方政府注意其所忽視的事項。(7)在中央與地方雙方合作之下，可以獲致中庸之道，不致各走極端。(8)保障全國行政或服務的最低限度標準。

反對補助金制度者，則持以下的理由：(1)聯邦政府藉補助金制度的運用可能從事於憲法禁止其有所作爲的活動。(2)地方政府爲爭取補助金可能引起猜忌、爭執與糾紛。(3)地方爲獲致補助金可能引起不公平的租稅負擔。(4)引起中央與地方支出的浪費。(5)干擾地方政府的預算，妨害預算控制的效果。(6)租稅的支付者，應爲租稅的征收者，補助金制度違犯了這種原則。(7)中央對地方予以更多控制，造成中央集權的官僚制度。(8)導致聯邦政府的租稅獨佔權，破壞了各州政府的獨立性。

聯邦政府對各州的輔助，除補助金外，尙有其他方式：第一是分享歲收。聯邦政府就每年林業、礦產、狩獵、地租、電費等收入，分給一部份於有關的州縣。這項資源多是位置在各州境內，聯邦政府不繳納地方稅，而以收入的一部份予之，以爲補償。第二是契約安排。聯邦與州政府締訂契約，後者如爲一定的服務時，前者卽給以一定的支付。這是權利與義務平衡的公平交易，嚴格的說不是補助。國會曾規定各州辦理某些技藝訓練時，聯邦卽支付其費用。州政府如救助退伍軍人就學或就業者，聯邦卽爲其負擔支出。第三是銀行貸款。各州政府得就需要，提出計劃向聯邦銀行申請貸款。

聯邦政府與各州政府在工作的推行上，採合作途徑者頗爲不少。第一、在商業管制上，雙方常能密切配合。例如州政府所禁止的物品，聯邦政府則不准其運輸與流通。第二、在資料、情報、計劃上雙方予以充份的交換，俾能相互瞭解與溝通。第三、聯邦政府和各州政府的官吏，都能相互幫助，協助他方能以有效的完成其任務。雖然州政府禁止其官吏兼任聯邦政府的職務，但他們總是忠誠的協助聯邦事務的推行。

在一九三三年以前，聯邦政府與縣市政府間的接觸，乃是非正式的。縣長、警長及檢察官等與當地的聯邦官員祗有非正式的來往和個人接觸。聯邦部會的印刷品郵寄到地方機關而已。但自一九三三年以來，情形顯有改變。由非正式的接觸進爲正式的關係。依照近年的立法，聯邦政府可以直接撥付縣市政府以補助金使之修築公路、興建學校及國民住宅。

近卅年來，聯邦政府的權力，有着飛騰猛晉的擴張。聯邦的商業管制權擴及到交通、運輸、礦業製造業及涉及兩州的一切貿易與商業。國會有權立法管制勞工關係、無線電廣播、鐵路工人的退休制度，限定工資與工作時數，審核各州交通路線，管制河道交通、管制證券交易、懲罰强盜、綁架者、勒索者及偸竊犯。

聯邦政府的租稅權亦大見擴張。聯邦既有權征稅，便有權自由支配其稅收。因之補助金制度的運用，成爲完全合法的。聯邦政府曾利用其租稅權使州政府不能發行紙幣，以租稅政策使人造牛奶、燐質火柴絕跡市場，且置麻醉劑於聯邦管制下。

聯邦政府的貨幣權亦大見擴張。由於對這貨幣權的廣泛解釋。聯邦對於信用合作社、儲蓄銀行，合會公司等均獲得管制權。由此權力，聯邦得以合法參加國際貨幣穩定基金。聯邦政府更運用其軍事權推行其地方建設計劃。著名田納西谷建設局（Tennessee Valley Authority）的偉大計劃是藉口軍事需要設置的。聯邦政府對於生產、分配、消費、交通等經濟社會生活的高度管制，亦常以軍事需要爲理由。强迫徵兵制的實行，更是軍事權的實際應用。

第五章　民意與壓力政治

一、民意的性質——民主政治就是民意政治。政府的一切措施應以民意爲依歸。民意亦曰公共意見或輿論。民意決定政府的權力與範圍。民意是民主政府的眞正主權者。林肯認爲美國政府應該是民有、民治、民享的。所謂民治就是政府要受民意的支配。我們要瞭解民主政治，首當瞭解甚麼是民意。公衆對公共問題如何思想。何謂民意，言人人殊。自公共關係的觀點言之，民意者是各人對所遇問題或事務的明智與變遷的判斷或決定。依此定義則民意者乃張三、李四、王五等人或全國國民意見相加的總和。實則各人意見不同，如何能相加呢？不能相加，如何又能得到其總和呢？民意應是國民對國家或若干重要的公共問題所持的多數或一致意見。

民意是有團結有組織的意見，其表達也，則是爲了維護或增進自己個人的或團體的利益。民意表達的方式，不外對某一或某些公共問題如補助金制度社會立法，保護關稅等的贊成或反對。無論贊成或反對都是爲了爭取自己的利益。爲了有效的表達其意見，他自然的會加入某種團體或組織，如工會、農會、商會、學會等。一個人的經濟環境、道德觀念、宗教信仰亦是決定其意見形成的重要因素。一個人所屬團體的思想形態常是決定其思想形態的。外部的力量及自己的經驗是各人意見的領導者及組織者。

意見相同或相近的人們便聯合起來結爲團體，以集體的行動去宣傳自己的意見，影響傍人或其他團體來支持或贊助自己的主張，藉以增進其利益。當這些團體向立法者及官吏施行壓力或進行遊說時，便被稱之爲『壓力團體』(Pressure Group)。這種團體的最後發展便是政黨的組織，政黨是製造民意及反映民意的主要及正式組織。政黨的政綱政策可以說是民意的結晶。政黨憑藉政綱政策去吸收民衆或選民。最好的政綱政策是不傷任何人，而對所有人都有利益。

民意亦叫『公共意見』(Public OPinion)。所謂『公共』者，乃指社會中一部份而言，而且在社會有許多不同的公共或公衆。有時以地區來區分公衆，如都市，鄉村，或城鄉之分，省界，南方，北方之分是也。有共同利益者亦構成所謂公衆，如公會、農會、商會、學會等均屬之。有的公衆係屬臨時性的，電視的觀衆，廣播的聽衆便是。有的公衆係永久性的如政黨的組織便是。在政治的運用中重要的公衆要能在公共政策的製訂中和執行中使其意見能夠表達出來並發生影響。

二、民意的測量——關於民意的測量，現時尚無最可靠最準確的方法。不過公民投票是測量民意的普通方法。投票或選舉的結果雖不一定正確，但至少這在表明民衆對這一候選人或問題的多數意見反應。雖然選舉常因昧於事實或感情用事，結果並不完美或正確，但選舉仍是一個最客觀最具體的測量方法。投票不一完全爲了選舉。公民在行使創制權或複決權時則是用投票方式表達其對法律案的選擇意見。這是決策問題，乃意見的表達，並非人的贊成或反對。有時在政治的重要問題上亦採『公民投票』(Plebiscite) 以爲決定。

自二十世紀以來，美國產生一種新的民意探知方法卽所謂民意測驗(Public-OPinion Pall)。那就是用通訊或訪問的方式探知一部份人的意見用以推斷其全體。被探詢的部份人員乃是經過計劃考慮或選擇的。本世紀以來，紐約的前鋒報，波士頓的全球報，芝加哥的美國報都在民意測驗方面有過開拓與努力。自一九一六年以來，文學文摘(Literary Digest)對民意測驗卽獲得有價值的經驗。一九二二年、一九三〇年、一九三三年曾就禁酒問題舉行民意測驗。自一九一六年至一九三六年曾就歷屆總統選舉預測舉行測驗。測驗人數達二千萬名之多。但一九三六年的總統選舉測驗慘然失敗。測驗者認定藍敦(Landon) 將獲選，然選舉揭曉而羅斯福卻得到壓倒式的勝利。這種測驗失敗的原因，是因爲所選擇的投票人分配不當。投票人多是電話和汽車所有者的富有階級，却很少是農工勞動階級，而後者則都是羅斯福的擁護者。

蓋洛普（George Gallup）於一九三四年做民意測驗的開始努力；次年並與美國民意測驗社（AmerIean Institute of Public Opinion）取得聯繫。美國民意測驗社每將所得結果，分售於各報章雜誌。因之，民意測驗成爲一種商業行爲。幸福（Fortune）雜誌亦於一九三五年起從事民意測驗工作。在艾爾蒙（Poeel T.Elmo）羅布士（B.Ropes Jr）及葛洛士萊（A.Crossley）的指導下進行之。他們把經濟上商業上預測的方法與技術應用到政治上來，其測驗結果交霍斯德系（Hearst）報紙發表。在一九三六年蓋洛普和葛洛士萊測驗，均顯示羅斯福將得百分之五三・八選票，但實際上他得到百分之六〇・七選票。由此足見政治測驗技術仍有待改進。

三、民意的傳播——凡我們所見所聞的事物及交談均足以影響我們的意見。各人的意見是自其接觸的友人、鄰居、家庭、學校、教會、學會等環境中吸收滲透成功的。在政治上有地位的人富有的人，知識高的人則影響力較爲廣大。他們是民意的領導者或製造者。普通人的意見則是以報紙、廣播、電視、電影、雜誌、印刷等宣傳媒介的意見爲意見。

報紙是傳播民意製造民意最有力的工具。美國是個報紙讀衆國。報紙銷路幾及於每一家庭。美國報紙現有一萬二千種以上，銷售份數日在五千萬份以上。報紙銷路廣，影響大，故其政策優劣實與公共利益有密切關係。報紙率爲私營，均以賺錢爲目的。賺錢要靠讀者及廣告。因之，報紙的編輯政策每以讀者及登廣告者的興趣與需要爲依據。報紙成爲一種大企業，一種投資，且呈產業集中的趨勢，報紙可能掌握在少數人的手中。一個報紙的社論偏見可能對無數人發生不良影響。霍斯德氏（Welliam Randolph Hearst）控制有多數報紙，形成『報紙帝國』，曾有二十九家日報在其掌握中，分散於十八個大都市。報紙競爭甚爲劇烈，小型報紙無法存在，卒被大型報紙所呑併。

報紙的消息來源除自行採訪外，多靠通訊社的供給。今日世界上最重要的通訊社有美聯社（Associated Press）係以報社爲會員組織成功的；有合眾國際社（United Press International），有霍斯德社（Hearest Agency），有英國的路透社（Reuters）。地方報紙的新聞和社論，每有偏見與成見。通訊社的報導則較爲公正可靠。不過各報館編輯所爲標題，則常參加己見並予以歪曲，使讀者受到影響。因讀者多以事忙時迫，只看標題不讀內容。報館主筆常就事實報導斷章取義，加以增刪，附會曲解，寫爲社論，以宣傳該報自己的主張或偏見。不過，美國人民知識程度較高，判斷力較強，在重要問題上，選民並不被報紙偏見所影響。例如全國百分之八十的日報都是反對羅斯福和杜魯門的，但在總統的大選中，民主黨連續獲得五次的勝利。

廣播與電視兩大事業是影響民意的有力工具和媒介。商人，政客及政府官員均認識其重要性。據一九六〇年的統計，在美國，廣播及電視的收聽與收視者，超出一億兩千五百萬具。平均每家有兩具半。其範圍之大，影響之廣超過報紙。起初，政府對廣播及電視並未作適當的管制，情形頗爲混亂。政府乃於一九二七年頒佈『聯邦廣播法』（Federal Radio Act），一九三四年頒佈『聯邦交通法』（Federal Communication Act）。美國的廣播與電視率爲私營，他國者多爲公營，故其管制制度亦有不同。

依法律規定廣播電臺或電視站對公職競選人的租用，須予以平等的機會。廣播及電視站不得作偏袒一方的政治宣傳。若然，聯邦交通委員會將拒絕發給其三年一換的營業執照。廣播與電視是一種營業或投資事業，宣傳者或廣告者須支付租價購買播放時間。廣播或電視公司播放的廣告與宣傳，每知自求審愼。因爲如有不當會引起對方的反對；如不適合觀聽眾的口胃會影響到營業。美國全國性的廣播事業有四大系統，即國家廣播公司 (National Broadcasting Company)，哥侖比亞廣播系統 (Columbia Broadcasting System)，互助廣播系統 (mutual Broadcasting System)，及美國廣播公司 (American Broadcasting Company)。

經由廣播及電視報告新聞消息，對公共意見的形成具有重要影響。新聞報導是經過編輯與剪裁的，在取舍之間藉以發生宣傳作用。新聞的解釋與評論，更是宣傳自己政治主張的有效方法。一九四六年聯邦交通委員會曾發表藍皮書，題目是『廣播領照者的公共服務責任』(Public Service Responsibility of Broadcasting Licensees) 規定廣播公司換領執照，須具備以下的條件：⑴提供合理的維持計劃。⑵適合地方需要的工作計劃。⑶供給討論公共問題的足用時間，對爭執者予以平衡的待遇。⑷清除過份薰染的廣告。聯邦交通委員會現限定是一個廣播公司的主人，同時至多只能擁有七個廣播站。

電視是一種新興的宣傳工作，有興趣，有吸引力，大大的奪去了廣播聽衆和電影觀衆。電視對民意的傳播及教育的推行，有着重大的助力，將來的貢獻與成就，實未可限量。不過，電視設備，需要資金較多，且在初期每不易賺錢。爲鼓勵民間投資，促成電視事業的興趣，多人主張，對電視管制應予放寬。

在美國，宣傳的工具，如報紙、雜誌、廣播、電影、電視都非常發達，力量雄厚，影響廣大。但宣傳者爲了擴大其宣傳效果，往往過於誇大其詞，歪曲事實，混亂聽聞，顚倒黑白。政府爲了維持社會秩序，公共利益，善良風俗，對於宣傳內容有施行檢查或予以限制之權。美國雖是最民主的國家，但新聞檢查制度仍然是存在的，檢查的目的，除維護國家利益，公共安全外，兼以調節各競爭者間的利害衝突，使趨於平衡，俾各相安無事。美國在第二次世界大戰時，曾設有『新聞檢查局』(Office of Censarship) 專司其事。

四、壓力團體——美國有很多的利益團體如工會、農會、商會、學會等均採取行動與政府接觸，施以壓力，期能維持或增進其利益。這些團體多在華盛頓及各州首府設有總部或辦事處推行工作。他們所採用的方法則多為遊說（Lobbying）和請願（Petition）。壓力團體施行壓力的對象是議員和官吏。

壓力團體興起的原因有二：㈠美國國會及州議會議員均地區代表制，卽依地理分區選舉之，這種選舉制在簡單的農業社會較具代表性。但今日產業發達，經濟分工益明，職業技術專門化。於是各種的經濟團體職業團體紛紛成立，為自己的利益而奮鬥，地區代表制下的議員，已失却其眞實的代表性。壓力團體乃起向議會向政府施引壓力，使接納其意見，注重其利益。㈡在自由企業的經濟制度下，無論社會上或經濟界都有劇烈的競爭。為了求取競爭的勝利，不能不組織團體，因為組織就是力量。這些競爭的團體，僅靠自己的力量爭取利益，尚是有限的，必須進而向政府及議會進行遊說，施以壓力，使之接納其意見，方能得到較大的利益。

壓力團體的種類，大別有三。一是農業團體，二是勞工團體，三是工商團體。在農業方面値得舉述的，有三大組織卽美國農會聯合國(American Farm Bureau Federation)，國家農業事務會(National Grange)，及農民協會（Farmers' Union)。農會聯合國組織堅强，向國會的要求一向能發生較大的影響力。農會在中西部勢力頗大，聲譽亦甚佳。為羅斯福『新政』農業政策的支持者，全國性的組織成立於一九二〇年。農會工作注重於農業改進，農業推廣，農業救濟及農業教育等。

農業事務會歷史較久，遠在一八六〇年時卽有此種團體。該會主張土地改革運動，發展頗為迅速。但近年來，該會的觀點則漸趨於保守。農業事務會的會員大半為東北部的農民。他對國會的影響力較同業競爭者為差。當羅斯福推行『新政』時，該會對羅氏的農業政策採反對態度。農民協會在米士失必河流域（mississippi Valley）西部最具勢力，主張積極推行農業合作政策，採自由進步的立場。

美國全國性强大勞工團體有二：即美國勞工聯合會（American Federation of Labor）及工業團體會議（Congress of Industrial Organizations）。前者成立於一八八六年。關於工資及工作時間等問題由地方性工會處理之。至於政治問題則由州工會，及全國性勞工聯合會負責解決之。美國勞工聯合會的創議人高謨柏（Samuel Gompers）反對工會直接參加政治活動，應採取獎勵友人，打擊敵人的政策。該會游說力量甚强，活動甚力，所發生的壓力甚大，但不與政黨取得聯盟。勞工之友支持之，勞工之敵反對之，不管其黨籍何屬。

工業團體會議成立於一九三五年，在派遣組織及領導人員至各大工業的團體及工廠中，激發勞工情緒，積極推行『勞働組合運動』（Unionism）。當時在美國，這是一種新運動。工業團體會議是站在政治前線作戰的。在他領導下，有『勞工中立聯盟』（Eabor's Non-Partisam League）的組成。一九三六年及一九三八年的總統及國會選舉時，這一聯盟曾推行猛烈的競選活動。自一九四〇年以來，工業團體會議又支持產生出所謂『政治行動委員會』（Political Act Committee）。這一委員會在每屆的大選中均成爲不可忽視的一個重要競選因素。

工商團體的會員人數雖遠不若農民或勞工團體者之多，然以其資金雄厚，影響廣大，其勢力與地位，固不可侮。美國總商會（The Chamber of Commerce of the United States）和全國製造業聯合會（National Association of manufacturers）乃是最有力量的工商團體。其會員均爲商工團體，數以百計。自一九一二年以來，全國總商會就成爲美國重要的壓力團體。他們揭示的標語是：『政府要少管制商業，商業要多進入政府』。這一標語在經濟不景氣時代雖少吸引力；但在經濟繁榮或正常時期却很有號召力。商業的觀點多是保守的對社會改革及保護勞工的立法每表示反對。總商會常採用由各地商會投票方法，表示意見，向政府及議會施行壓力。全國製造業聯合會成立於一八九五年。這亦是一個保守的團體，反對勞工立法及社會改革政策。這一團體施行壓力的方法，除向國會進行遊說外，更大量使用電影、電視、廣播、報紙等以爲宣傳。

代表有組織的利益團體向政府及議會施行壓力，爭取利益的人們，被稱爲是『遊說者』。其實，其正式名稱則爲立法代書、贊助人、執行祕書、參事等。這些人有者曾爲議員，有者曾充官吏，而大多數則爲律師。各個利益團體進行遊說或施行壓力時，是不分黨派的全面進攻，不管官吏或議員，亦不管是民主黨或共和黨，只要能給與支持或幫助者都是朋友。

壓力團體施行壓力的方法不祇一端。有時擬就法律草案，託由有關係的議員在議會中提出。若經提出，在討論時則充份供給議員以與己方有利的資料，使爲發言根據。有時則用種種方法如宴會，舞會等，以結識有關的議員與官吏，請其支持所提出的要求。最普通的遊說方法就是向有關官吏與議員通訊、打電報、郵寄各種宣傳品。向政府及議員提出請願案亦是有效的壓力方法。在選舉進行中，利益團體常支持自己的有利的競選人使之當選。利用廣播、電影、電視、報章、雜誌等推行宣傳，影響官吏與議員。

爲防遊說活動的流弊，美國國會曾於一九四六年通過『立法改組法』（The Legislative Reorganization），規定遊說者須辦理登記，並報告其財務收支。壓力團體施行遊說，係表達民意，影響政府與議員，爭取利益，原符於民主政治的原則，無可厚非。且地區代表制已失去其眞實性，由職業的經濟團體提供資料，表達意見，亦足救濟地區代表制之窮。不過壓力政治確亦有以下的流弊：(1)形成政治的腐敗與貪污，遊說者可運用金錢的力量影響官吏與議員，致使行政措施與立法失却公正性，客觀性。(2)重視各個集團的或特殊的利益，而忽略了全國的一般的利益。(3)全國國民均是消費者，消費者有消費的利益；壓力集團只代表了生產者的利益而忽略了消費者的利益。爲要保護一般利益，政黨須負起責任，爲要保障消費者的利益，消費者應團結起來，組織起來。

第六章　政黨政治制度

一、政黨的地位——一般說來，美國人是討厭政黨的，多不願以黨人自居。但是在實際上，政黨却佔着十分重要的地位。政黨是民主政治的要素。在一個大的國家中，若沒有良好的政黨制度，民主政治的運用是不易成功的。政黨在民主政治的運用中，具有以下的功能：(1)提名公職候選人；(2)對重要問題擬訂公共政策；(3)集中民意，反映民意；(4)標劃政府行爲的責任與標準。民主政治運用能否成功，每視政黨制度的優劣爲轉移。我們無法從根本取消政黨，只能設法改進之，使之更有效更負責。

政黨是持相同公共政策的公民或選民所組織成功的政治團體。政黨與壓力團體不同，前者的目的在奪取政權或官位。後者只在影響行政決定或立法。美國雖是民主黨共和黨兩大黨對峙的國家，但在實際上兩黨却頗相似。第一、兩黨的黨員人數，相去不遠，選舉的勝利，都靠爭取爲數衆多的中間份子。第二、兩黨爲爭取選舉的勝利，所採取的政綱政策或提名的候選人都不敢過份偏左或偏右，多採溫和政策或中庸之道。

美國民主黨共和黨黨員黨籍是十分脆弱的。凡在初選中投某黨的選票者便是某黨黨員。黨員祇是選票問題，不涉及思想或政策問題。儘管他相信民主黨的自由貿易，地方分權等政策，但如果他投共和黨的選票，就是共和黨黨員。兩黨的黨員亦是不十分固定。此次選舉是民主黨黨員，下次選舉亦可變爲共和黨黨員，黨員黨籍構成的要素有三：(1)投本黨的選票；(2)登記爲本黨黨員；(3)向本黨捐獻款項。

一個人決定加入民主黨或共和黨，其涉及的因素有下列諸端：第一是家庭的傳統。這在個人的黨籍的決定上，佔着重要的地位。這是政治上的『拜祖教』。家庭的薰染與陶冶，於無形中決定其政治傾向。多數人受此影響定其黨籍。第二是經濟的地位。政黨固是政治的團體，但是藉此團體足以圖謀各人的經濟利益，故經濟利益相同者多加入同一的黨。民主黨黨員的成份以農工份子較多；而共和黨黨員則多爲資產階級或工商企業家。第三是祖籍的關係。各人祖先的國籍常影響到他們的黨籍。一般說來，北歐人的嗣裔多爲共和黨人；南歐及東歐人的嗣裔多爲民主黨人。第四是宗教的信仰。黨籍的決定和宗教的信仰亦有相當的關係。新教或基督教教徒參加共和黨的爲數較多。而舊教或天主教教徒則參加民主黨者較多。第五是地區的影響。地理的區劃在美國政黨黨籍決定上，有着重大的影響。南方各州幾乎全是民主黨。而梅因（Maine）渥蒙特（Vermant）兩州的人則大多數是共和黨黨員。

二、黨治的性質——綜觀各國政治，政黨政治的類型計有三種：一是一黨專政的黨治。曾行之於法西斯主義的意大利和德意志；現行於共產主義的蘇俄及其附庸國家。二是多黨分治的黨治。現時的德法等國採行此制。三是兩黨對峙的黨治，以英美兩國的政黨制度爲其典型代表。何以英美兩國獨採行兩黨制呢？其所持的解釋，有以下諸端：⑴英美兩國的民族性，比較是現實主義，並不堅持原則，富妥協性採中庸之道。兩黨制是妥協折衷的結果。⑵宗教、種族、國籍等在美國並未形成政黨的組織。因之政黨數目大見減少。美國以政策爲分野而劃分政黨陣線，故最後成爲兩黨。其他國家則有以宗教、種族、國籍等因素組黨者，致形成政黨林立。⑶英國的兩黨對峙制曾移殖於十三州殖民地。美國革命成功後，政黨制度無形中受到英國和殖民地影響，使兩黨制得以流傳至今。⑷美國在總統選舉上所採行的總統選舉人團，在議員選舉上所採一區一人的小選舉區制，助長了兩黨制的存在與發展。不屬於兩大黨的候選人極難當選。

國家有兩大政黨，責任明確，易於比較，其政績優劣，無所逃於人民的判斷中，兩黨爲取得人民擁護計，自必努力作政治的競賽，謀在政績上有附合民意的表現。在兩黨制下，政府基礎穩固，不致因黨爭引起政潮，而使政府改組。但自另一角度觀之，兩黨制亦有其缺點：(1)近代產業發達，社會複雜，議會須爲社會的縮影，反映各階層各職業的意見，一國只有兩大政黨不足以代表各階層各職業的意見。(2)兩黨對峙制下，政綱只有兩種，內容簡單，範圍狹窄，非此卽彼，使人民無多所比較，多方選擇的機會與自由。

美國的民主黨共和黨的性質太相近似了。在政綱政策上無重大的區別。因之，有人主張對美國的政黨制度施以改組。最好有一個政黨是保守性的政黨；另一個政黨是進步性的政黨。在一九二〇年代民主黨聲勢不振，其後以大量吸收農工份子，大大增加了該黨的進步性。羅斯福的『新政』，代表民主黨進步的政綱政策。自羅斯福執政以來，民主黨傾向於進步派，共和黨趨向於保守派。但是這種劃分是很困難。因爲南方的保守份子多是民主黨的黨員；而北部和西部的進步份子又多是共和黨黨員。除非保守的南方，亦能分隸於民主與共和兩黨；北部西部的進步份子亦均肯脫離共和黨加入民主黨。但是這種的可能性並不太大。

在美國一百八十餘年的歷史中，雖亦屢有第三黨的興起，但影響力不大，維持未久，仍未達於破壞兩大黨制的境地。雖然在若干次的總統選舉中，第三黨亦曾提出總統候選人並得到一些票數，但並不足以取得與民主、共和兩黨的平衡地位，獲得社會的長期的承認。自南北戰爭以後，第三黨在總統選舉中，曾有六次得到不少的票數。一八九二年平民黨（Populists Party）得到一百萬以上的選票。在一九四八年進步黨（Progressive Party）支持華萊士（Wallace），州權黨（States' Righters）支持饒孟德（Thurmond）爲總統候選人亦得到不少票數。在一九一二年及一九二〇年社會黨（Socialist Party）支持戴布士（Debs）爲總統候選人均得到近百萬的選票。在一九一二年進步黨的候選人老羅斯福（Theedore Roosevelt）得到四百萬以上的選票；超出共和黨候選人脫虎特（Taft）的票數。當時因老羅斯福使共和黨分裂，致予民主黨候選人威爾遜（Woodrow Wilson）以獲勝的機會。一九二四年的大選，賴福來德（La Foelette）在進步黨的支持下會獲得約四百五十萬的選票。第三黨的候選人雖不會當選獲得官位，但其所揭示的進步政綱政策還是有影響的。這種政綱政策每為兩大黨所採擇施行。故第三黨在促進兩大黨的進步上還是有幫助的。

三、政黨的演進——美國現在的民主黨是哲斐生（Thomas Jefferson）所創造的，時在第一任總統華盛頓執政時代。哲氏反對中央集權，主張擴大州權，重視個人自由。他組織的政黨當時名『民主共和黨』（Democratic Republican Party）。早期的民主共和黨反對高關稅政策，他的支持者是西部的小農民及東部的城市工人。約當一八一六年『聯邦黨』（Federalist Party）解體後，民主共和黨會有一個時期無反對黨。其後民主共和黨內部發生紛爭。爭鬥的結果，甲克生（Audrew Jackson）獲得勝利，掌握黨權，黨名稱『民主黨』，取消原有的『共和』二字。反對甲克生者自組新黨，名『自由黨』（Whigs）時在一八三四年。民主黨一直佔着第一大黨的地位，至黑奴問題發生爭執，該黨始發生分裂。當時的民主黨反對國家銀行，主張自由貿易及奴隸制度。南北戰爭後，民主黨的勢力衰減，退居於第二黨的地位。一八六〇年南北戰爭爆發，南方的民主黨頓行分裂，共和黨乘機而起，握得政權。自南北戰爭至一九一二年，民主黨僅贏得兩次的國家選舉。自一九一二年至一九六四年的五十二年中民主黨的總統執政達三十二年之久。

今日的共和黨是過去兩個政黨的繼承者。當華盛頓執政時代，在漢彌爾頓（Alexander Hamilton）的領導下於一八〇〇年組成『聯邦黨』（Federalist Party），主張加強聯邦政府的權力，建樹強有力的國家政府。在一八一二年的戰爭中，該黨的戰略錯誤，而告解體。聯邦黨的一些黨員被所謂『國家共和黨』（National Republican Party）所吸收。在一八三四年，國家共和黨起了分化，有一部份人另行組織『自由黨』(Whigs)，主張建立國家銀行，實行保護關稅。在一八五〇年代，自由黨因奴隸制度問題趨於衰弱。一八五六年有一個新的『共和黨』(Republican Party)組織成功，提名傅禮孟 (John C. Fremont) 爲總統候選人，主張自由進步政策，堅決反對奴隸制度的擴張。南北戰爭的結果，共和黨的政策獲勝，由之取得政權。自林肯總統當選至一九三二年，共和黨在國家政治中總是佔優勢的。在五十二年中共和黨總統執政達四十四年之久。但自一九三二年迄今，民主黨的勢力抬頭，而躍居於優勢地位。共和黨的政策是主張中央集權的，比較偏向於保守主義。

四、政黨的功用——民主政治就是政黨政治。現代的民主政治若脫離開政黨，實難以作有效的運用。政黨在政治上所發生的重要功用，計有以下諸端：(1)集中人民意志。政黨把散漫分歧的人民意見，歸納合併成爲集中統一的意見。政黨就其政綱政策，向人民作廣泛切實的宣傳與解說，使之認識之，進而贊同支持之。政黨便由是能以凝聚人民意志，集中公共意見，使分歧者趨於統一，複雜者變爲簡單，抽象者進於具體。(2)提高政治教育。政黨爲了爭取選民，控制政府，常向人民宣傳解說其政綱與政見，並就實際政治問題加以分析與批評。這樣自足以激發人民，引起對政治的興趣與注視，而肯自覺自知的去參加政治活動。由此，人民的政治教育賴以提高，政治效能得以恢宏。(3)監督政府行政。民主政治是責任政治，政府的一切行政措施須向人民負責。而人民則失之渙散，無有力的組織，責成政府；於是有賴於政黨的從中運用，監督政府行政，使對人民負責。在實行民主政治的國家，在野黨或少數黨便負責監督政府，批評政府以促進政治的進步，而防止政府的腐敗。(4)推薦公職候選人。在民治國家議員及若干政府官吏，皆由人民選舉產生之。然人民對於候選人的能力、學識、政見、品德如何，每不知其詳，致無從作適當的選擇。於是有政黨組織的運用，以集體的決定，向人民提出候選人，並向人民作切實的介紹與宣傳，使選民對候選人有較切實的認識，以爲投票的根據。(5)調節政制運用。時代是進步的，社會是變遷的，而國家的政制，因受憲法或法律的拘束，每不能隨時代的變遷而作自動的適應。如何使政制與事實並顧而爲靈活運用，作實際的調節，便有賴於政黨的功用，例如依美國聯邦憲法，總統本由間接選舉產生，然政黨有預選會的運用，實際上殆已變爲直接選舉，總統選舉人團，徒有其形式罷了。美儒比雅德（Charles Beard）視政黨爲憲法的實際解釋者，自不無相當理由。(6)推行社會服務。在選舉時政黨需要爭取選票。爭取選票，不能臨時抱佛脚，能否爭得選票，端視平時政黨與選民間的來往接觸如何以爲斷。政黨要想在平時與人民建立良好友誼與感情，自須爲人民辦理各種服務事宜，如通慶吊，致慰問，介紹職業，救濟失業，濟貧扶弱等。藉社會服務以建立政黨與選民間的友好關係。

五、政黨的組織—— 美國民主、共和兩黨的組織均採層級節制制，凡五級。最低者爲區委員會（Precinct Committee），全國數達十二萬五千個以上。區之上爲市郊委員會（City or Ward Committee）。再上爲縣中心委員會（County Central Committee）數約三千。縣之上爲州中央委員會（State Central Committee）爲數五十。州之上爲全國委員會。全國委員會推選執行委員組織執行委員會。執行委員會設主席一人。這些組織均爲常設機構，辦理政黨的經常事務。政黨爲了推行競選活動，爭取選舉勝利，常成立臨時性的組織，如初選會（Primaries）或代表會（Convention）。

區委員會乃是以選舉區或投票區爲對象的政黨機構，乃是政黨的基本組織。委員會的委員人數的多寡每視選區的大小或選民人數爲轉移。普通以一〇〇至五〇〇選民的地區設置一個區委員會。全國約十二萬五千個的區委員會都很積極熱心的推行各該黨的黨務活動。區委員會的委員和主席，代表各黨與選民發生直接接觸，辦理各種社會服務，藉以建立友誼，取得選民的信賴與支持。

市郊委員會乃是都市的組織，其管轄對象是市議員的選舉區。這一組織的任務，在聯繫溝通各區委員會的工作，使趨於協調與一致，並參與處理地方的政治問題，特別是關於市議員市長選舉的政爭問題。一個市另有市委員會的組織，其任務在監督指揮各區委員會及市郊委員會的工作，並注意於市政問題的改善與解決，並注視於市府官位的獲取。市委員會常召集市郊委員會及各區委員會的代表，集會商討，擬訂黨務活動計劃。

縣中心委員會在聯繫溝通各下級黨部的工作與活動；注視解決有關縣政府的重要行政及政治問題；並接受州中央委員會的指示，處理有關黨務活動的諸事務與問題。美國全國縣中心委員會，數在三千個以上。州中央委員會的任務除指揮監督各該州黨務機構推行活動外，主要在辦理有關國會參議員衆議員的競選事宜；關於各該州的州議會議員或其他官員的選舉，亦注意規劃進行，以求取勝利；對其他全國性的選舉亦不放鬆，隨時努力，爭取選票。州中央委員會的主席每是各該州的政治領袖人物。至少他是積極努力的政治鬥爭的强有力者。州中央委員會的委員多係選舉產生，分由各縣各選舉區選舉之。委員人數多寡不一，加里福尼亞（California）州人數最多，數近七百人。人數較多的委員會則互選若干人爲執行委員，予以授權，各州中央委員會權限亦不一致，有的可以提名候選人，有的只能決定提名方式，採代表大會制或初選會制。

全國委員會是政黨組織的極峯。民主黨的全國委員會有委員百餘人，每州及屬地各有男女委員一人。這些委員率係由各州舉行代表大會選舉之；亦有由各州中央委員會推選者；甚而亦有由各州推選外，各州中央委員會的主席均爲當然委員。全國委員會重要任務之一在籌開全國代表大會，對總統候選人的提名上有着重大的影響。全國委員會的主席，由總統候選人提名，經委員會選舉產生之。主席是全國性選舉競選的總經理，指揮全面作戰。

主席指定若干人爲執行委員。執行委員會在三年的任期中處理各該黨黨務工作。這一中央黨部任用有許多職員，擔任研究、宣傳、組織、服務等事宜。中央黨部設有處、科、組、室分別辦事，工作都是相當緊張忙碌的。全國委員會委員是各州黨部聯繫人。如本黨提名的總統候選人當選，全國委員會的委員則與各州黨部會商如何論功行賞，以官位酧庸。自一九五二年起共和黨的全國委員會復設顧問委員會，由全國委員會主席就該黨參議員、衆議員、州長、各州中央委員會主席及全國委員會委員中指定若干人組織。其任務在擬訂該黨的競選政綱與政策及戰略。

全國委員會內設置有兩個競選委員會：一是參議員競選委員會，一是衆議員競選委員會，協助參議員、衆議員候選人進行競選活動。共和黨的參議員競選委員會委員七人，任期二年，由參議院共和黨黨團（Cancus）選舉之。共和黨的衆議員競選委員會委員五十人，由衆議院議員分州選舉之，每州一人。民主黨全國委員會內的競選委員會的組織，大體與共和黨者相近似。競選委員會的主要任務在幫助本黨提名的參議員衆議員候選人能够赢得選舉勝利。

六、政黨的經費——政黨要爭取選民，須靠有力的宣傳。宣傳要憑藉於廣播、電視、廣告、報章、雜誌及印刷品的運用。這些宣傳媒介的使用，都是相當費錢的。美國政黨所用的競選費用，很不容易獲得正確的統計；因爲現時尚無有效的制度管制競選費用與報銷。海奇法（Hatch Act）規定任何一個政黨的委員會在一次的競選中，所有費用不得超過三百萬美元。但這種規定是很容易逃避的；他可以把經費分交由其分支機構或輔助機構支付之。在近幾年來，民主黨共和黨全國委員會所作的正式報銷，競選費用在二百萬至二百九十五萬美元之間。很明顯的，這只是官樣文章。如果把各州各縣區的競選費用都計算在內，近年一次的總統選舉，兩黨所用當在七千五百萬美元以上。依一九五六年的統計，當年民主、共和兩黨用於廣播及電視的費用即達九、八一八、〇〇〇美元。

政黨的經費率係來自各方的捐款。而捐款的性質要可分爲兩類：一是政黨的支持者之純粹贊助性的捐款，數額較小（一元至廿五元）；一是有利害關係者鉅額捐款，想藉此捐款獲得一定的回報。自一九三二年以來，民主黨喪失了很多的鉅額捐助者；而小額捐款及售書、餐費等收入則大大增加。自一九四三年起，依塔郝法（Toft Hartloy）的規定，工會雖不得作政治性的捐款，但工會的自願捐助仍爲法律所不禁。據統計工會這種捐款，在一九四八年爲一、二九一、三四三美元；一九五〇年爲一、六一八、六二三美美元；一九五二年爲二、〇七〇、三五〇美元；一九五四年爲二、〇五七、六一三美元；一九五六年爲二、五七八、一八一美元，這種捐款對民主黨的候選人有很大幫忙。

富有者的鉅額捐款，仍爲政黨經費的重要來源。雖然聯邦法及三十六個州的法律都禁止作競選捐款，但私人的捐款仍是可以的。在一九五六年杜龐特（Dupont）家捐二四八、四二三美元，洛克菲勒（Rockefellers）捐一五二、六〇四美元予共和黨。依海奇法規定，一個人對政黨的捐款不得超出五、〇〇〇美元，但他們可以分出幾次捐贈，仍可逃避這種規定。

一九二五年聯邦政府頒行『取締敗壞實施法』（Corrupt Practice Act），規定競選委員會及競選人須將其競選經費收支向政府提出明確報告，並禁止作某些的捐款。競選費用亦有一定限制，參議員候選人一人的競選費用不得超出一萬元；衆議員者一人不得超出二千五百元。每一選民以三分錢計算，參議員一人的選費以二萬五千元爲限，衆議員一人以五千元爲限。一九二二年最高法院曾判決國會無權管制初選會的選舉提名事宜。不過至一九四二年，最高法院又將這項判決予以變更，認爲國會有此權力。依一九四四年『動力法』（Power Act）的規定，凡有關聯邦職位候選人的宣傳品，非有負責人不得印行。

法律對競選費用的限制，徒有其名。實際上，競選者可以巧自逃避。收支報告徒具形式。捐款來源，不易查考。開支項目，可以化裝。爲了防止競選浪費並促其公平，下列的改進實應採取：⑴籌集國家基金，供給兩黨必要的競選費用。⑵平均規定兩黨候選人的廣播及電視時間，使其免費播放。⑶在聯邦及各州所得稅的收入中，抽取一定數額作為政治捐贈。(4)政府撥款補助競選費用。(5)免費郵寄聯邦職位競選人的郵件或宣傳品。

七、黨治的批評——政黨雖是民主政治運用的必要工具和手段，但是政黨組織的本身常含有不民主的因素；黨的權力常集中於少數人或一二領袖人物。這些黨的領袖（Boss）以及少數人所形成的小組織（Machine）每運用行賄、分贓、操縱、把持、施惠等方法造成自己的地位與勢力。黨要及小組織在各都市中，常能在政治上發生重大影響，造成不良結果。他們在美國政黨政治史佔着不可忽視的重要地位。不過，因為美國的教育日見普及，人民的政治教育日見提高，政黨政治亦日向民主化之途邁進，所以近廿年來，黨要與小組織則漸趨衰退與失勢。

政黨政治的競爭常不免陷於感情用事，黨同伐異，混亂是非，顛倒黑白，在競選上只為爭取選舉勝利，常常不擇手段，因之有很多人對政黨選舉引起嚴厲的批評，發生深刻的反感，而主張採行超黨派（Nonpartisanship）的獨立選舉。在若干州的地方選舉中如教育人員及法官的選舉，多有採行這種制度的。但超黨派的選舉，因競選不烈，宣傳不夠，選民對候選人不易獲得充分資料與瞭解，結果亦不甚理想。且有人認此為政治的退化，冷淡與不負責，而利益集團或壓力團體將可乘虛而入，攫取權力。

就多年的選舉結果分析之，我們可以發現到，在美國的選民中，投票行動，似有一些習慣。就是在民主黨最走紅時期（一九三三——一九五三）即羅斯福的「新政」（New Deal）杜魯門（Truman）的「公政」（Fair Deal）時代，專門職業界的人們及工商業界經理人員，仍然是投共和黨的票。富有者收入較高者及年紀較長的人多是共和黨的支持者。共和黨在東北部及中西部的勢力特別強。全國的各小城市亦都是共和黨的地盤。

民主黨在一九三二年起，連續執政二十年。民主黨的支持者主要是工人及收入較低的階級。在地理上南方、北部，及西部亦都是民主黨的勢力。教育程度較低者多投民主黨的選票。大都市則是民主黨的勢力範圍。

自一九〇〇年以來，共和黨及民主黨在歷屆總統的選舉中得票的百分比如下表所記（見U.S.News and World Report,Nov.16,1956）：

年代	當選的總統	得票百分比	黨籍	附記
一九〇〇	麥金萊(Mckinley)	五三・二	共和	
一九〇四	羅斯福(Roosevelt)	六〇・〇	共和	
一九〇八	脫虎特(Taft)	五四・五	共和	
一九一二	威爾遜(Wilson)	七四・一	民主	
一九一六	同上	五一・七	民主	
一九二〇	哈定(Harding)	六三・九	共和	
一九二四	柯立芝(Coolidge)	六五・二	共和	

一九二八	胡佛(Hoover)	五八・八	共和	
一九三二	羅斯福(Roosevelt)	五九・一	民主	
一九三六	同上	六二・五	民主	
一九四〇	同上	六五・〇	民主	
一九四四	羅斯福(Roosevelt)	五三・八	民主	
一九四八	杜魯門(Truman)	五二・二	民主	
一九五二	艾森豪(Eisenhower)	五五・四	共和	
一九五六	同上	五八・〇	共和	
一九六〇	甘迺迪(Kennedy)	四九・七	民主	甘迺迪僅以〇・一%之多數票險勝尼克森
一九六四	詹森(Johnson)	六一・三	民主	

獨立的或遊離的選民無一定的投票習慣，有時投共和黨的票，有時投民主黨的票。第二次世界大戰

以來，獨立選民的數目，顯然大有增加。白領階級、中等收入者及小市民多爲獨立份子。這些獨立份子分屬於共和、民主兩黨，爲數幾乎是各佔一半。獨立份子在政黨選舉上尙未表現出顯著的影響力。艾森豪的兩次當選則得力於獨立份子的支持。獨立份子在外交問題上是國際主義者；在內政問題上是溫和主義者。

由於一九五四年及一九五六年民主黨在國會議員選舉中的勝利，則艾森豪總統的當選，與其說是共和黨的勝利，不如說是艾氏個人的成功。當時選民對戰爭與和平問題甚爲關心，艾森豪結束韓戰的主張贏得不少選民。總統候選人個人的聲望對選舉勝利極有關係。如共和黨能挑選一個與艾森豪有同等威望的人爲總統候選人，仍必能贏得勝利。若其總統候選人不如民主黨者富有號召力與吸引力，自必趨於失敗。

一般人都感覺到美國的兩大政黨在政綱政策上無顯明區別乃是重大缺點，不如依政治主張劃分政黨陣容；最好有三個黨：一黨代表右翼，一黨代表左翼，一黨代表中間路線。其具體的提議是以共和黨爲保守陣營，代表北方及西部的守舊派，再加以南部的反動份子；把民主黨變得更爲急進，更爲左傾，而犧牲掉南部保守勢力。這樣使兩大黨政治陣線分明，責任確定。美國政治學會對現行黨治曾有批評而主張有若是之改革。

黨員的黨籍不確定，黨又無嚴明紀律，黨的戰略與政策又甚爲分歧，都構成美國現行黨治重大缺陷。一個全國代表大會乃是一個無組織的亂雜結合，代表性不足，難以負起責任。兩黨的政綱政策不具重大的政治意義。黨務活動爲少數人所把持，人民積極參加的程度大嫌不足。黨的政綱政策的擬訂每欠周詳考慮；執筆者並不一定就是決策者。各級委員會的人數均失之過多，不易集中力量，統一意志，凡此諸端，均應予以切實改進。

第七章 選民與選舉

一、選民的資格——現代的民主政治，實際上只做到一個間接民權。主人翁的人民僅能運用其選舉權選舉議員及官吏藉以控制政府。在選舉權的運用上所當討論的重要問題，是誰當選舉？如何選舉？何時選舉？為何選舉？選舉何人？在過去，人民曾為『一人一票，一票一值』的理想而奮鬥。這種目標現已達到，不再是一種動人的口號了。現在在公民選舉權上所要爭取的是降低選舉年齡及如何選舉賢能及保持選舉公正，與公平等問題。成年人的普遍選舉權早已獲得成功。

在美國雖然成年男女均有選舉權，但在選舉權的實際行使上尚有許多的限制。一般的限制計有以下幾種：⑴選民須向選舉事務所辦理登記。⑵在選舉區內須居住滿一定的時限。⑶在投票前選民須受選舉機關的檢查，視其是否適格。英國有若干地方尚運用：⑴納稅資格。⑵識字測驗。⑶閱讀憲法的能力等方法藉以排斥少數民族（黑人）的選舉權。就實質的選舉資格言，一個勝任的選民，應該對政治及公共問題有研究的興趣及瞭解與判斷的知識和能力。

美國選民的資格多由各州以法律規定之。綜觀其選民資格限制，計有以下諸端：⑴各州有一共同規定，必須是美國國民，方能取得選舉權。⑵選民的最低年齡普通都是二十一歲。惟喬治亞州於一九四四年，肯特克州於一九五五年曾減低至十八歲。阿拉斯州的選舉年齡是十九歲，夏威夷選舉年齡是二十歲，人們認為服兵役的年齡既為十八歲，故選舉年齡亦應降為十八歲；且十八歲的青年對公共問題已有能力瞭解，故應賦予選舉權。⑶選民在選舉區內應住滿一定期間。多數州皆定為一年。有幾個東部及北部的州則祇要求六個月。而極南部的少數州則有主張定為二年的。在縣市的選舉中率於九〇日為合法期間。(4)選民須向選擧事務所辦理登記手續方能投票，幾乎是各州一致的要求。全國只有一州無此規定。有幾州規定只在都市辦理選民登記。辦理選民登記的目的，在防止選擧舞弊及冒名頂替。多數州係採永久登記制，即一次登記後卽屬繼續有效，直至其死亡，遷徙，或兩屆未投票爲止。有若干州採定期登記制，卽每一屆選擧前辦理一次選民登記。定期登記費用旣大，對選民亦是一種煩擾，不若永久登記制之爲愈。(5)美國有十七個州規定，公民有閱讀及寫作能力者始准投票。有的州尙擧行寫讀測驗。採取這種規定的表面理由是在提高公民敎育程度及防止選擧流弊，但實際上則是在藉此以剝奪黑人的選擧權。(6)神經病患者、精神耗弱者、禁治產者、受刑事判處褫奪公權者均無選擧權。(7)有幾州規定，持有納稅憑證者始有投票權，有五州征收投票稅。

聯邦政府對選民資格有以下的規定：(1)有在各州有資格選擧州議會議員者，即有權選擧聯邦議員及官吏。(2)聯邦憲法第十四條修正案規定各州政府不得剝奪其部份成年男子的選擧權。(3)聯邦憲法第十五條修正案規定各州政府不得以種族、膚色及曾爲奴隸剝奪其選擧權。(4)聯邦憲法第十九條修正案規定各州不得以性別爲理由而爲選擧權的歧視或不平等待遇。聯邦憲法的三條修正案大大限制了各州對參政權（選擧權）作規定的權力。

二、選擧的提名——在華盛頓總統的兩次選擧中及亞當士總統一次選擧中均無所謂提名制度。當一八〇〇年政黨制度形成後，才產生政黨提名問題。因之，而有國會黨團的組織。黨團由各黨的參議員衆議員組成之，旣便於集會，又足以反映黨的情緒與意見。國會黨團成爲總統候選人的提名機關。一九二四年聯邦黨解體，民主共和黨先後提名克萊福(William Crawford)、甲克生、亞當士(John Quincy Adams) 及克萊 (Clay) 爲總統候選人。

國會黨團人數不多，各州黨部未曾推選代表參加，其代表性自然感到不足。黨團提名有時不免少數人操縱把持，不能客觀與公平，於是引起人們對黨團的批評與攻擊。為了挽救黨團的流弊，政黨代表大會乃應運而生。全國代表大會由各黨的各州黨部選舉代表組成之，成為總統候選人的提名機關。一八三二年的總統選舉就是由全國代表大會辦理提名。此時產生了兩黨制，一黨是新的國家共和黨(National Republican Paty)，一黨是甲克生所領導的民主黨。兩黨各自辦理各該黨的總統候選人的提名，這種制度一直推行迄今。

全國代表大會代表的選舉由各州自行規定之。大會的開會期間無一定限制，依習慣為之。共和黨的大會在六月中或七月初舉行。民主黨的大會則比共和黨者遲兩週舉行。但在一九五六年，兩黨的大會均在八月舉行，而且民主黨的大會期間在前。代表大會的確定日期與地點，視以下各因素而作決定：⑴依經費的籌措達一定數目，依近年的計算，一次大會需款至少在二十萬美元以上。⑵集會地點須是一個具有政治戰略性的都市，地位重要，具有政治的號召力與宣傳性。兩黨在集會地區想博得有力的支持。⑶集會地點要交通方便，設備優良，包括旅館、飯店、集會場所等。

在一九一六年以前，各州代表人數兩黨均依其參議員衆議員人數為分配標準。每有一議員即可推選代表兩人。這一分配標準，在共和黨曾遭受到攻擊。因為該黨在南部各州並無多少選票，何必讓他出這麼多代表。西部和北部的共和黨的選票甚多，可使出與南部各州的同數代表，實欠公平。在一九一二年的大會中，脫虎特為南部各州代表所支持，羅斯福為西部北部代表所擁護，其結果，脫氏獲提名，羅氏敗北。事極不合理，至引起共和黨的分裂。於是在一九一六年的共和黨的代表大會中，削減了南部代表的人數。自此以後，各州的代表人數則視各州的選票實力而分配之。共和黨全國代表大會人數在一九五二年為一、二〇五人，一九五六年為一、三二三人。

一九四〇年民主黨在南部各州的壓力下，而准賜予優待。答應南部各州於下屆全國代表大會中使多出四個額外代表。民主黨全國代表大會的人數在一九五二年爲一、二三〇人，一九五六年爲一、三七二人。兩黨的代表大會除各州的代表屬地或特區如普頭里溝（Puertsrico）渥金島（Uirgin Island），哥侖比亞區（District of Columbia）亦選派代表。但他們只是列席而已，並無投票權。

各州代表的選舉有兩種方式：⑴全國三分之二的是利用各該州的國會議員選舉區選舉各黨的代表大會代表。由各該地區的黨部委員會或代表大會選舉之。⑵全國有約三分之一的州，採用總統初選會，由黨員直接投票選舉代表。第一種方法較爲人所歡迎，一則因爲運用靈活，便於適應；一則因有關係的州可以掌握較大的交涉權。有三個州同時採用上述的兩種方法。

總經初選會亦採用兩種方法：⑴祇投票選舉代表，有的尙須代表保證選舉某人爲總統選舉人。⑵黨員除投票選舉代表外，並由投票者表示對總統候選人的意見或選擇。但在一九二四年至一九五二年總統初選會並不爲人所贊許。因爲在初選會未獲提名的總統候選人，在全國代表大會中可以毫無困難的得到提名。如一九二八年的胡佛，和一九五二年的史蒂文生便是如此的。現時採用代表提名保證者較多。但代表所保證的總統候選人，多爲本州的『龍子』（Favorit Son），即本州的人物。採用這種方法，一方面可以藉此爲本州人物作宣傳，一方可以使本州代表在代表大會中可以以此爲藉口而加强其討價還價的力量。

在一九五二年共和黨總統候選人競選的劇烈（參議員脫虎特與艾森豪之爭），使一般人對總統初選會制又發生濃厚與趣。當年共和黨全國代表大會一、二〇五個代表中，有五六七人是由初選會選舉產生；民主黨的一、二三〇個代表中有五七六人是由初選會黨生。不採行初選會的各州，選民提出抱怨，認爲剝奪了他們對總統候選人表示意見的權力與機會。據蓋洛普民意測驗，百分之七十三的選民贊成總統初選會制。

兩黨的全國代表大會的開會程序大致相同。全國委員會的主席召開全國代表大會。大會推舉大會主席主持會議並致開會詞。大會分設若干委員會處理會務。其重要者有以下四個：(1)代表資格審查委員會，檢查代表證書，確定其出席資格，有時會引起資格爭執問題；資格審查委員會的控制，可能影響到總統候選人的提名。(2)組織委員會，選派大會各工作部門的負責人及職員。這一委員會的偏袒或傾向，對總統候選人的提名亦有不少影響。組織委員會所反對的人，當選便不無困難。(3)會議規則委員會。這一委員會在處理會務上至爲重要，不過其適用的規則，多沿用過去的成規，更改不大。(4)政綱政策委員會，在擬定該黨競選的政綱政策及大會宣言。其所擬草案或報告在大會雖必引起劇辯，但最後多照原稿通過。

全國代表大會的最後工作，是選定總統副總統候選人。提名時，按州唱名表決。被唱名之州的代表提出候選人。提名後尚須徵求附議，手續複雜，聲音吵雜。當提名及附議完畢後，各州依字母次序投票表決。得票過半數者方能當選。在共和黨大會常作一次投票即有人當選。有時無人得過半數票，造成僵局，多次投票方能解決。投票雖採分州集體投票制，但有代表要求個人單獨投票亦可的。民主黨採州單位投票制。在未採行初選會之州，如過半數代表選舉某人，該州全票即投給某人。民主黨原採三分之二票始能當選，此制於一九三六年被廢除，雖然南部各州極力反對，認爲這樣可以保護少數派，且足以防止黨的分裂。

兩黨大會在副總統候選人的提名上常考慮到地區、宗教、主張、人望等因素，謀求適當的配合，期能爭取多數選票。例如總統候選人爲北方人時，則南方人爲副總統候選人；如總統候選人爲天主教徒，則選基督教徒爲副總統候選人；如一人爲軍人時，則以文人配合之；主張急進者配以主張緩和者。

全國代表大會的提名早已受到批評與攻擊。以千餘人的意志與判斷決定總統副總統的候選人，實嫌代表性不足。而且這些人在進行提名時，不惜用種種的鄙卑惡劣的手段，串通欺騙，不一而足，縱橫捭闔，是其慣技，施壓力，行排擠，醜態百出。而聯邦法律對黨的全國代表大會亦無條文規定，這乃是一個法外的機關。威爾遜總統於一九一三年曾致咨文於國會，希望制定法律規定由總統初選會選定總統候選人，不必再經全國代表大會提名。現時對總統提名制定有以下的三種意見：⑴由初選會選出若干候選人，送由全國代表大會選定之。⑵由全國代表大會提出若干候選人交由初選會投票批准。⑶取消全國代表大會，由全國初選會分別投票選舉之。

關於各州及縣市官吏與議員的提名率由各黨的州代表大會或縣市代表大會爲之。在紐約州及印第安那州，國會議員及州級官吏的提名由州代表大會負責，政綱政策的擬訂亦歸之。在南方各州，代表大會是一種『選行』(Optional) 制度，並無強制規定。州代表的產生與全國代表大會者相同，或由黨的委員會推定，或由初選會投票選舉。州代表大會開會程序與全會代表大會者相似。

由州代表大會提名州職位的候選人，情形尚佳，每能選出有領導力及有才幹的人物。紐約州採州代表大會提名制，很多有聲望有地位有能力的參加競選，而獲得提名。在伊利諾州則常採用初選會選舉制，而有聲望的人反裹足不前，憚於參加競選。人們贊成州代表大會制的另一理由，是因爲直接初選會制(Direct Primary) 的選舉每不甚成功，不合理想。代表大會制每爲黨內領袖及小組織所操縱把持。而初選會則容易受壓力團體的影響及報紙的宣傳，使選舉每失却公正。選民或因不熱心選舉，或因盲目相信新聞報導，遂使選舉結果，不易達於理想。在黨內並未負責毫無歷史或經驗的人，可以平地一聲雷，用煽動方法或不當手段，經由初選會一舉而獲得提名。

經由直接初選會制推定候選人，在美國已廣泛採行。有的州定此制爲必需的；有的州定此制爲『選行』的。黨員在初選會的選票上表明他所支持的候選人。初選會分爲兩種：一種是公開初選會（Open

Primary)，卽不問其是否在本黨登記爲黨員，均可參加提票。一種是祕密初選會(Closed Primary)，只有在本黨登記爲黨員者始准參加投票。採行公開初選會僅八州。其他各州均採祕密初選會制，主張祕密初選會者認爲如此方能加强黨性及黨的責任感。主張公開初選會制者認爲黨籍是各人的政治祕密。黨不應强制他人公開其祕密。那些所謂獨立份子者，對此制當更爲厭惡。不過在公開初選會制下，他黨黨員可以有計劃的湧入本黨投票，故意支持那不孚衆望的人當選，使其在國家正式選舉中遭受失敗。

在祕密初選會制下，祇發給投票人以本黨的選票，使在本黨競選人中表明其支持的意向。在公開初選會制下，發給各黨的選舉票，他得就中選定一黨投票。在初選會投票者普通只能就一黨的候選人作選擇。不過在華盛頓州則無此種限制。公開初選會制下，選票上印就各黨候選人，任憑投票者圈選，有時投票者可選共和黨人爲州長，民主黨人爲副州長。初選會爲美國正式選舉制度的一部份，故每個選民皆有參加初選會投票之權。

求取黨的提名者，應於規定期間向各該黨辦理登記或申請手續。申請書須有一定人數或選民百分之幾的簽署方屬有效。有若干州尙收取若干的登記費。在多數的州規定競選人得票較多者爲當選，不必得票過半數。有十州規定在初選會中須得票過半數者方爲提名當選。如在第一次選舉中無人得過半數者，就得票最多之二人，舉行第二次投票。在這種制度下，提名當選卽等於正式當選。有兩三州中一個競選人可以進行兩個黨的提名。加里福尼亞州曾採行過這『交錯登記』(Cross filing)，致使政治競選不上軌道。該州已於一九五九年廢除這種辦法。

有若干州兼採代表大會與初選會爲提名機構。科羅拉多(Colrado)，猶他(Utah)和羅得島三州則由黨委員會或代表大會提出若干候選人交由初選會投票決定之。主張由黨部提名者認爲如此足以審核競選人的資格，使將來有當選把握，將來當選後可以對黨負責，且易於推行黨的政綱政策。反對由黨部提名者，持以下理由：⑴提名事宜爲少數人所操縱把持。⑵使政黨領袖獲得了過大的權力。⑶使獨立份子處於不利及不公平的地位。

在愛渥華（Iowa）及南得科達（South Dakota）採初選會後代表大會制。卽候選人先由初選會投票決定之。但如在初選會中無人得票過百分之三十五者，則舉行代表大會選定候選人。在若干的地方職位提名中尚有行『無黨派初選會制』（Nonpartisan Primary），卽不依黨籍作提名投票。其實這等於正式選舉的預選，和政黨提名的初選會在性質上便有不同。申請者辦妥申請手續，卽可列入選票，獲得被選舉權。初選會投票如得過半數票者卽宣佈當選，不再進行正式選舉；如得不到過半數票，以得票較多之二人，進行正式投票。在此制下，選票上不標示黨籍。

三、競選與選舉——競選是黨部的重要工作之一。競選時首在充實黨部組織，健全人事，充裕經費，使指揮部成爲活躍的。競選活動的指揮人，在總統選舉爲全國委員會的主席；在州職位的選舉爲州委員的主席。競選策略與方法視情形而因事制宜，無一定的制度與規則。演說、廣播、印發宣傳品、刊登廣告等都是最普通的競選方法。最有效的競選方法是競選者與選民發生直接的接觸與交談。競選活動重在平時的聯絡與友誼的建立，臨時拉票並無把握。

競選人向選民宣傳的途徑，計有以下幾種：⑴舉行各種戶外的、戶內的、正式的、非正式的集會，由競選人發表演說舉行辯論。⑵利用廣播、電視、電影、錄音片向選民作競選宣傳。⑶散發郵寄的各種印刷品、宣傳品及在報章雜誌上刊登廣告，刊載文章。⑷利用各種物品，如指套、肥皂、鋼筆、鉛筆、火柴、米達尺等爲本黨或本黨候選人作廣告作宣傳。一九五六年共和黨推行總統競選會設計出售衣料用品，藉以刻圖及宣傳其候選人的生活。

依聯邦憲法的規定，國會參議員衆議員選舉的地點、時間及方法由各州的立法機關規定之；不過聯邦國會於必要時有權變更此種規定。一八七二年國會規定國會議員的選舉日期，每逢雙數年於十一月第一個星期的星期二舉行之。

各州辦理選舉事務機關是州選舉事務委員會；有的不設此項委員會，即由州政府的祕書長負責指揮辦理之。市縣選舉事務或由常設的縣市政府祕書兼辦之；或由特設的登記員或選舉委員辦理之。區是選舉的基本細胞或單位。各該區的辦理選務的人員多寡，視選民人數及候選人人數的多寡而定。選票由政府以公費印刷之，採無記名式，即選票上不見選舉人的姓名。這一制度是美國於一八八八年自澳洲仿行的，故亦稱爲『澳洲式選票』（Australia Ballot）。凡於當年應由選舉產生的人員，均將其候選人印於選舉票，於選舉日一次選舉產生之，以期節省人力、財力，而簡化選務。今日美國投票多使用投票機器，其優點是迅速、準確、簡單；但其缺點在於費用大，不易保守投票祕密，有時會使選票破裂。

總統候選人的選舉以各州的全州爲選舉區，採連記法，每一選民可以投票選舉該州應出的若干總統選舉人。美國現有過半數的州，對總統選舉人的選舉採取保證制。即總統選舉人要在選舉時明白表示他必將選舉何人爲總統副總統。

合格選民因故不能於選舉日親自到投票場所投票者得以缺席投票方式行之。缺席投票可以事前行之，或以郵寄爲之。不能屆時到場親自投票的選民，要於規定期間，申請缺席投票。屆時選舉官員將選票郵寄缺席投票人。缺席投票人於選票上圈選後將選票寄回選舉事務所。有若干州准許將於選舉日離開住所的選民先期投票。

在第二次世界大戰期間，美國有很多的選民分散在世界各地工作，或因不能返回原籍投票或因不合各州居住時限，已繳投票稅的規定，致選舉權被剝奪。羣情不滿，紛紛提出補救要求。一九四二年聯邦國會通過法律，規定各州可以使用『戰時選票』（War Ballot），寄往海外，使在軍中服役的選民，仍能行使其選舉權。

一九五二年杜魯門總統曾要求美國政治學會研究如何解決在海外服役的約二百五十萬人的投票問題。當時大部份的服役人員係在韓國的戰場中。依該會的研究報告，國會通過法律，規定海外軍人投票不必向選舉事務所辦理登記，不必繳選舉稅，所複選票由航郵免費寄送之。

創制權、複決權、和罷免權稱爲直接民權。這直接民權尚未應用到美國的聯邦政治中。但在美國的各州和各縣市的政府或政治中却佔有相當重要的地位。創制權是公民直接立法的權力；就是由法定人數選民的連署，將其草擬的法案提付立法機關或逕付選民表決成爲法律，創制所提出的可以有普通法案，亦可以有憲法修正；可以有原則的創制；亦可以有完整法案的創造。創制案簽署人數由各州法律或憲法規定之。美國各州多規定創制案在未提付選民表決前，應先送立法機關審議，如被立法機關否決或不採取行動時，則得逕行提付選民表決。如選民提票過半數贊成創制案，彼即成爲法律。經創制成立的法律，立法機關不得廢止之。

複決權就是公民對於通過或否決的法案，得重行表決以決定其效力的權力。立法機關通過的法律如爲人所反對，或否決的法律而爲人所贊成，得經一定人數選民的簽署請求，提付全體選民表決之。複決案所需簽署人數較創制案者爲少。緊急法案不在複決之列。如選民不贊成立法機關所通過的法案；這一法案便歸於無效。美國各州採行複決權較採行創制權者爲多。美國人主張聯邦憲法中有關宣戰權的修正案應提交公民複決。

主張公民直接立法者，所理由如下：(1)代議制度不足以舉『主權在民』之實，公民掌握了創制權、複決權能以有效的控制法律的成立與廢除，始能成爲國家的眞正主人翁。(2)公民藉直接立法權可以防止立法機關的腐化；迫使之不敢制定人民所不需要的法律；而制定人民所需要的法律。(3)防止議會爲某階級或集團所控制所操縱，而有偏頗的立法；人民把握直接立法權，可以防止此種流弊，實現全民利益。(4)人民為了行使創制權、複決權，對於政治及法律問題，將增加其參加及研究的興趣，藉此足以發生重大的政治教育作用。

反對創制權與複決權者持以下的理由：(1)公民選舉負擔已重，時間不敷，興趣不濃，若再增加其負擔，殊為不智與不當。(2)直接立法權的行使，足以分散議會的立法權；議會與選民分掌立法權，則事權不專一，責任無歸宿；若立法不當，二者將可相互推諉責任。(3)公民直接立法權的行使，手續繁複，用費浩大，頗不經濟。(4)一般公民知識不足，教育不齊，缺乏立法經驗與技術，有時不免感情用事，有時不免保守固執，所擬法案，所為抉擇，難期完備愼密。

罷免權在美國各州及地方政府已廣泛採行。所謂罷免權就是選民以投票方式使議員或官吏去職的權力。選任的官吏或議員在其任滿前如為人民不滿，由一定人數的簽署，得請求投票罷免之。若贊成罷免票過半數，該議員或官吏即須去職。公民有了這種權力，才能貫徹選舉權的行使，能有效的控制政府和議會，使之不敢違犯民意。官吏與議員畏於選民的罷免，自必將奉公守法，努力盡忠職守，提高行政效率，恢宏政治功能。但反對罷免權者則持以下的理由：(1)被選舉人懷恐懼心理，畏葸退縮，不敢負責，將減低政治效能。(2)罷免案提出及表決，宣傳轟動，範圍甚廣，對被罷免者打擊甚大，致潔身自愛之士，不肯參加政治活動。(3)選任官吏及議員任期都不甚長，與民意脫離不遠，故無罷免之必要。

第八章　國會

一、權能——美國國會由兩院組成之。下院曰代表院或衆議院（House of Representatives）；上院曰參議院（Senate）。國會的主要權能爲國家的立法機關。其實國會權能尙不祗如此。它是人民所憑藉的國家政策的制定、宣佈、及監督機關。國會不僅在制訂法律，同時尙監督政府使之切實實施。對行政實況具有調查權，政府不能拒絕提供資料。國會尙掌有準司法權，可以彈劾或罷免國家官吏。國會有提出憲法修正案之權。國會有宣戰媾和之權。總統選舉的結果，由國會審核之。

概括言之，美國國會的權能有以下的幾種：⑴立法權，民主政治是依法爲治的法治主義。政府的官吏只能依據法律行使其職權。法律是民意的結晶。爲要防止政府的專斷及行政權的濫用，這些法律必須由民意代表機關制定之。制定法律是國會主要功能。⑵財政權，國會成立的原始目的，就是人民要向國王或政府手中爭取財政權。英王約翰在簽署的大憲章承認了人民代表要求『徵收賦稅須得人民同意』。財政權亦是美國國會重要權能。政府的預算案、賦稅案、公債案及其他有關人民負擔的財政法案都須提國會審查通過，交由政府照案執行。⑶調查權，國會對政府的行政有監督之權，而監督權實際應用，則爲對政府各種政治及行政設施的調查。政府官吏對調查事項須提供明確資料，並至國會負責作證。⑷同意權，總統任命高級行政官吏須經參議院的同意方屬有效。同意權的行使，雖漸流於形式化，但對政府仍有相當的牽制作用。同意案的通過只須過半的同意票。⑸條約批准權，總統有權向外國政府締結條約但彼所締結的條約，須經國會參議院的批准方能生效。條約案的批准須有三分之二贊成票。⑹司法權，國會有彈劾聯邦官吏，及審理選舉糾紛之權。

二、構成——美國的衆議院是代表人民的，參議院是代表各州；所以衆議院的人數較多，且直接對選民或民意負責。參議院重在硏討問題故人數較少，且參議員原亦係各州議會選擧之。衆議員人數依每十年一次人口調查分配之；而參議院人數，每州始終二人。

衆議員人數原祇六十五人，現已增爲四三七人。在一七九二年每三萬人產生衆議員一人，一九五一年每三四五、〇〇〇人產生衆議員一人。此種統計由總統爲之，通知國會依額由各州選擧之。美國憲法原無在各州分區選擧衆議員的規定，一八四二年以法律規定衆議員在各州分區選擧之。各州憲法雖對選區劃分有不少限制，以防止流弊，但實事上亂劃選區以便操縱或利便某一候選人的情事仍所不免。

衆議員選擧應能達到普遍的平等的代表性，但有不少州忽視選區的重劃，致使代表性不够確實。在一九四〇年伊利諾州的衆議員的選擧中，會發現有一選區的人口竟達另一選區人口的八倍。一九五〇年德克薩斯（Texas）州的選擧中，有的選區人口超出他區的四倍。

國會議員選區的重劃須以法律爲之。某州若被增加衆議員名額，而舊選區未被重劃，則新增的議員由全州選民選擧之。如果某州的衆議員人數被削減，所有衆議員均改由全州選擧。關於衆議院議員的總人數，論者意見並不一致。有的人認爲四三七人，猶嫌代表性不足應予增加。有的人認爲此數已嫌太多，應減至三百人以下，方能保持議事效率。自然，在政治的趨勢上，增加易行，減少實難。美國現有五州（North Dakota, New Mexico, Texas, Washington, Connecticut）採全州選擧制，並不劃分選區。反對者認爲此制利於多數黨的操縱把持。一般說來，大家對於聯邦法律所定分區平等代表制是相當贊成的。

每州在國會參議院各選參議員二人，從人口的觀照言，是極不公平的。依一九五〇年統計，內華達（Nevada）州人口僅一六〇、〇八三人，而紐約州達一四、八三〇、一九二人，均各選參議員二人。

美國憲法明文規定，不得各州的同意，不能剝奪其參議員的平等代表權。這種現象雖是不合理的，但對聯邦制度如無重大修正，這種現象恐怕還要繼續維持下去。如對此有所變動，將損及小州權利，必遭遇到激烈反對。

衆議員任期二年，曾爲美國公民七年以上，年滿二十五歲，並在各該州居住滿一定期間者始能當選。參議院參議員任期六年，每二年改選三分之一；曾爲美國公民九年以上，年滿三十歲，並在各該州居住滿一定期間者始能當選。美國憲法規定國會兩院對其議員的資格及選舉有自行決定之權。衆議院拒絕多妻主義者及謀叛之社會主義者爲議員。一九二六年參議院曾拒絕伊利諾州的史密斯（Frank L. Smith），本薛文尼亞州的魏爾（William S. Vare）爲參議員，因其在初選會的競選中支用過多的競選費。衆議員出缺由該州舉行特利選舉補充之。參議員出缺得依該州法律規定，由州長指派之。

三、待遇——爲了使議員能充份的表現及交換意見，美國憲法第一條規定：『國會的任何言論或辯論，不在任何其他地方被諮詢』。這就是議員在議會所爲言論，對外不負責任。國會或議會的發言，不構成誹謗罪，這是議員的特權。但議員在議增以外的言論，仍須負法律責任。例如一個參議員在本州競選時，對反對者攻擊過當，仍負誹謗罪之責。

國會的議員有部份的不被逮捕的特權。美國憲法規定，國會議員除犯內亂外患之罪外，不被逮捕。不過現行的解釋，特權範圍仍甚有限，個人的刑事責任仍不能豁免。而是說不以議員身份所作的行爲而受逮捕。兩院有權自行訂定其自律的紀律。對違犯紀律議員的最重處分是取消其資格。開除的處分須有出席議員三分之二的同意，方能通過。

參議員衆議員的年俸，現均爲二二、五〇〇美元，所得稅照繳。他們爲要維持其京都的住所及辦公處，得另支領事務費及辦公費。參議員者年約六四、五〇〇美元，衆議員者年約二六、二〇〇美元。參議院長衆議院議長年俸均爲四〇、〇〇〇美元。議員待遇由法律規定之，國會有權變更之。議員旅費由政府支出，依里程計算，每英里支美金兩角。議員得僱用祕書或辦公人員若干人以協助之，參議員計約十人，衆議員計約三人，薪給由政府負擔之。祕書非正式公務員，可以由議員家屬或其政治支持者充任之。議員可以免費郵寄公務函件或郵件。總計每一議員，每年的平均開支(政府負擔)約計十四萬美元。

四、組織——國會屆次以兩年爲一屆。一七八九年至一七九〇年的國會爲第一屆，一九五八年選者舉爲第八十六屆國會。一九六〇年選舉者爲第八十七屆國會。一八六二年選舉者爲第八十八屆國會。美國憲法規定，國會每年至少集會一次；日期原定爲十二月的第一個星期一開始。不過憲法明定此項日期可以以法律變更之。美國國會現行的開會日期，是一月三日開會，七月卅一日休會。國會尚有權規定在其他時間集會。在雙數年份，國會每在夏初休會，以便議員早日返鄉競選。在單數年份，國會每在夏末休會。總統有權召開國會特別會議。

政黨在國會組織有機構。政黨在國會中的集會曰黨團會議。民主黨者稱『卡加斯』（Cancus）；共和黨者則稱『會議』（Conference）。凡持某黨名義競選成功者則加入該黨的黨會議爲會員。在國會開會前夕，黨團會議舉行集會，推選其主席及祕書，並提名該黨在國會兩院中職位的候選人。民主黨規定凡在黨團會議中三分之二票數通過的決議，在院會中所有均應予以支持。但近二十年來，此項規定應用於立法上，並未能嚴格遵守。關於憲法問題議員可以不受黨的拘束。黨的決定如與議員向選區所提保證相衝突者，議員亦可以不遵守。共和黨對黨員約束，無正式的或固定的規定，一切依多數議決的方式行之。參議院的黨團會議不若在衆議院者的重要。但黨團會議亦同衆議院者一樣，提名院中職位的各候選人。

衆議院中最重要的職位是議長（Speaker）由多數黨黨員擔任之。次要職位是多數黨的議場領袖（

Majority Floor Leader）。這一職位每成爲昇任議長的踏脚石。議場領袖是多數黨的主要發言人。同時是議場作戰的戰略家。少數黨黨團會議所提名的議長候選人在院會中選舉失敗後，成爲少數黨的議場領袖，指揮少數黨的實力在議會中作戰。議場領袖經由黨團幹事或糾察（Whips）及指導委員會與各該黨黨員保持接觸與聯繫。糾察員向其黨員隨時傳達並報告該黨所處的地位與所持的立場，以爲其表決的根據。指導委員會隨時向議場領袖提供有關政策與策略的建議。參議院的政黨組織與衆議院者相類似。不過院長或議長一席依憲法規定由副總統擔任之。多數黨及少數黨的議場領袖由各該黨的黨團會議選舉產生之。兩黨在參議院中均設有政策委員會。民主黨並設有指導委員會。

在一九一一年以前的各委員會的委員悉由議長指派之。在一九一〇年三月因議員反抗議長康納（Cannon）的武斷指派，獲得成功；以後各委員會委員遂改由選舉產生。各常設委員會的人數，以各黨在全院中實力比例分配之。例如，如共和黨黨員席次在全院中佔三分之二，則常設委員會的委員，亦要有三分之二的人數是共和黨。何人應參加那一委員會各黨自行選舉之。委員會委員率係連任下去的，參加的新人則新選定之。

共和黨黨團會議沒有一個委員會專負各委員會委員人選遴選之責。這一遴選委員會由衆議院共和黨議員各州各推選一人組織之。各州議員所推選的人選經黨團會議通過派定之。遴選委員會院提名各常設委員會的委員外，並提名指導委員會委員。民主黨的黨團會議商同指導委員會決定各委員會的人選。各黨決定各委員會人選後，提報院會通過。這種通過只是一種形式或手續，實際上總是照案通過的。

參議院各委員會委員人選的遴選類似衆議院者。委員會委員由院會選舉之；但各黨的提名競爭則甚爲劇烈。共和黨設有遴選委員會（Committees on Committees）以司其事。民主黨則由指導委員會擔任各委員會委員提名之責。遴選委員會委員由黨團會議主席指派之。民主黨的議場領袖則負指派司選人員之責。各黨所提出的人選，院會總是無異議通過的。兩黨對委員會委員的遴選，則甚注意其在國會的年資，資深者方易入選。

兩大黨在國會的兩院中均各設有競選委員會（Campaign Committee）規劃各該黨議員在選區的競選事宜。衆議院的競選委員會由各州的國會兩院議員各選舉一人代表各該黨組織之。參議院競選委員會委員由兩黨的黨團會議主席指定之。近年來，競選委員會的工作亦頗爲活躍。

每屆國會成立之初，衆議院議員自行選舉其議長（Speaker）。兩黨各自提出其議長候選人，提交院會選舉之。憲法雖無規定，但事實上，議長必須是議員。議長所需要的條件是年資深、聲望孚、背景強，勢力厚。如果議長所屬的政黨仍能維持其多數的地位，連選連任總是不成問題的。假使美國的總統、副總統因故死亡或不能視事時，衆議院議長代行總統職務。

議長可成爲發生重大作用的關鍵地位，亦可成爲不足輕重的職務，恆視其個人的能力、勢力、聲望及所處環境爲轉移。自一九一一年起，議長失却指派各常設委員會（Standing Committee）的權力後，其重要職務却在主持院會會議的進行。議員發言，要取得議長的許可。許可何人發言，由其判斷決定之。議長依據議事規則維持議場秩序及會議進行。如果議長自願時，他可離開主席地位發言或參加表決。衆議院的公文，用議長名義簽署發佈之。各種提案或法案由議長批交各有關委員會審查。

自二十世紀以來在衆議院中多數黨及少數黨各有其議場領袖。這是議會中的正式職位。議場領袖是各該黨議場事務的總經理或指揮人，與議長取得聯絡與工作，控制議事的進行。如果多數黨的議場領袖與總統係同一黨，他同時是政府行政的發言人。

衆議院設有『程序委員會』（House Rules Committee），對於議事程序具有控制的大權；法案審查的安排，甚而可以法案的生死命運皆操縱在這一委員會的手中。每屆國會所提出的法案汗牛充棟

（約計一〇、〇〇〇件至一五、〇〇〇件），事實上自難一一加以審議。有許多案件被擱置在委員會中，並不提報於院會。有些案件是有力領袖所反對的。因之，程序委員會就不得不負起提案審查或選擇之責，儘先將重要者及易爲院會所通過者交付審議。

程序委員會的名義主席由議長擔任之。提案由程序委員會交付審議者始能列入議事日程，獲得討論機會；否則提案就被擱置下去。程序委員會是議事進行的交通指揮警察，得不到他的許可，是不能邁步前進的。重要的法案，程序委員會得依特別規則，提前處理之。租稅案及撥款案最具重要性，予以優先審議。

程序委員會無權自行提案，但對其他委員會的提案有擱置之權；實際上他具有提案的否决權。各委員會所提提案若不加修正使適合程序委員會的意願，他不會依特別規則提前處理。控制程序委員會的政黨領袖如果是總統的支持者，他們可以儘量擱置對政府不利的提案，而總統的立法計劃能早獲得討論。反之，程序委員會的委員若多數是不同情總統的，他的立法希望將受到阻礙。

自一九四九年起程序委員會的權力受到限制與剪裁。衆議院於當年設定了一個新的規定，程序委員會對一個提案擱置在二十一日以上而不採取行動，原提案委員會得逕提交院會討論。如果這一提議爲院會所接受，則列入議程，交付審議。這種提議的提出須得到議長的同意。程序委員會曾阻止許多進步性立法，遭受到人們的批評，但壓力團體常遊說議員，迫使之提出很多不必要的法案，若提院會可能通過。幸賴程序委員會的擱置，得以加强議事效率。

一九五〇年衆議院院會曾有人提議恢復程序委員會的原有權力，但未獲得通過。次年在共和黨領袖的活動下及南方民主黨議員的支持下，程序委員會的原有權力被恢復。現時，程序委員會在衆議院中仍是一個權力最大的委員會。程序委員會的决定，完全採合議制，集體負責，委員個人並不對外或院會負責。

美國副總統依憲法兼任國會參議院院長。他是院會的主席，以公正超然的地位主持院會及院務，並不十分代表政黨立場。只有在可否同數時，院長才參加表決。院長的用人權力是有限的，院長出缺時，由政黨黨團會議提名，院會選舉臨時院長。如總統、副總統、衆議院議長因死亡或他故不能行使總統職權時，由臨時院長繼任爲總統。

衆議院和參議院各設置有若干常設委員會（Standing Committees），這些委員會在法案的審議上佔着極重要的地位。威爾遜（Woodraw Wilson）曾說：『美國政府是由國會常設委員會統治的政府。』他說：『常設委員會能够放置一個法案於黑暗地窖中，使之一去不復返』。常設委員會的主席由委員中年資最深者擔任之。資深的參議員和衆議員控制着重要的委員會，因之對立法具有重大的影響力。當民主黨議員佔多數時，主要委員會的主席，多由南方議員擔任之。當共和黨控制國會時，這些位置率由『山肋州』（Rock-ribbed States）的共和黨議員充任之。

年資制使委員會控制在有經驗有資望的人員熟練穩健，老馬識途，是其優點。但他們都是年邁力衰的人，在其他公私機關都達於强迫退休年齡了，自然缺少積極進取的精神。依第八十四屆國會的統計，委員會主席的平均年齡爲六十二歲。

衆議院計有十九個委員會。委員會的委員人數，最少者九人，最多者五十人，平均約二十七人。衆議員限定一個人只參加一個委員會。重要的委員會是程序委員會（Rules Committee），籌款委員會、(Committee of Ways and Means)、撥款委員會（Appropriations Cmmittee）、商業委員會、農業委員會、銀行貨幣委員會、武裝服務委員會（Armed Service）及外交委員會等。

公共法案（不涉及個人者）由議長分交有關委員會審查。議長在法案交議上具有相當大的權力，不過仍須提報院會作最後的通過。委員會多半於上午集會審查議案及聽取報告。委員會均規定有例會時間，必要時，主席得召開臨時會議。委員會召開多採公開會議，公衆及新聞記者可以參加旁聽。必要時亦得舉行祕密會議。委員會視需要得邀約機關首長及社會有關人士到會作證。委員會將議案審查結果提報院會，贊成者交會討論，反對者不予審議。

依院會決議，衆議院得設『選設委員會』(Select Committee) 即特別委員會。這種委員會係臨時設置的，其任務係使之在一定期間內研討某一問題的解決。特別委員會的委員人選，由議長指派之。最馳名的特別委員會是『調查委員會』(Investigating Committees)。他有權傳訊人員，調閱文卷。

參議院設置有十五個常設委員會。委員會委員由院會選舉之。院會係依政黨提名舉行選舉。委員會的主席，均由參議院中多數黨的黨員擔任之。委員會主席的運用在參議院亦同樣的注重年資或年齡。在近屆的國會中，有九個委員會係由南方參議員擔任主席。主席年齡有達七十歲和八十歲以上者。委員會的人數，多寡不等，少者九人，多者二十三人。每一參議員限定參加兩個委員會。參議院中重要委員會，是撥款委員會、武裝服務委員會、銀行與貨幣委員會、財政委員會、外交委員會及司法委員會。

國會兩院的委員會爲了審議議案得設置的小組或分委員會 (Subcommittees)。依一九四六年的的立法改組法 (Legislative Reorganizaticn Act)，委員會數目並未減少而小組反大見增加。參議院中經提出的議案，由院長分交有關委員會審查。委員會在審查議案有權邀約有關人員列席備詢或提出報告。委員會審查的議案有的經通過或修正提報院會；有的則予擱置不予審議。各委員會集會皆有定期。不過撥款委員會的集會則由主席依需要召開之，並不定期。

參議院亦同衆議院一樣，依決議得設置選設委員會或特別委員會。這特別委員會的委員，不由院會選舉，而由院長指派。參議院的調查委員會較之衆議院者更爲重要與著名。參議院的調查委員會所主持的著名調查，有杜魯門主持的戰時利潤調查，吉發文（Kefauven）主持的犯罪調查、茶壺大廈（Teapot Dome）調查及軍火調查等。

參衆兩院通過的法案如有歧異，兩院各推代表合組『聯合委員會』（Joint Committee）以資溝通與協商。兩院對通過的法案或條文均不肯讓步時，即交由『會商委員會』（Conference Committee）討論之。這是最普通的聯合委員會。會商委員分別由參議院院長及衆議院議長指派之。會商委員在會商前雖受有各該院的指示，但實際上他們具有很大的自由權。會商結果分別報告兩院。兩院可能予以通過；亦可能不予通過，再作會商，直至獲得協議爲止。參議員納里士（Geroge Norris）曾目此『會商委員會』爲國會的第三院。會商委員會的會議進行採祕密方式，有權重寫法案條文。

聯合委員會的另一種，是所謂『聯合調查委員會』（Joint Investigating Committee）。這種委員會依法律規定或兩院的決議設置之。聯合調查委員會依需要隨時成立。近年曾有『國會組織調查委員會』，『國會經濟調查委員會。』調查委員會委員由兩院議員擔任外，行政機關亦得指派代表參加。

國會兩院的會議錄及辯論紀錄均刊載於『國會紀事』（Congressional Record）中。這一刊物是自一八七三年以來，美國國會的公報，對衆公開流行。『國會紀事』記載頗爲詳實，實是一種速記錄。紀事中所刊載的一些講演，有的並未在院會中口頭講述過，而是書面意見，予以刊載。除『國會紀事』外參衆兩院，各自印行有『公報』（the Journal）一種，刊載該院會議紀錄及通過的法案。每次院會開會前，先宣讀上次會議紀錄。凡一會期經國會通過及總統簽署的法案均編印爲『美國法律彙編』（Statutes At Large of the United States）。集彙編而編訂爲『美國法典大全』（The Code of the laws of the United States），即普通所稱的『美國法典』（U. S. Code）。

五、程序——美國國會法案的提出係以議員的名義爲之。但實際草擬這種法案者則是行政機關及各種壓力團體；不過由他們託交議員以其名義提出之。寫成的提案由議員簽署交祕書長後，此案即視爲被提出，自然，法案被提出前尙須經過很多的設計、研究及草擬工作。法案的草擬可經由律師私人爲之，亦由立法參事（Legislative Counsel）爲之。一個會期可以提出多少提案並無限制。根據近廿年的統計，每屆國會平均提案約一四、〇〇〇件。在每屆國會閉會前，凡未及審議的提案，卽視爲剔出紀錄，失其效力。若欲獲得討論機會，須於下屆會中重行提出。

議案提出後的第二步是交委員會審查。議案到委員會後作初步審查，多數提案在初審階段卽被打消。重要提案卽予詳切審查，且邀約有關人員列席備詢並聽取報告。列席人員所作證詞或報告以刋印；有的且列爲國會公文叢刋。委員會就議案與事實詳加審議獲致結論。委員會的表决投票常是不公開的；不過某議員贊成或反對某一議案亦常被公衆所知悉。通過的提案幾乎都是經過修正的。修正通過的提案卽提報院會討論。委員會向院會所提出的審查報告是完全的，非常詳盡的。委員會的少數意見，亦常提報院會。凡委員會所贊成的提案或條文，在院會中是較易獲得通過的。反之，委員會所不贊成的提案或條文，在院會中極難獲得通過。

委員會向衆議院院會提出審查報告，依所規定的三種主要時間爲之。一是『統一時間』（Union Calendar），凡直接間接有關籌款撥款的財政提案均在這一時間提出討論。二是『衆院時間』（House Calendar），凡不涉及財政的其他公共提案，均於此一時間提出討論。三是『私人時間』（Private Calendar），有關私益或私人性質的法案均於此一時間提出討論。無爭議性的提案或法案可由統一時間或衆院時間移至所謂『同意時間』（Consent Calendar）中討論之，如有人提出申請或動議。已交委員會審查的案件若要申請撤回，於『撤消時間』（Discharge Calendar）爲之。衆議員要想明瞭議案審議進度與情形，須參閱每日刊行的『衆議院日曆及立法紀事』（Calendar of the United States House of Representatives and History of Legislation）。這一刊物對院會及委員會議事進行安排均有詳明報導。何時間討論何種提案，皆預先予以安排與公佈。議員預知議案的性質與重要性，俾便依自己的興趣前往參加。依院會的同意或無異議，亦可變更議事時間。

依下列的情形或規定可以變更議事曆，對某一議案提前討論：⑴在開議後的第一個星期和第三個星期一及休會前六日內依出席人員三分之二的通過。⑵委員會對籌款撥款的重要提案得提前討論。⑶程序委員會依特別規則，可以要求將某案提前討論，但須經過院會的多數通過。⑷在開會後的第一個及第三個星期一，經全體一致的通過，得將無爭議案件提在『同意時間』即予討論。⑸除休會前兩週外，委員會可以要求將較重要案件，由『衆院時間』移至『統一時間』討論。⑹議員提議經院會全體一致贊成者可將某一議案提前討論。

當院會在『統一時間』討論籌款財政議案。這一會議被稱爲『全院委員會』（Committee of The Whole House on the State of the Union）。將院會改開全院委員會時，要有人提議予以通過此一動議的法定人數是一百人，並非出席人員的過半數。議長指定議員一人主席，主持會議，自行退席。全院委員會議事規則，不似院會者之嚴格。全院委員會不採用唱名表決。

全院委員會審議議案採逐條討論，逐條修正方式。辯論時間常就贊成者與反對者作平均分配。全院委員會通過的審查報告提報院會予以討論。院會對此報告有接受或拒絕的完全自由，但事實上院會總是接受此種報告的，縱有修正亦甚小。

衆議員通過法案或提案採取三讀會（Three Readings）通過的方式。議案經向祕書長提出，被列入紀錄且刊登於『公報』上，是謂一讀會。委員會提出審查報告，院會就審查報告逐條討論，是謂二讀會。在二讀會可逐條辯論與修正。不過審查會的報告案獲得最大的通過機會。發言辯論時間每人以五分鐘爲限。其修正案以不能得到充分說明，因以難得通過，或被撤回。在辯論中維護審查報告者爲該委員會的主席；同委員會的少數黨議員則採反對立場。

當逐條討論完畢後，法案進入三讀會。二讀會畢，議長總宣佈『法案已至繕清階段（On Engrossment），現在進行三讀會』。三讀會對議案只作文字修正不作實質變更。三讀會通過後的法案，繕清移送參議院審議。

衆議院人數衆多，意見分歧，若作無休止的辯論，勢必曠日持久，議而不決。因之，議事規則中應有停止討論的規定。議案的停止討論，普通經由二種方式：一種是由院會決定辯論的時限，這一時限，平均分配於正反兩方面者。時限屆滿卽停止討論，提付表決。一種是由議員提出『停止討論』的程序問題，提付表決。若『停止討論』的動議獲得通過，在討論中的議案卽停止討論，而提付表決。爲要維持議事效率，議長有權拒絕遷延討論的動議。議事規則規定一個人一次的發言，不得超過一小時，但經全體一致的贊成得延長之。

衆議員中對議案的表決採四種方式：(1)喊聲表決。主席提付表決時，贊成者喊是，反對者喊否。那一方面的喊聲大，卽作爲那邊勝利。如用此法不能決定勝負時，依法定人數五分之一的請永，換用其他方法表決之。(2)分行或起立表決。卽贊成者站在一邊，反對者站在一邊；或贊成者起立。由議長計算人數，以定表決結果。(3)舉手表決。議員就對議案的贊成與否，分別舉行表決，由查票員分別查點票數以見表決結果。(4)唱名表名。祕書就議員名冊，依次唱名，各人表明其贊成與反對的意見，予以紀錄。前三種方法皆進行迅速，不過究竟何人贊成或何人反對則莫由查考。第四種方法，進行緩慢，耗費時間甚多，唱名四百餘人，費時需三、四十分鐘。不過，經由這種表決，選政可以窺知其代表所作的主張。各州議會爲了節省唱名時間，多有電動表決器的設備。但衆議院尙無此種設備。因衆議員法案的眞正辯論與表決在於委員會。院會對委員會的決定變動不多。

委員會對交付審查的提案如拒絕向院會提出報告時，向『撤回規則』(Discharge Rule)，委員會可以被迫提出報告。依現行的『撤回規則』，有議員二一八人的提議，得將某案自委員會撤回，不使其繼續審查。撤回的動議雖曾有不少人爲之，但能獲得足够連署人者則爲數不多。

參議院法案議事程序亦採三讀會制。參議員宣佈其所提法案，提案標題經予宣讀，是謂一讀會。當一讀會後，議案交付有關常設委員會審查。審查竣事，向院會提出報告進行二讀會。參議院人數較少，議案亦簡，院會討論議案，只有一個單一的時間，不似衆議院分別規定時間，在規定的時間內討論一定的議案。參議院集會多在下午。會期開始的前四、五日的工作多爲委員會的報告及議案的提出。此後卽進入議案討論階段。參議院所採用的表決方法只有三種，卽喊聲表決，起立表決及唱名表決。而無查票員查點舉手的表決。唱名表決在參議院行之並無困難，因爲人數不多。

參議院對於辯論的發言，不願予以限制，因之在美國的立法議事事務上便有所謂馳名的『冗長發言發者』(Filibuster)。美國參議員因此常自詡自驕的說，美國的參議院是眞正的自由議壇。少數黨的議員偶爾亦使用『冗長發言』以阻止多數黨意見的通過。冗長發言者利用拖延時間方法，期使問題或情勢發生變化，或藉以取得對方的讓步。在一九五七年參議員桑孟德(Strom Thurmond)爲反對『人權法案』(Civil Rights Legislation)曾發言達二十四小時之久，這是打破紀錄的一次『冗長發言』。

在參議院中，關於修正案的提出規則，不若衆議院的嚴格。修正案須與原案有關或接近。但參議院對此原則並不嚴格遵守。有時幾乎把另外一個次要性質的提案，作爲修正案，而加入另一個不甚相干的提案中。這叫做『誇馬者』（Riders）。在一九〇一年的陸軍撥款法案中曾被插入有關古巴政府的修正案。頗不匹倫。而且這並損及古巴政府的獨立尊嚴。一九四九年的國會改組法（Reorganization Act）雖規定撥款法案中不得插入不相干的修正案，但其他法案仍可插入。總統對國會通過的法案只能作全案的否決，不能作分條的否決。所以對插入的無關修正案亦無法否決。

依美國聯邦憲法的規定，總統任命官吏須得參議院同意；總統與外國政府締結的條約須送參議院批准。所謂官吏的任命乃指高級官吏而言，常任事務官自不在限內。所謂條約並不包括總統與外國所訂的行政協定。任命的同意採多數通過制。任命案到院後則交有關委員會審查。委員會提出審查報告由院會表決。條約案的批准，須三分之二的票數同意方能通過。條約案交付外交委員會審查。外交委員會提出報告，則由全院委員會予以審議，審議畢提院會表決。參議院只有審議條約案時，才開全院委員會。

依美國聯邦憲法的規定，衆議院有權提出對官吏的彈劾案；而彈劾案的審理權則歸於參議院。有議員在衆議院提出彈劾案後交有關委員會審查或成立特別調查委員會調查之。如果彈劾案經院會通過成立，則移送參議院審理。參議院接到此項彈劾案則成立委員會審理之。審理彈劾案時衆議院特別推定人員至參議院陳明控訴事實及理由。如果被彈劾人是美國總統，則由美國最高法院院長主持此項彈劾案的審理。被彈劾者有權出庭答辯及提供證據。審理的判決須有出席人員三分之二的同意方能通過。美國自有史以來，參議院審理彈劾案僅有十二次。其中九個被彈劾者是法官；內有四人被定罪、解職，四人無罪，一人免職。第一個被彈劾者是一位參議員，參議院以無管轄權不予審理。眞正涉及行政官吏的彈劾案僅有兩起，一是總統約翰生（Andrew Johnson），時在一八六八年，一是格蘭特（Grant）總統的軍政部部長，時在一八七六年。兩人均被判定無罪。

美國聯邦憲法規定，總統選擧人團選擧總統時，如無人得過半數票，則將得票最多的前三名提名交衆議院選舉之。衆議院選舉總統採分州投票方式。一州一票，得過半數票者當選。至一八〇〇年總統選舉人團投票的結果，哲斐生(Thomas Jefferson)和他的競爭者柏爾(Aaron Burr)得票相等，則交付衆議院投票。當時並無總統、副總統分別投票選舉的規定，得在總統選舉人團中獲得過半數票，亞當士(John Quincy Adams)和甲克生(Andrew Jackson)交衆議院投票。結果，前者被選爲總統。

依美國憲法第十二條修正案的規定，在副總統的選舉中，如無候選人得過半數票時，則將得票最多的前二名提交參議院選舉之。參議院投票時，得過半數票者方能當選。在一八三六年總統選舉團對副總統的選舉未獲得決定票，交參議院投票選舉。參議院經選定約翰生（Richard M. Johnson）爲副總統。

六、問題——在各國國會的組織與運用上，美國的國會是十分出色，相當成功的。美國國會確實有效的代表着全國國民的民意。參議院在世界各國的國會上院中是最健全最有能力的。而且美國國會的上下兩院能相互配合，密切合作，使議會工作獲得和諧與成功，亦是極少見的事例。但是國會議事，在不重要的問題上消耗了許多的時間與精力，對國家的重大問題反無暇作深切審愼的硏討。議員多受地方觀念及派系觀念的支配與存心操縱把持，在議事上未必均能公忠體國。美國國會議員的素質，達於高的水準。

美國的政治制度實行三權分立制。國會議員掌有立法的全權。因之，立法的領導權操在議員手中。總統對國會立法的影響力或控制力並未超過國會自身的領導者。雖然，在近五十年來，總統對於國會的立法亦逐漸採取立動及有力的干預，這種趨勢的發展，基於兩個事實：㈠現代社會關係複雜，行政內容日趨專門化，科學化，行政權能大見擴張，總統較爲瞭解立法的事實需要。㈡總統實際上是由全國人民直接選舉，對全國國民直接負責，爲適應全國利益與需要應提出整個的立法計劃。總統有龐大行政機關及專家以爲助手，對各項問題有透切的硏究，以此優勢足以對國會發生較大的影響力。不過要想有優良的立法及建立有效的『立法與行政關係』，國會議員自身要能形成領導力量方屬可能。

有人認爲今日的美國國會係在壓力團體的支配下。法案的提出與通過，大大受着壓力團體的操縱與影響。美國有組織有力量的利益團體向國會議員施行遊說與壓力，希望通過或修改其所希望的法律乃是事實。不過，對這種的影響力，亦有過份誇大其詞者。國會是一種協商與妥協的機構，把有利害衝突或有競爭性的壓力團體的不同觀點與意見，常能予以折衷與調和，而制訂成功較具中和性的立法。這亦不失爲國會的正當功能。壓力團體如果過份囂張，可能有反壓力團體的產生。今日的迫切需要是消費者應該組織起來，以集體的力量，代表自己的利益起來發言。

衆議員和參議員在國會中的立場和發言，常不免帶有地方色彩或區域觀念。他們每易忘他們是代表全國國民利益的，並非代表地方利益的。這是因爲他們是由地方選舉產生的，他們亦是生活在地方的。這是美國的歷史傳統，一時恐不易改變。英國的國會議員並不限定是本選舉區居民，所以情形比較好點。爲了農業救濟，爲了地方經濟建設，爲了關稅問題，美國議員在國會中的爭辯，最容易表現出地方色彩。議員希望在下屆選舉中獲得連任，自然不得不爲地方服務，爲地方講話。

在戰爭時期國會常通過數以百億計軍事撥款案，對於其用途及方式都沒有多大限制，予以廣大的自由權。至於在和平時期，就是對於一個郵局或榮民醫院的設備亦每有詳細的規定。有許多案件交由法院或行政機關處理之，頗爲合適而有效，而國會亦常拿來自行討論，不免浪費時間。議員爲選民服務，爲選民謀求職業，以及向行政機關接洽便要佔去四分之三的時間，以致對法案的硏究深感時間不敷。

國會對人民或社會的公共關係並未搞得很成功。行政機關則以權力集中，行動有力，在這一方面獲得很大的方便與聲譽。國會陷於羣龍無首的狀態，自身無有力的領袖，無法集中力量作統一的對外。爲了改進公衆對國會的瞭解與認識，下列的提議不無可取。⑴國會將人民所最關心最注意的立法問題，集中在一週內一、二日予以討論，俾便引起公衆的興趣與傍聽。⑵儘量的利用廣播、電視與報紙報導國會開會情形與內容。⑶議事的重要工作，係在委員會進行；委員會集會應有定時，並准許公衆列席傍聽。⑷規定適當的休會期間，俾便議員能返還選舉區向選民親自報告國會的情形與問題。

衆議員們任期二年，而總統任期四年，兩者不相配合，可形成議會的多數黨不是總統所屬的政黨。行政與立法兩相牽制，各不相下致造成政治上的僵局。為要免除這一流弊，最好改定衆議員任期為四年。議員與總統在同年選舉，則支持總統的政黨很可能就是衆議員的多數黨，總統與衆議院將易於合作。依現制，參議員任期六年，每二年改選三分之一。選舉結果可能使參議院多數黨不是總統所屬的政黨，行政與與立法配合不易，勢將造成政治僵局。若使參議員任期增為八年，每四年改選二分之一，舊弊仍所不免不如將參議員改減為四年，與總統同年選舉，國會的多數黨便可能是總統所屬的政黨。行政與立法的僵持將可以避免。

七、改造——國會組織不合理想，應予改造，早為識者所提出。為適應這種需要，美國第七十九屆國會，曾成立一個聯合委員會，以參議員賴福來德(Robert M. La Follettee為主任委員，研究國會改造事宜。依這一委員會的研究報告，國會於一九四六年通過『立法改造法』(Legislative Reorganization Act) 作了相當的改造。

賴福來德委員會認為國會兩院的領導機構不够健全有力，無論多數黨或少數黨在兩院均應成立『政策委員會』，以為立法的決策機構，各促進各委員的工作。立法改造法對這一點並無所規定或改進。所以衆議院只有黨的指導委員會，並未設置政策委員會。這一委員會只是黨的組織，並非院的機構，既無預算，多少職員。賴氏委員會且認為這一委員會『既少集會，又未指導』。參議院則設置了『政策委員會』，有一定的預算與職員。政策委員會的委員，民主黨者由議長領袖指派之；共和黨者由議員集會選舉之任期二年。在會議期間，政策委員會每週開會一次。政策委員會成立以來，雖不無貢獻，但其工作尚未達於令人滿意的程度。

國會本身既乏堅强的領導人物與機構，因之，總統對國會遂可以發生極大的影響力，而起有效的領導作用。總統爲全國國民所擁戴的領袖，是實際的行政首長，又是國家元首，位高而權重，威聲所及，未可等閒視之。國民固然要仰賴總統的領導，就是國會亦常唯總統之馬首是瞻。但是，這並不是說，國會不盡職，或總統的立法計劃全部爲國會所接受。這只是說總統對立法工作有重大的影響力和密切的關係，實在說，這種影響和關係，確是應該的、合理的。

如何促進立法與行政的關係，一九四六年立法改造法對此並無規定。爲要調整及促進立法與行政的關係，藉以增進立法效能，下列的設計和嘗試是屬可行的：㈠國會應有一定機構，代表國會經常與總統保持接觸，採取諮商。兩院的兩黨可以合組織政策委員會。兩院的政策委員會可組成聯合委員會代表國會，以與總統聯繫。㈡總統可以邀約國會領袖至白宮舉行非式正的會談，就立法計劃交換意見。㈢國會兩院開院會時，可以定出質詢時間，邀約行政首長列席備詢，藉問答方式，交換報導與觀點。現制，行政首長只能列席委員會作證，並不能列席院會備詢。㈣國會的常設委員會與有關的各行政部會應經常的取得密切聯繫。

國會對財政控制尚欠完善，應予改善，但『立法改造法』對此並無所規定與補救。依現制，兩院的撥款委員會，衆議院的籌款委員會，參議院的財政委員會，彼此間聯繫與溝通實嫌不够。籌者自籌，撥者自撥，統籌協調，有待加强。爲要補救這種毛病，四個委員會應該採取聯合行動。對歲入歲出作統籌的規劃，以求統一與平衡。但是國會並未這樣作。根本改造，在於成立一個人數較少的預算委員會，並多用專家，認眞的負起編審預算的責任；且要能堅毅抵抗各方的壓力，防止支出的膨脹。

美國國會在事務管理方面有足稱述者。一是國會圖書館規模宏大，內容充實，對於立法參考有極大的貢獻與利便。一是立法參事處(Legislative Counsel Offices)用有不少的法律專家，對立法工作提供建議與協助，頗具成績。這兩個機構，都是經費充足，人員衆多的，都能成功的發揮其應有的功能。

依一九四六年『立法改造法』的規定，每一委員會限定可用四個專門人員（撥款委員會不加限制），人手頗感不足，工作進行不無滯緩。近年來此項專門人員大有增加。各委員會者增加一倍之多，撥款委員會者且增加三倍之多。這一改進，對於委員會工作的加速與精審研究頗有幫助。

『立法改造法』的主要目標是在對委員會制度加以調整。參議院的常設委員會由三十三個減爲十五個。衆議院的常設委會員由四十七個減爲十九個。參議員限定最多只能參加兩個委員會。衆議員參加委員會的數目，法律雖未明文限制，但事實上有超過兩個的，多數只參加一個委員會。依『立法改造法』，特別委員會的設置雖未禁止，但依賴福來德委員會的報告，則極力主張避免設置特別委員會。如果有須調查或考察的事項，儘可交有關常設委員會辦理之，不必另設特別委員會。多數委員會均規定例會或常會時間。

國會的委員會除審議法案外，近來作了不少的調查工作。這對促進行政效能及溝通行政與立法的關係不無俾益。在作行政調查時，委員會可以傳喚有關官吏或作證。不過，委員會在調查作證人員的傳喚上，有時不免失之妄濫。國會議員的發言，對外不負責，被傳喚作證的人，可能因議員不負責任的發問或指責而損及其名譽。法院問案，被告可以延請律師辯護，在國會作證則失却了這種辯護權。

第九章　總統

一、總統的權力——美國的總統既是國家元首，又是政府領袖，權力至爲重大，爲美國政治制度中的神經中樞。依美國憲法第二條的規定，美國政府分爲立法、司法、行政三部，彼此相互聯繫。總統乃是行政部門的首長。除法定權力外，由於習慣的發展，總統一職最具聲望，權力亦最大。

1.任免權——總統有任命政府官吏之權。他藉此權力可以組織起聯邦政府的工作部隊；藉此可以酧庸政黨的有功人員；藉此可以換取國會議員及人民團體的支持。

依美國憲法第二條第二款的規定，部長、大使、最高法院的法官及其他重要官吏經總統提名得參議院的同意任命之。低級官員則由總統、法官或部長逕行任命之。聯邦政府官吏分爲兩類：任命須經參議院同意，曰『官員』(Officers)；任命無須經參議院同意者稱『低級官員』(Inferior Officers)。官員包括各部部長，各委員會委員、外交官、法官、將軍及關稅監督等。國會常謀把『官員』的範圍擴大，俾能支持私人。各部自司長以下的官吏均屬於『低級官員』，其任用方法，由國會以法律定之。

參議院的任命同意權，旨在抑制總統濫選不當人選。不過，總統所提名的人選率爲參議院所同意，很少被否的。有之，則一九二五年柯立芝總統提名華倫(Charles B. Warren)爲檢察長時被否決。外交官的任命獲得同意亦甚容易，但甲克生總統時代，提名巴倫(Mantin Van Buren)爲駐英大使時則被否決，法官任命的同意，一般言之，並無困難，但在一九三〇年胡佛提名巴克爾(John J. Perker)爲巡迴法院法官時則被否決。

至於地方性質官吏的提名，總統總遵循『參議員禮貌』(Senatorial Courtesy)的習慣，事前與該有關州的本黨參議員商洽之，取得其同意與支配。這是一種不成文法，已成為慣例。若不如此，在參議院中便易受該州參議員的反對。如有這種反對，總統的提名便很難通過。一九五一年杜魯門總統提名伊利諾州的兩個法官，事前未與該州的參議員道格拉斯（Paul H. Danglas）協商，引起他的反對，在院會中致未能通過。由於這『參議員禮貌』，參議員在各該州遂得以提高其聲望與地位。在國會休會期間，如有空缺，總統有權作臨時的派用；待國會復會時，仍須提交參議院徵取同意。

總統對其所任命的官吏是否具有充份的免職權，這一問題在國會的第一次會期中曾有激烈的辯論，辯論的結果，認為總統對於其所任命的官吏有完全的免職權，不必徵求參議院的同意。這一結論，至今仍行之有效。不過所謂官吏乃指行政官吏而言。至於法官則須依憲法規定始能免職。管制委員會（Regulating Commissions）的委員因兼掌準立法準司法功能，免職須依法律規定。如法律規定有任期者，在任期屆滿前不得免職。

2.軍事權——依憲法規定，美國國會有宣戰權及籌集餉糈，維持軍隊之權。總統則是軍事的大元帥，有權指揮及調度軍隊。加以總統有外交權，所以在國際危機時期，總統的意志有決定性，是舉足輕重的。國會雖有宣戰權，但總統可以造成戰爭既成事實，或非宣戰不可的形勢，國會亦只得作不得不如此的宣戰。總統常不得國會的授權便遣派軍隊到有糾紛的地區或國家。一八九八年麥金萊（Mckinley）總統曾這樣派軍隊至中國應付義和團事變。一九一三年威爾遜總統亦曾遣派軍隊至墨西哥。一九五〇年杜魯門曾遣派大量軍隊參加韓戰。國會雖有權控制軍事撥款；但總統可以有方法迫使國會不得不撥。

在戰爭時期，總統幾乎是一個『憲政獨裁者』（Constitutional Dictator）。總統有權指揮陸、海空三軍；有權調集各州的國民兵為聯邦政府作軍事服務。總統是佔領區的統治者，一直到國會通過法律建立民治政府為止。在戰爭時期，總統可以頒行戒嚴令，限制人民的自由權利。林肯在南北戰爭時期，羅斯福在第二次世界大戰時期均曾這樣作過。羅斯福當時並對日裔美國國民居在太平洋沿岸者作居住上的管制。總統在戰時，每與其盟邦作祕密的軍事或政治協定。這種協定常可決定戰爭的勝敗，並為戰後和平安排的依據。在戰爭時期，總統有權管制物價、人力、工資、房屋、生產及與戰爭有關的重要事項。這些的管制，亦常由國會通過法律以規定之。

總統的軍事權雖然是很龐大有力的，但亦不是沒有限制的。第一、國會對總統的軍事行動常可藉撥款與法律以限制之，而收牽制制衡之效，不致使總統成為無韁之馬。第二、美國是民主國家，人民的教育水準亦很高，對國事有興趣，有瞭解，有意見，對總統是一種重大壓力。總統的軍事行動，亦常為輿論或民意是瞻，固不敢一意孤行，不恤民意。總統是由人民選舉的，若不恤民意，選舉必遭失敗。第三、美國憲法對人民的自由權利有明文保障，美國的政治傳統又是極端尊重人民自由權利。沒有那個總統敢悍然不顧憲法保障及優良的政治傳統，而過度侵犯人民的自由權利。國家安全與個人自由應受到平衡的重視。

3.外交權——這外交權是美國聯邦政府的獨有或固有權力。聯邦政府行使這種權力，不受州政府的牽制。有之則亦是政治性的而非法律性的。總統的外交權是依憲法引伸而來。總統經由參議院的同意任命大使、公使及領事等外交官員。總統有權與外國締結條約，但須經參議院的批准。條約批准須三分之二的票數。官員同意則祇須過半數票數。總統接見外國使節，並與之作必要的接觸。總統代表美國向外國及聯合國發言。總統代表美國承認外國的新政府，並與外國談判條約與協定。總統是外交政策的主要制定者。美國現已拋棄了孤立主義，而躍居於世界各國的領袖地位，總統在國際事務及外交活動中實居於日趨重要的地位。總統為避免條約在參議院批准的麻煩，常採用『行政協定』(Administrative Agreement) 替代條約 (Treaty)。這種趨勢且愈演愈甚。自一七八九年至一九三九年，在一五〇年中中締訂條約計八〇〇件，行政協定計一、二〇〇件。自一九三九年至一九五四年，在十五年中締訂條約計二〇〇件，行政協定達一、四〇〇件。(見U.S. News and world report, Feb. 5, 1954)

4.司法權——總統具有赦免權及緩刑權。這可以說是屬於司法性質。赦免是把人應受的刑罰予以免除。緩刑是把人應受的刑罰予以展緩執行。這種措施或基於人道觀念，由希望新證據的發現。赦免分為大赦與特赦兩種。大赦者是對某一類犯罪者的集體赦免。特赦者是對某一人的特定赦免。哲斐生總統曾將依一七九八年叛亂法 (Sedition Act) 判罪的一批罪犯予以赦免。

國會無權限制總統赦免權的行政。國會曾試圖廢止赦免權期以防止約翰生 (Johnson) 總統對南北戰爭中南北邦聯犯罪者的赦免，但被認為是違憲，未能成功。宣布違憲的理由，是說這乃是對總統赦免權的干涉。依三權分立的原則，總統對侮侵法院或國會的罪犯是否亦可以赦免。因為所謂赦免權包括對任何罪犯的赦免，這種罪犯當然包括在赦免權的範圍內；但經由彈劾案成立的刑罰總統不能予以赦免。

5.行政權——依美國憲法第二條的規定，總統具有行政權或執行權 (Executive Power)。依同條之規定，總統應忠誠的執行法律，維護法律；並保衛、保護、維護憲法。憲法的這種規定，自然是不明確的，容易引起爭執，不過一般說來，總統的責任是在執行美國的法律，包括憲法、法律及條約。所爭執者是總統執行法律時，其自由裁量權的幅度或大小。

在戰爭時期或國家危急，總統常採取緊急而迅速的行動，應付實際需要，常不顧及憲法或法律有無特定的授權。如果危機是實在的，法院每是支持總統的行動的。特別是總統的行動是為全國民意所支持時，法院和國會亦只得承認總統的措施。老羅斯福總統曾說，總統為了維護國家利益，總統可以採取任何行動，只要是不為法律所明文禁止的。

另有人對總統的權力採狹義的看法。總統只能行使其憲法上的明定權力。如未經憲法明定，須等候國會的授權方能採取行動。國會是法律制定者。總統是法律執行人。總統對其權力作過於廣泛的解釋，或持總統固有權說都是違憲的。當一九五二年韓戰進行期間，杜魯門總統爲了防止全國大罷工的發生，曾下令將鋼鐵工業收歸國營，最高法院判定依憲法總統無此權力；無論就陸海空軍大元帥的地位言，或就行政首長的地位言，或就法律執行人的地位言，都無這種權力。總統爲行政首長督率僚屬推行全國政務。自然全國政務的推行，須有法律的依據。

6.立法權——總統雖爲行政首長，但是他同時亦具有相當的立法權。總統參與立法權的機會計有三種途徑。一是行政命令權。總統爲推行國家政策及處理行政事務，掌有行政命令權。所謂行政命令不僅包括對個案處理的行政處分命令，更包括基於職權需要而頒行的行政規程與規章。這些規程規章都是屬於立法性質。二是委任立法權。因行政內容日趨專門化、技術化、科學化，由常人組織成功的國會，對此無法作細明與具體的立法以處理之，只能決定政策，確定原則與標準，其推行細節，則授權總統以委任立法或行政立法的方式處理之。三是法案建議權。依美國憲法第二條第三項的規定，總統有權向國會提供其立法的建議並召開國會特別會議。國會每年開會時總統則提送年度國情咨文，陳述其對立法的希望，必要時並親臨國會發表演說，說明其政策與意願。美國首任總統華盛頓，二任總統亞當士均親至國會發表演說，陳述國情。第三任總統哲斐生改以咨文行之，不親赴國會演說。以後總統則採行此制。威爾遜總統時又恢復了總統親至國會講演的辦法，至今仍採行之。除年度咨文外，總統視需要可以隨時致送特別咨文。總統所希望或建議的立法，每能爲國會制爲法律案。

7.否決權——美國的政治制度是三權分立，同時又是相互制衡的，所以美國總統對國會通過的法案具有否決權。國會通過的法律，送經總統簽署公佈方能生效。如果總統不贊成這種法律，可以不予簽署退回國會中原提案之院，以爲否決。這種被退回或被否決的法律多數卽告石沉大海，歸於死亡。如果國會的參衆兩院各以三分之二的多數票通過此案，此案不待總統簽署卽成爲法律而宣告生效。送交總統的法律案如未於十日（星期日除外）內退回或否決，則不待總統的簽署而成爲法律。法律送交總統後，在十日內國會宣告休會，總統不簽署此項法案時，此案卽視爲已遭否決。這種否決謂之『擱置否決』（Pocket Veto）。總統接到國會通過的法律案，限於十日內公佈之。除憲法修正案外，一切法律案要送由總統簽署公佈。總統對法律案只能作全案的否決，不能作分條的否決，卽只否決法案中一條或兩條而簽署其餘各條。在美國的五十個州長中，有卅八個州長具有這分條否決權，而總統則無之。總統有權舉行國會特別會議。但總統不能限制特別會議所審議的議案，國會有權討論任何議題，甚而是彈劾總統的彈劾案。不過有很多州的州長則有權限制州議會特別會議的議題或宗旨。

8.領導權——美國憲法並未規定總統是人民或政黨的領袖，但是事實上，他同時既是國民的領袖，又是政黨的領袖。總統候選人可能僅是一州的『寵兒』（Favorite Son）或『黑馬』（Dark Horse），並無藉藉之名，但一經提名成功，卽立卽馳名全國；待其選舉成功，便威名大振，而成爲全國國民熱烈鼓舞所擁護的國家領袖。總統就職後，爲了應付國家危機或解決重要問題，常能藉以提高其聲望。總統更可藉記者招待會，廣播及電視演說與電影放映等加强其在國民心目中的地位，使之成爲人民崇敬的偶像。

無論全國國民或國會都屬望於總統能提出積極的立法計劃。堅强有力的總統才能適應這種要求。老少羅斯福和威爾遜總統便是堅强總統的代表人物。這種人物爲國家所需要，將來必仍有有魄力的總統繼續產生。總統所提出的立法計劃能否在國會中順利通過，其關鍵繫於以下的兩個重要因素：㈠視總統的政黨黨魁地位的强弱爲轉移；㈡視總統所持政策獲得人民支持程度的强弱爲轉移。

政黨的功能在團結國民的力量及集中國會的意志，甚而協調法院的觀點，一致的擁護總統並支持其政策。支持總統的政黨並非總是團結一致的；但是總統的政策及計劃，若得不到其所屬政黨的有力支持，這位總統便很少有成功的希望。總統們都十分瞭解這種關鍵，所以他們總作種種的注意與努力以謀求政黨的支持。而政黨的領袖人物及各級的政黨、組織亦常竭智盡力，幫助他們領袖（總統）去實現其目標與政策，藉以增加其聲望，鞏固其地位。

美國的政治傳統是崇尚民主自由的，對於總統權力的強大，亦有很多存畏懼心理者，深怕形成個人獨裁，危及民主。不過在國際競爭至為劇烈及戰爭危機四伏的情勢下，國家確需要一個強有力的領袖，領導人民，集中力量，應付艱鉅局面。市長州長只有代表或領導一部份人民。能幹的國會議員可能發揮很大的政治影響力，但因人數衆多，亦不能成為國家領袖。他們只能說是選區的代表或領袖。只有總統是代表全國國民及為全民所擁護的國家領袖。

二、總統的選舉——當美國建國之初，雖然紐約州及麻塞邱塞州的州長採直接選舉制，且頗成功；但參加制憲會議的多數代表却認為以直接民選方式選舉總統是不明智的。總統由國會選舉產生，亦有多人提議。渥吉尼亞和紐澤西兩州的提案，均作如斯主張。最後協議折衷的結果，採取總統選舉人團（Electoral-College）制。這一制度的要旨是：㈠使總統選舉團獨立於國會以外，使不受立法的干涉；㈡選民雖未直接選舉總統，但仍保持有間接參予的權力。各州各選舉總統選舉人（Elector）若干人。其人數等於該州在國會中衆議員和參議員之和。總統選舉人初則由各州議會選舉之；續則各州分區選舉之；今日皆採普選方式選舉總統選舉人。各州總統選舉人分別在各該州集會，投票選舉總統、副總統。投票結果送至京師，在國會中集中開票。

憲法原定每一總統選舉人可選舉二人。得票最多者當選為總統，次多數者為副總統。係一次投票選舉。在一八〇〇年投票結果，哲斐生（Jefferson）和巴爾（Burr）得票相等。很明顯的，當時選舉人的意思，是在使哲斐生爲總統，巴爾爲副總統。二人票數相同，依憲法規定，將二人交由衆議院投票複選之。投票結果，哲斐生當選爲總統。由於這次的選舉經驗，咸認原定的選舉法是不完全，具有流弊的，於是有憲法第十二條修正案的產生。依此次修正案，總統與副總統分別投票單獨選舉之。如果總統候選人不能得到選票的過半數，則將得票最多的前三名，交衆議院複選之。如果副總統候選人無得過半數票者，將得票最多的前二名交參議院複選之。

總統選舉人的選舉由各州自行規定之。各州的黨部在各州提出總統選舉人候選人名單，其數等於該州在國會中衆議員及參議員人數之總和。各黨提名各該黨的候選人。於十一月選舉投票時，由選民就各黨所提名單選舉之。昔之選舉採『長票制』(Long Ballot) 所有總統選舉人候選人的姓名均印載於選舉票中，人數衆多，選票篇幅甚長。今則採『短票制』(Short Ballot)，選票中只印載總統選舉人所要選舉的總統及副總統的姓名。總統選舉人當選後，各在各該州的省會集會選舉總統與副總統。憲法制定者的原意，本在使總統選舉人本個人的判斷與良知，選舉他們自認爲適當的人選，但由於良好的政治傳統及政黨政治的運用。他們都自然而然的選舉其本黨的總統候選人。但亦偶有例外情事發生。在一九四四年及一九四八年總統選舉中、南部幾州的民主黨的若干總統選舉人會作不投本黨總統候選人的威脅。不過威脅並未發生效力。

依照美國憲法第十二條修正案的規定，各州總統選舉人於各州集會投票後，次年一月國會的參衆兩院舉行聯合會議，開計各州所投總統及副總統的選票；並於一月二十日宣佈總統副總統之選舉結果。

總統選舉人團的制度是有缺陷的，不能令人滿意。按美國憲法設置這種制度的原意，是光由人民選舉出一些水準較高，判斷力較高，聲望較優的人們以爲總統選舉人；再由這些選舉人憑自己的選擇與判斷，選舉美國傑出的人才以爲總統。但是，實際上由於政黨政治發展的結果，總統選舉人只能被拘束的選舉本黨所提名的總統副總統候選人，自己並不能依自由意志作自由抉擇。在甲克生時代已有多人主張總統選舉人應由州民普選之。南北戰爭後，總統選舉人的選舉，已大部普選化。現時美國各州對總統選舉人的選舉均採普選制，不分區而由全州公民直接投票選舉之。

全州普選制足使各該州的總統選舉趨於不合理而欠正確。例如在俄亥俄（Ohio）州的投票結果，共和黨得一、五〇〇、〇〇〇票，民主黨得一、五〇〇、〇〇一票，則該州的二十五個總統選舉人，則均爲民主黨所得。因之，民主黨的總統候選人就可以一票之多，而獲得總統選舉人票二十五張。這種的單位計算法，使在州選舉中獲得多數州之勝利者便贏得一切；至於全國各州選民投票的總數則不予計算了。這種選舉制，可能產生幸與不幸的選舉。民選票較多，而總統選舉人票反少，這便是不幸運。民選票較少，而總統選舉人票反較多，這便是僥倖。一八六〇年的林肯和一九一二年的威爾遜兩總統的當選，都是總統選舉人票過半數，而民選票並未過半數，乃是幸運的事。但是這兩位總統都是負衆望的傑出人才。一八七六年亥士（Hayes）和一八八八年的郝里生（Harrison）的當選亦是屬於這類幸運的情形。

最合理最簡便的總統選舉，最好是採全國公民直接投票選舉制。這乃是民主的合理的制度。但是這種制度爲小的州及南方的若干州所極力反對。在現制下，最小的州亦有三位總統選舉人。這三張票有時亦可發生操縱與運用的可能。若改由普選，他們就失却了這種保障與權力。在普選制下南部各州要想設法排除黑人的選舉權亦就大有不便。由於這些州的反對，要想修改憲法使總統改由普選，那幾乎是不可能的。

改進總統選舉方法的另一途徑，就是把各州總統選舉人選舉制，由全州普選，酌行分區選舉制。一八九一年密西根（Michigan）州的州議會曾採行這種方案，法院認爲不違憲予以維持。分區選舉制將可採行類似現行的國會議員代表法。有的總統選舉人由全州選舉之。如此，多數黨雖可在不分區的選舉中獲得勝利，但另一黨在分區的選舉中仍有一些當選的可能。這種選舉方法較現行制度對少數黨比較有利，所以爲多數黨所反對。同時，有政治頭腦的人們，亦不願見其本州的重要性因此而見削減。

第三種的改造途徑曾於二十世紀的三十年代在參議院中被提出，且接近通過的階段。這一提議是廢止現行的總統選舉人及總統選舉團。總統選舉乃依現行制爲基礎，實行分州投票選舉；選票上祇印載總統及副總統姓名，不印載總統選舉人候選人姓名。總統副總統的選票即依選票數計算之。這種選舉制，幾乎等於普選制，自然須修改憲法才能實行。但這樣的修憲案是很難必爲若干州所反對。

第四種改造方案是所謂『洛奇——葛斯特方案』(Lodge-Gossett)。這一方案的內容是總統由各州公民直接投票選舉之。總統選舉人的人數依各黨所得普選票數比例分配之。總統選舉人制並不廢除，徒存其名，但取消多一票而獲得全數總統選舉人票的不合理辦法。這一方案於一九五〇年在參議院中會得到共和黨民主黨的有力支持，並獲得通過；但爲衆議院所反對，致未能成立。其所持之理由，爲：㈠票數計算繁複。㈡在一黨優勢的各州足以增强少數黨的力量。㈢使各州的選舉競爭均甚劇烈；在現制下只有在兩黨勢力相若之州競爭才較劇烈。㈣削弱選民的選擇及游動機會。共和黨深怕此制削弱其黨的力量。南部的民主黨亦恐怕由此而減少其影響力。兩黨都有顧忌，這一方案自然難得通過。

三、總統的任期——在制憲會議中，關於總統的任期問題，曾有强烈的爭執。主張任期縮短者，認爲如此才足以使總統顧恤民意，不致獨斷專行。主張任期較長者，認爲如此才能使總統集中精力與心志，安心工作，爲民服務，不致爲連任問題而分心。當時經協議，憲法中明定總統任期四年，連選得連任。連任的規定在促使總統努力工作，謀求政績的表現；而且總統的從政經驗對國家社會亦有幫助與貢獻。自第一任總統華盛頓拒絕連任第三任總統後，在美國政治史上建立起一個傳統，就是總統以連任一次爲限。葛蘭特(Grant)曾提議三次連任，引起政治風雹與激烈反對。老羅斯福企圖三次連任時，亦遭受到嚴厲的批評。這一政治傳統於一九四〇年被羅斯福第三任的當選總統所打破。反對第三次連任者，認爲如此將足以使總統造成個人勢力，形成獨裁與專斷。贊成連任三次者，認爲只要人民選舉他，他又願意做，便讓他作下去，這是民主政治的理所當然。他們認爲在人民選舉與立法及司法的控制下，獨裁政治自無法形成。

不管怎麼說，總統無限制的連任總是不相宜的。所以第八十屆國會，提出來一個憲法修正案，主張『總統僅能被選任兩次』。這就是總統只能連任一次。這一修正案於一九五一年二月二十六日獲得猶他(Utah)和納瓦達(Nevada)兩州的議會批准；而成爲美國憲法的第二十二條修正案。

四、總統的資格——依美國憲法的規定，總統須爲自然出生的美國國民，年齡須滿三十五歲，歸化國民不能爲美國總統。自然出生的國民，並須在美國居住滿十四年者方能爲美國總統。關於這些資格問題，曾引起過爭論。父母爲美國人，而其子出生於外國者是否被視爲自然出生的美國國民。美國國籍法採屬地主義，此子的國民身份便發生問題。爲此問題並未發生實例爭執。如有此事，此子亦可能被視爲自然出生的美國國民。關於年齡限制，亦有人持批評態度。老羅斯福於四十二歲當選總統，甘迺迪於四十三歲當選總統。此外在五十以下當選總統者僅有五人。年青人當選總統並非易事，故年齡限制並無必要。關於十四年的居住規定，胡佛總統爲此曾發生問題。他在國外居住多年，在他當選前並未在美國連續居住十四年。不過十四年之數並不必依連續計算。

五、總統的報酬——總統的待遇或報酬由國會決定之。在總統任職的四年期間，國會可以增加或減少其報酬。自一九〇九年至一九四九年總統年俸爲七五、〇〇〇美元。一九四九年一月總統年俸增加爲一〇〇、〇〇〇美元；另有五〇、〇〇〇美元的免稅補助金。自一九五三年起總統年俸增爲一五〇、〇〇〇美元，稅款照徵。至於總統的差旅費、交際費、白宮辦公費另列預算規定之。總統的地位雖是最爲崇高與重要的，但其薪俸收入遠不及工商企業家。

六、總統的繼任——依美國憲法的規定，如總統因故出缺，由副總統繼任。如總統與副總統均因故出缺，應由何人繼任則由國會以法律規定之。在一八八六年國會規定總統副總統若均因故出缺，由部長代行總統職權；各部部長依下列次序排定之：㈠國務卿，㈡財政部部長，㈢軍政部部長，㈣司法部部長，㈤郵務部部長，㈥海軍部部長，㈦內務部部長。憲法第二十條修正案規定，如在總統任期開始時，尚未選定總統，則由副總統當選人代理總統職權，代理期間至總統合法選出爲止。如果總統當選人及副總統當選人均不合格，由國會宣佈應由何人代行總統職權。

美國歷史上，計有八個副總統繼任爲總統，其原因均是由於總統死亡出缺。一八四一年四月郝里生(Harrison)總統死亡出缺，由副總統泰萊(Tyler)繼任。一八五〇年泰勒(Taylor)總統死亡，由副總統費爾穆(Fillmore)繼任。一八六五年林肯總統被刺身死，由副總統詹森(Johnson)繼任。一八八一年總統賈飛爾特(Garfield)被刺身死，由副總統阿瑟(Arthur)繼任。一九〇一年麥克金萊(Mckingley)被刺殞命，由副總統羅斯福(Theodore Roosevelt)繼任總統。一九二三年哈定(Harding)總統逝世，由副總統柯立芝(Coolidge)繼任。一九四五年羅斯福總統逝世，由副總統杜魯門(Truman)繼任。一九六三年甘迺迪(Kennedy)被刺身死，由副總統詹森(Johnson)繼任。在這八位副總統中有半數於下任當選爲總統，那就是老羅斯福、柯立芝、杜魯門和詹森。總統除因被彈劾外，若因他故不克視事時應如何繼任，憲法和法律均未有規定。賈飛爾特、威爾遜和艾森豪均曾有相當長期因病無力視事，但實際上並未由副總統或他人代行其職務。

一九四五年四月羅斯福總統突然病逝，美國人多感於有制定總統職位繼任法之必要。於是杜魯門總統向國議建議，要求國會制定此項法律。一九四七年國會通過總統職位繼任法，該法規定如總統副總統均因故不能執行職務時則由國會衆議院議長繼任；繼由參議院臨時議長繼任；再次則由各部部長依次繼任；部長繼任次序除依一八八六年的規定外，再加入農業部部長、商業部部長及勞工部部長。這一新法遭受到兩點批評：㈠所謂不能執行職務（Disability），意義有欠明確。㈡議長及參議院臨時院長均係人民代表並非官吏，他們熟於立法，對於行政欠缺經驗；且參議院臨時院長多為年長之人或政黨的工具，未必是傑出人才。

七、總統的部屬——總統統帥各部處理政務，總統召集各部部長商討政務進行，謂之內閣會議。參加內閣會議的人員依習慣及總統的意志決定之。內閣直屬於總統。內閣閣員由總統選任之。內閣的召開及其權力均由總統決定之。內閣會議亦依總統的要求始舉行投票；並可以解散內閣會議。內閣會議雖是一個非正式的機構，並無法定的裁制權，但事實上內閣會議對行政政策的決策及各部工作的聯繫與協調上均佔極為重要的地位。內閣閣員由於其能力的表現或由於總統的性癖，常能對總統發生極大的影響力。

在傳統上，只有各部部長始能出席內閣會議。有時，副總統亦可參加。近年來總統常拋棄傳統指派會局首長參加內閣會議。艾森豪總統時代，內閣會議的構成員，有二分之一以上的人，並非部長。內閣會議並非權力機關，只是總統的幕僚機構；其意見只供總統決策的參攷，並不能硬性的拘束總統。林肯有一次召集七個部長舉行會議，他們都反對總統的主張，林肯說：『七人反對，一人贊成，贊成者勝利』。

總統的另一重要的政策幕僚機構是國家安全會議，設置於一九四七年。其任務在謀求有關國家安全的軍事、外交及內政政策的完整，向總統提供意見，並估計美國在實際的和可能的軍事力量上的危險、拘束與目標。法定的構成人員是總統、副總統、國務卿、國防部部長及國防動員局局長五人。聯合參謀首長會議主席，中央情報局局長，主管國家安全事務的總統特別助理及其他必要人員亦可由總統邀請列席。

艾森豪總統就任後，取消國家安全資源委員會，另設國防動員局以代之。為應付國家實際的緊急需要，國防動員局在動員設計及動員計劃的實施上負有重大責任，居於領導地位。設局長一人，由總統提名經參議院同意任命之。局長得出席內閣會議及國家安全會議。局內分設生產、物資、安全、計劃、應急及遠距交通等部門的組織。為利用社會人士的力量並設置有若干委員會，如衛生資源委員會，科學顧問委員會便是。

美國為了謀求經濟繁榮，於一九四六年通過『就業法』(Employment Act)，設置經濟顧問委員會，置委員三人組織之，由總統提名，經參議院同意任命之。其任務在向總統提供有關經濟問題的事實資料及建議。委員會調用政府各部會專家及職業幕僚人員推行會務。委員會替總統編擬提向國會的年度經濟報告書。委員會經常研究經濟的發展和趨勢，估量評議政府的經濟政策；並依總統指示研究經濟問題。

前述的會議及局會乃是政策性的或政治性的幕僚機構。此外，總統尚有行政性的或事務性的幕僚機構。這類的機構是白宮祕書處、預算局、會計總局及總務局。

白宮祕書處在總統的直接指揮下，處理文書、溝通、聯繫、協調、新聞發佈及公共關係等事務。在華盛頓時代，總統祗有兩個私人祕書。而現時的白宮祕書處則有職員二百五十餘人，薪俸支出年在一百五十萬美元以上。高級職員有總統的首席助理、副助理、特別助理、行政助理、特別顧問、特別祕書等，並有醫生一人。祕書處除向各機關傳佈總統的命令與意志外，並聯繫協調各部會的關係，且分析問題，提供資料，以爲總統決策之參攷。祕書處人員受總統指派，代表總統以與外界人士及團體作種種商洽、談判、溝通與聯繫。

預算局係於一九二一年設置的。局設局長一人，由總統任命之，不必提經參議院同意。該局現有職員四百餘人。該局的主要職掌在彙編政府概算，辦理統計工作及審核機關編制。預算局設副局長四人，分領四處辦事。這四處的名稱是：預算編審處、立法參考處、管理與組織處及統計標準處。預算局另設五科，分掌該局重要功能。這五科的名稱是：商業與財務科、國際科、勞工與福利科、軍事科及資源與工務科。各科的工作對內要與四個處溝通，對外要與有關部會聯繫。

會計總局亦設置於一九二一年，處於一種特殊地位。他一方面是總統的行政幕僚機構；一方面又直接對國會負責爲財務控制機關。局的首長爲審計長（General Comptroller）由總統提名經參議院同意任命之，任期十五年；遇有特殊原因，以國會兩院聯合決議可以免除其職務。會計總局的職掌有三：㈠與財政部及預算局分享財務監督權，依據國會通過的預算案，監督各機關財務收支的執行。㈡規定會計簿册表式、程序、原則與標準以督策各機關會計制度的實施。㈢代表國會審核稽察各機關的財務收支，視其有無不實或不法，即所謂審計工作。

在一九四九年以前，聯邦政府各機關的物財購置、檔案管理及公共建築管理諸事宜均由各該機關自行辦理之。胡佛委員會認爲要加强效率，免除浪費，這些功能應予集中，交由一個機關作統一集中的管理。於是國會於一九四九年通過『聯邦財產與行政事務法』(Federal Propety and Administrative Service Act)，設置總務局（The General Service Administration）。局設局長一人由總統任命之，對總統負責處理該局事務。總務局分設五處。這五處的名稱，是公共建築處、供應處、緊急購置處、運輸與公用事業處及國家檔案與紀錄處。爲了工作推行的利便，總務局常約集各部人員組織部際委員會共商進行。局長於必要時亦應邀出席內閣會議。

八、美國的副總統——在美國的政治史上，副總統的職位和人員都是不爲人所重視的。只有那獲得機會能繼任總統的副總統才能在人民的腦海中留下印象；否則他們都是被遺忘的人們。副總統是參議院院長主持參議院院會；當總統因故出缺時繼任總統。由這些職能說起來，副總統一職亦是相當重要的；但是從過去的事例看來，一般人均認爲這一職位是政治中的冷場，甚而被視爲政治的墓地。

副總統不爲人們所重視的原因之一，是由於他的提名方法。副總統候選人的提名，不是祇就本身的資格或條件作考慮；而重他能否與總統候選人相配合，期能獲得較多選票。副總統候選人常成爲安撫的工具或報償的手段。總統候選人史密斯（Atfred E. Smith）是天主敎徒，代表東部勢力，則拿魯濱遜（Joseph T. Robinson）來配合。因爲他是基督敎徒，代表南方勢力。總統候選人威爾基（Wendell Willkie）是政治的生手，代表東部的公司利益，則拿麥克納里（Charles McNary）來配合。因爲他是政治熟手的老參議員，代表農民利益及進步的勢力。總統艾森豪代表東部勢力，則以西部尼克生爲副總統以平衡。甘迺迪總統代表北方利益；副總統詹森（Johhson）則代表南方利益。雖然副總統亦常能是有爲的能幹的人員；但是在提名方法上，副總統總是配角，其人望便大爲低減了。

就是就參議院院長的職位言，亦不能算是十分重要。第一、他主持院會須遵守一定的傳統與議事規則，只能依法依衆議以行事，個人意志，很難發生作用，自不免有英雄無用武之地之嘆。第二、院長在參議院中的地位是公平的超然的，以不偏不依的態度處理議案，不能作左右袒，只有在可否同數時，才參加投票表決。副總統陶士（Dawes）曾致力謀求參議院的改革與進步，但不爲參議員所接受，而一事無成。

惟就近年來的事實觀之，副總統的地位較前漸趨重要，且亦比較活躍。在第二次世界大戰期間，羅斯福總統曾畀以副總統華萊士（Henry A. Wallace）以重要責任，從事戰爭的努力。艾森豪總統曾給予副總統尼克森（Nixon）不少行政的外交的及有關國會方面的任務，使其負責處理；當總統缺席時，他並可代表總統主持內閣會議。

第十章 行政

一、**行政機構**——美國總統帥各機關處理政務，推行行政。華盛頓總統在第一任期內管轄九個行政機構。艾森豪總統在其第一任期內所管轄的行政機構達七十五個之多。美國政府現時的文武官員人數，比一七九〇年時全國人口還要多，總統所管轄的機構要可分為兩大類，一類是幕僚機關。這幕僚機關又可分為兩種：一是政務性或政策性的，如內閣會議、國家安全會議、經濟顧問委員會及國防動員局均屬之；一是行政性的或事務性的，如白宮祕書處、預算局、會計總局及總務局均屬之。幕僚機關的任務在設計、研究、分析、決策、協調、聯繫及服務。一類是業務機關，在分別負責處理政務達成國家功能。這便是各行政部會、局的組織。

美國憲法對行政機構的組織並無明文規定。憲法第二條第二項規定，總統可以要求行政部門的主要官員，就其有關職務提報書面意見；憲法的同條文又規定，國會得授權總統以單獨委派各部次要官員及法官的權力。由這一憲法條文推論之，當時的憲法制定者是要在總統之下設置行政機構的。美國當其依照憲法組織時，立刻感覺到必須成立若干行政機構。

美國政府的行政機構單位頗多，茲舉其重要者的十個部、十一個委員會及十個局。十部設置的年代如下：一七八九年國務部（State）、財政部（Treasury）。一八四九年內政部（Interior）。一八七〇年司法部（Justice）。一八七二年郵務部（Post Office）。一八八九年農業部（Agriculture）。一九〇三年商業部（Commerce）。一九一三年勞工部（Labor）。一九四七年國防部（Defense）。一九五三年衛生、教育及福利部（Health Education and Welfare）。國防部包括三個部：一是陸軍部(War)成立於一七八九年；二是海軍部(Navy)成立於一七八九年；三是空軍部(Air force)成立於一九四七年。

各部設部長(Secretary)一人。司法部部長則曰總檢查長(Attomey General)。郵務部部長則曰郵務長(Postmaster General)。他們都是政務官，其任務在執行執政黨總統所屬之政黨的政策。部長的黨籍雖可以有時不與總統者相同，但在政策上必須與總統一致。部長由總統提名經參議院同意任命之。這種同意權的行使，幾乎流爲一種形式了。總統提名的人選，幾乎沒有不同意。總統不任選僅注意其治事的才能與經驗，同時要顧到他們的黨派關係、政治背景、壓力團體及地區分配等因素。來源不同，錯綜複雜。具有較大勢力與政治背景的，始能被選任爲部長。部長除主持本部行政事務外，大部份時間從事對外的政治與社會活動，並經常與國會議員及政黨要人保持接觸與聯繫。總統若欲免除部長職務，則無須經參議院同意。各部各設有次長(Under Secreary)及助理部長(Assistant Secretary)，襄助部長處理部務，亦由總統提名經參議院同意任命之。各部按其工作性質分設若干司科，形成一層級節制體系，在分工合作，指揮服從的情形下，共同處理各部的事務，司科長人選由部依人事法規之規定任用之。其任職條件是他們的工作能力、知識、技術與訓練，而非其政治背景。其能力以考試方法鑑定之。考試及格者始取得任用資格。

各部的任務完全是政務執行機構。部外尚有會(Commission)的組織。會的組織分爲兩種，一是管制性質的，除行政工作外，兼掌準立法性質與準司法性質的工作；一是行政或服務性質，以處理政務或事務爲主要功能。管制性質的重要委員會名稱及其設置年代如下：(1)州際商業委員會(Inter-State Commerce Commission)一八八七年。(2)聯邦貿易委員會(Federal Trade Commission)一九一四年。(3)聯邦動力委員會(Federal Power Commission)一九二〇年。(4)證券及交易委員會(Sec urities and Exchange Commission) 一九三四年。(5)聯邦交通委員會(Federal Communicating Commission) 一九三五年。(6)全國勞工關係委員會 (National Labor Relations Board) 一九三五年。(7)民航委員會 (Civil Aeronautics Board) 一九四〇年。(8)聯邦海事委員會(Federal maritiue Board) 一九五〇年。至於那行政或服務性質的委員會其重要者有四，名稱及設置年份如下：(1)文官委員會 (Civil Service Commission) 一八八三年。(2)聯邦準備委員會Federal Reserve System) 一九一三年。(3)美國關稅委員會 (United States Tariff Commission)。一九一六年。(4)原子能委員會 (Atomic Energy Commission) 一九四六年。這些的委員會都是國會爲了達到其特殊的目的，完成一定的任務，特別通過法律而設置的。委員會各設委員若干人，但不得有過半數委員屬於同一政黨，以免淪入政爭漩渦。總統非依法律規定不得免除委員職務，另換他人。

美國的行政機構除各部外尚有局的組織。局亦是一種業務式行政機構，其性質與部的組織相類似，不過其編制交小，地位較低而已。在局的組織形式上與委員會又不相同。委員會採合議制，由若干人共同負責處理各該會的事務。而局長的組織則採首長制或獨任制，設局長一人，單獨負責處理各局事務。委員會的任務在管制，旨在集思廣益，博訪周諮，期能對問題能作周詳考慮。局的功能在執行業務，要在統一事權，集中力量。美國聯邦政府下現有局的組織，重要的有下列幾個：(1)聯邦社會安全局 (Federal Social Security Agency)，(2)聯邦工務局 (Federal Works Agency)，(3)國民住宅及房屋局 (Housing and Home Finance Agency) (4)退役軍人管理局 (Veterans' Administration)，(5)農業貸款管理局 (Farm Credit Administration)，(6)聯邦航政局 (Federal Aviation Agency)，(7)聯邦民防管理局 (Federal Civil Defense Administration)，(8)國家航業及太空局 (National Aeronautics and Space Administration)，(9)田納西谷行政局 (Tennessee Valley Auth ority）及⑽美國新聞局（United States Information Agency）等。局內分設科室處理事務。

二、行政立法——行政機關除推行政務外，尙擁有頒制行政規章以促進政務的推行。這種行政規章包括施行規則、細則、辦法及規程等，行政規章的頒行在對政務作分類的客觀的一致處理提綱振領，執簡馭繁，有條不紊，具有法律的性質與價值，故曰行政立法（Administrative Legislation）。由行政機關制定的規章具有法律之效力者謂之行政立法。這行政立法的內容包括兩種：一是職權立法，卽基於推行職務或運用權力的需要，行政機關自行制定行政規章，以推行政務；一是委任立法（Delegated Legislation），卽行政機關基於立法機關的授權，在其範圍內及標準下，行政機構依以制定行政規章。美國的行政機關有十幾個都可以頒制行政規章，並有法律效力，法規判案作爲援用根據。

近三四十年來，美國行政立法的數量大爲增加，汗牛充棟，不勝枚舉。其所以致此的原因，約有四端：㈠自二十世紀以來，政府職能大見擴張，政務紛繁，因之，政府所需的法律亦就隨之而大爲增加。但是國會會議有定期，立法辯論每甚冗長，常無充份時間討論瑣細條文；於是只能規定重要原則，而留其詳細辦法，由行政機構以行政立法或行政規章規定之。㈡現代行政的內容與實質已大爲專門化、技術化、科學化，並有高度的專業知識與經驗作透徹的瞭解與適當的處理。國會議員多爲平民或常人，對此專門問題均不甚瞭解，知識與經驗均感不足；勢不得不授權行政機關以行政立法處理之。因行政機關的人員多爲專家，對此專門問題比較有多的經驗與瞭解。㈢在現代的工商進步和社會中，事態演變甚爲迅速，政務內容亦隨之而是演變不居的，變化多端的。現代行政與政務乃是動態的（Dynamic），而非靜態的（Static）。立法機關無法預見將來的發展與變化，故不得不授權行政機關俾能以行政立法之方式，應付新發生的事態。㈣國家在戰爭時期或危機時期爲了應付國家緊急需要，俾能贏取戰爭或渡過難關，國會自須採行授權方式，使行政機關具有較多自由與權力以應付事變。

國會立法不可失之過於瑣細，應留有餘地，使行政權力者以行政立法或命令補充之；但亦不可太寬或太籠統，使行政權力者得以爲所欲爲，形成專斷。故授權寬嚴應適當，劃界應適當。因之，國會授權應注意以下四點：㈠在授權案中或條文中應有明確的政策宣佈或規定標準；㈡授權的對象須是可以依託或信任的機關，並非個人；㈢如涉及有特別利益者，在授權法案通過前，應與之舉行商談；㈣行政規章須有明白的公佈與充份的印行；㈤對委任立法應有廢止與修改的規定。

授權方式普通不外兩種：一是行政標準法（Primary Standard）即規定行政權力者的行爲標準或條件，使依此標準或條件，制定行政法規以處理之。例如美國國家工業復興法（National industrial Recovery Act）第三條規定：『總統爲保護消費者、競爭者及雇工之利益，得訂定『公平競爭法規』(Codes of Fair Competition)，但須依據各工商業者之實際會計與賬目，以爲決定之根據』；使是這一方式的代表。二是可能效果法（Contingent Effect），就可能發生的事實或效果，行政權力者有權決定在何種情形下決定法律的實行或生效。例如政府爲保護國內工業或獎勵出口貿易，得視實際需要或國際經濟情勢，調整關稅稅率。

行政立法或規章按其性質，概可分爲四類：一爲補充性的規章，卽原法律未作規定或有所疏漏時，行政機關自行制定規章或規程以爲補充，而利實行；但補充法規不能與原法律相違背或抵觸。二爲解釋性的規章，卽原法律條文不甚明確，一般人民難於瞭解，或解釋費事，行政機關則另以細則或辦法等解釋之。這種解釋不涉及權利義務實質利害的爭執，無須由法律解釋機關爲之。三爲手續性的規章，卽使原定的法律付諸實施，而由行政機關自訂詳細較具體的施行細則與具體辦法，以爲推行的依據。四爲自由裁量性的規章，卽立法機關只設定『公益』『必要』『利便』等空洞範圍，行政機關卽憑自己的判斷或自由裁量，自爲決定，以訂實施的規章。

為要防止行政機關妄濫使用行政法規制訂權，以保障人民的權益，有三大準則，必須遵守。第一是事前的諮商。由有關團體的代表及專門人員組織顧問委員會，交換觀點，溝通意見。通知有關團體或當事人，在法規制定前，舉行會議，藉以獲得事實，並為將來法規實行舖路。法規草案可於事前印發各有關團體及人員，請其提供意見，以憑參考。第二是事後的印行。立法機關通過的法律，固應明令公佈，並按期陸續印為專冊以廣流傳，而利實行，至於行政機關所制訂的法規亦同樣的需要廣為印行，俾衆週知。英國早有行政法規的印行。美國自一九三五年起有聯邦册記報（Federal Register）的印行，由國家檔案局（National Archives）內的聯邦册記科（Division of the Federal Register）主持之。聯邦册記報除星期日外，每日發行一次。這殆是聯邦政府的公報，具有法律的效力，法律規定每年就其內容分類彙編成册，法律性質者曰『美國法典』（U.S,Code），行政法規性質者曰聯邦法規（Code of Federal Regulations）。第三是議會的備案。行政機關所頒行的行政法規，應於一定日期內（普通為六十日）送請議會備查或備核。立法機關如認為有違法或不合之處，自可提出意見，促其修正。

美國憲法明文規定『一切立法權力屬於國會』。所以國會授權，須明定授權的範圍、標準與政策，俾行政權力者制定行政規章以為準則，不得違犯。美國憲法第五條修正案規定，人民的生命、財產與自由非依正當的法律程序不得侵犯。依此規定，行政規章中所訂的行政程序須是公道的及合理的。在過去，行政規章的頒行，不無濫妄；為加以糾正與防範，國會乃於一九四六年通過『行政程序法』（Administrative Procedure Act），對行政規章的制定有如下的規定：㈠行政權力者應公開的陳明其權力的範圍、來源與依據，關於其推行方法的陳述，並應列入紀錄。㈡凡無機密性的命令、意見及官方行為均應予以公佈。㈢行政規章應於施行前三十日公佈周知；行政規章有所修改亦應於三十日前公告。㈣在制定或修改行政規章前應邀約利害有關的單位或人士，聽取其意見。㈤對於請求修改或廢止行政規章的請願案應予重視。㈥行政規章應刊登於『聯邦紀事報』（Federal Register）。

三、行政裁判——美國三權分立的政治制度已趨動搖。今日行政機關不僅具有行政權、立法權，同時亦兼具有司法權。行政裁判（Administrative Adjudication）亦曰行政裁定（Decision making），乃是行政權力者解決爭議的決定行爲。這種審理爭訟的任務，本是司法機關或法院的普通功能。但近三十餘年來，美國的行政機關亦作了不少的行政裁判工作。其所以產生這種現象的原因，有下列諸端：㈠在美國的社會經濟的活動與發展中，確有反社會、不公平、獨佔、惡霸等不良現象，迫使政府不得不採取管制行動。工商界的獨佔、操縱與壟斷確實影響了一般消費者的利益與生活，政府固不能不加以干涉。政府爲取締這些罪惡及保護合法工商業者，遂需要設置永久性的而非臨時的機構作不斷的經常監視。㈡法院的觀點與行動每是固執的，保守的不足以與變動不居的社會動態相適應，故不得不採行行政程序以作工商管制。司法裁判的觀點，多站在維護私人權益的立場，對於公共利益，社會幸福每不重視，法院所作的裁定，是站在法律專家的觀點，對於社會經濟的關係以及科學技術的事實與立場，則均屬漠然。行政管制的人員則可延用經濟人才與專門技術人員，使其觀點能與社會經濟及科學技術相配合。㈢司法審判，手續繁複，行動遲緩，牽延時日，社會爭執，不能久行等待。法官亦缺少助手去幫助他瞭解事實與問題，裁決不免陷於書生之見或太鑽牛角尖。以行政管制機關裁判社會爭執，觀點較廣、易見及全面，且行動較爲迅速，不致久事牽延。

具有行政裁判權的機關計有以下四種：㈠獨立的行政法院，如稅務法庭，關稅及商標上訴法院，要求賠償法院等屬之。㈡行政機構如各部會的首長有權處理及裁定行政爭議事項。㈢在各部會內附屬的具有行政裁判權的機構，如民航委員會、海事委員會及商業部的商標局等屬之。㈣特設的獨立管制委員會，如州際商業委員會、聯邦貿易委員會、聯邦交通委員會等屬之。所謂行政裁判乃是實行行政管制時所採行的行政。美國最早於一七八九年曾設置有兩個行政管制機構，一個掌管制關稅事務，一個掌退伍軍人合法地位的審查。在現有行政管制機構中，設置於一九〇〇年前者約佔三分之一；一九〇一——一九三〇年間約佔三分之一；一九三〇年以後設置者約佔三分之一。

行政裁判實施程序與方法，因涉及的機關與實用的法律有不同，致並不一致。不過就大體言之，其實施情形頗相類似。問題或事件發生後，管制機關的第一步的動作就是採取實際的調查或考察。調考的結果如認為這一抱怨或請求，具有實質的問題應予解決，則採取非正式的商談程序謀求解決。許多問題與爭議而獲得解決與平息。如果非正式的方式不克裁解爭端，則進一步採取正式的審理程序。此時則派『實地檢查員』(Field Examiner) 作實地調查。根據調查報告由『審訊員』(Hearing Examiner) 予以審理。審理時要傳訊證人，檢查證據。審理進行與程序與法院者頗為類似，不過不若法院者嚴格。審訊員就審理所見所得依法律與事實。制為裁定，飭當事人遵行。如當事人不服這種裁定可上訴於高級的行政長官或機關。上級機關對此上訴案再予審理，作為裁定。如當事人仍不服這種裁定時，可上訴於最高法院，尋求最後決定。法院每接受行政機關所尋得的事實；法院主要的在就法律與程序問題予以審理。

對於違犯管制規則，命令或法律者則處以一定的裁制。裁制或處罰的形式，要不外以下幾種：㈠以向法院起訴威脅之。㈡科以罰金或罰鍰。㈢罰免或和緩法律上規定的處罰。㈣判准其採行一定行為。㈤作有利的或不利的公佈。㈥廢止、停止或不予續發其執業執照。㈦沒收或銷毀其財產或貨物。㈧賠償損失。

社會人士對於行政裁決實施多有抱不滿態度者，而提出以下的批評：㈠行政官吏與權力者侵犯了司法機關的職權，破壞了三權分立的政治原理與制度。㈡在行政裁決程序中，擔任審理工作的『審訊員』多不能擺脫政治關係與影響，頭腦不够冷靜，對當事人的權益，未能充分尊重。㈢一個行政機關同時是原告(控訴人)、是陪審官、又是法官，職權混淆，立場不清，破壞了司法程序中的分工與平衡。㈣行政機關所作的行政裁決，雖尙有上訴於法院的機會，但事實上限制過嚴，能上訴於法院的案件爲數甚少。

當羅斯福總統的『新政』(New Deal)時代，人們對行政裁判的批評與攻擊達於高潮。自由主義認爲他利用行政裁判達到政治目的。於是有考察委員會的組成，進行調查，謀求改進。在一九四六年國會卒通過了『行政程序法』(Administrative Procedure Act)，對行政裁決的弊害與妄濫予以補救與防範。該法『審訊員』審理案件須公正無私，是國家與法律的忠實僕人。審訊員祗依審訊，不得參與事實調查及控告工作。該法對於調查及審訊程序均有詳明的規定。法院有權命令行政機關對『拖延時日』『處理非法』的案件採取行動。上訴於法院或法院重審的案件，範圍加以放寬。這一法律使各機關所採行的行政裁決程序趨於統一化，一致化。這些規定，對於防制行政裁判的妄濫，實大有裨益。

胡佛委員會(Hoover Commission)對於補救行政權力者侵犯司法功能，曾提出不少建議。其中最急劇的建議，是從現有行政裁判權的機關中劃出這種功能，而統交由擬設的『美國行政法院』(Administrative Court of the United States)作統一的管轄。行政法院下分設三庭：㈠稅務庭，掌現有稅務法院的管轄。㈡貿易庭掌現有州際商業委員會、聯邦貿易委員會、聯邦交通委員會、民航委員會、聯邦動力委員會、美國關稅委員會的管轄。㈢勞工庭，掌現有全國勞工關係委員會(National Labor Relations Board)。

一九五三年艾森豪(Eisenhower)曾召開一個『行政程序會議』(Coference on Administrative Procedure)。五十七個具有行政立法權及行政裁判權的機關均各派代表一人參加會議。該會議經六個月分組研究及四次全體會議，對行政裁判事宜的改進提出以下的建議：㈠於司法部內設置行政程序處，負責研究行政裁判程序的統一與改進事宜。㈡授權於上訴法院，使有權審查行政機關的命令是否違法。㈢美國文官委員會內設置『審訊員管理局』，對審訊員的選拔、任用、考核等予以制度化。

四、行政行爲的控制——爲要防止行政機關的濫權，行政行爲須受有相當的控制。美國行政機關的行政行爲，受有兩種控制：一是司法審查（Judicial Review），一是國會監察（Congressional Control）。就司法審查言，人民如對於行政裁定、行政命令、行政規章認爲違憲、違法或不當時，有權上訴於法院請求予以修改或廢止。人民的這種權利，被認爲是正當的必要的。雖然，最大多數的行政行爲均毫無爭執的爲人民所接受；但引起爭執，上訴到法院的案件亦屬不少。行政行爲的內容雖然是有許多是很專門化技術化的，法官不易對之作深切的審查；但法院所審查的重點，則在於考察行政行爲是否合憲合法，行政程序是否合理。

行政程序法規定，人民對於行政裁定如有不服時，可以上訴於各級法院請求救濟。行政管制機構如州際商業委員會，聯邦貿易委員會、聯邦交通委員會等的裁定，可以被直接上訴於『美國上訴法院』（United States Court of Appeals）。其他行政機關的行政裁定可以上訴於地方法院。地方法院以由三個法官組成的合審庭審理之。關於關稅及商標的上訴案件上訴於『關稅及商標上訴法院』。依行政程序法，凡於法有乖誤的行政行爲，均可上訴於法院請求救濟。司法審查的案件應是屬於涉及法律問題者，而非事實問題者。

行政行爲仍受有國會或立法機關的控制。第一、行政機關的設置，須依法律的規定。國會或議會通過行政機關的組織與職權。第二、行政機關推行業務，須有經費，而此經費的核定與撥付，須經國會或議會通過預算案或撥款案。第三、國會或議會對行政機關的施設有調查權，藉以考察行政行爲有無不當或違法。行政調查權的運用，可以相當的防止行政機關的濫權。第四、國會或議會決定政策及制定法律以爲行政機關執行的依據，不得殞越。第五、國會或議會對行政機關的財務收支有審計權，對行政人員有彈劾權。

第十一章　公務員

一、**功績制度**——政府是推行政務的機構。推行政務不能不需用公務人員。因之，如何選拔任使這些公務人員，亦成爲研究政治學者所不可忽視的一大問題。就現代政治的趨勢言，各國政府所任使的公務員均呈逐年膨脹的現象。美國在一八一七年門羅(James Monroe)總統就職時，公務員數量尚不及六、五〇〇人；現時美國聯邦政府的公務員已超過二百四十萬人。美國憲法提及公務員者只有兩點：㈠總統在參議院的同意下任用重要行政官員；㈡總統、各部部長、法院得依國會的規定任用次要官員。

華盛頓總統以公正無私的精神，建立起用人惟才的先例與傳統。亞當士 (Adams) 總統的用人，則偏向於與其政治主張及信仰相同者。哲斐生總統就任，則採政治用人主義，把聯邦主義派 (Federalists) 的官員免職，而換用了他自己的黨徒。在他的任期內，官吏的變動率高達百分之二十五。馬迭生 (Madison)、門羅 (Mouroe) 及葵西亞當士 (John Quincy Adams) 三個總統的用人政策，均採穩健主義，尚稱公正，把人事的變動率，壓至極低的限度。所以在一七八九年至一八二九年間可稱爲吏治修明或行政效率尚高時代。

一八二九年三月四日甲克生 (Jackson) 總統就職。他發現聯邦政府中許多的重要職位都爲他的政治反對者所佔有。於是他提出『勝利品應屬勝利者』((To the victors belong the spoils)。官吏應隨所屬政黨選舉的勝敗爲進退。這便是所謂『分贓制度』(Spoils System) 或『勝利品制度』，亦叫『俘獲制度』。甲克生認爲必須如此方能確定政治責任，方能符合民主精神。某黨選舉獲勝，就是表明人民支持某黨的政綱政策。爲要符合民意，這些政綱政策便應付諸實施。如要想使這種政綱政策得到成功有效的實施，便應使信仰這政綱政策的某黨黨員擔任執行人，期能忠實有效。自一八二九年至南北戰爭（Civil war）結束，這一時期可稱之爲『分贓制度』猖獗時期。

分贓制度實行的結果，發生以下的弊害：㈠公務員獲得職位的憑藉，是政黨的背景，而非治事的才能；任職後以才不勝任，致不能有效的成功的達成其任務與使命。㈡分贓制度蓋所以報償競選有功。競選有功者必是善於活動，長於拉票的人員。而以這等人員擔任公務，才位不適合，人與事不相配，扞格不入，自然要使行政效率大爲減低。㈢選舉的勝敗，率視所付競選費的多寡爲轉移。故對競選費用捐獻較多者便屬有功人員，應畀以職位。捐獻者取得職位後，將利用職權攫回其捐款；變相貪汚，使政治道德大爲敗壞。㈣官吏在職以政黨爲背景爲奧援，身在政治心在黨，心馳外騖，不能專心服務，安心奉職，公務紀律與風氣均陷於無法維持。㈤官吏隨選舉勝敗爲變動，任期縮短，五日京兆，不能養成長期供職的永業精神與專業精神，人事不安定，不易維持行政政策的一貫與永續。

分贓制度既有種種弊害，於是引起各方劇烈的批評與攻擊，並致力於吏治改革運動。一八八一年加費爾特（Garfield）總統爲一失意的求職者所刺死，更使大家認爲有迅速建立健全人事制度的必要。於是國會於一八八三年通過潘德爾頓法（Pendleton Act），即所謂吏治法（Civil Service）實行所謂功績制度（Merit System）。這功績制度的主旨是用人唯才的人才主義。國家官吏劃分爲兩大類：一是政務官或非常任事務官；一是事務官或常任事務官。前者的任用視政治關係或長官遴選。後者的任用則依其治事的才能爲根據。任職是否具有這種才能，須使用公平客觀的考試方法以測驗之。考試及格經正式任用後，地位卽獲得保障，非因犯法不得免職。而考試事務則由一個獨立超然的文官委員會主持之。

依一八八三年的吏治法，美國設『文官委員會』（Civil Service Commission）掌公務員之攷選這一委員會由委員三人組成之，委員中不能有兩人屬於同一政黨，以防止政黨勢力或政爭影響干擾到政府的用人行政。委員由總統提名經參議院同意任命之。委員中由總統指定一人爲主任委員，其任務在主持該委員會的行政事務；自一九五三年起主任委員負責與總統及國會，各部會間有關人事問題的聯絡事宜。至一九五七年更設置一人事顧問官以爲聯絡工作的協助。

依胡佛委員會的建議，文官委員會的任務，現是一個人事幕僚機關，至於實際的人事行政及管理的執行工作則多委諸各部會的人事管理機構。委員會的任務在提供有關人事政策的意見，設定有關人事行政的標準、發給考試及格人員的證書，審理有關人事糾紛的上訴案件，聯繫各部會間有關人事行政的協調事宜及執行公務員退休法。各部會若干性質相同的公務人員攷試，由文官委員會自行辦理之；而大部份人員的徵補與考試則多委由各部會辦理之。文官委員會在全國分設有十四區，於該區的中心城市設辦事處分區辦事。

何種職位的人員須以考試方法選用之，依吏治法的規定由總統以命令或國會以法律定之。這種人員在美國稱爲『分類人員』(Classified Service) 在一八八三年這分類人員才佔百分之十耳，以後逐年擴張。一九五〇年美國聯邦政府的公務員，總數約爲二百四十萬人，而『分類人員』，卽依考試方法選用者幾佔百分之八十六。

不依考試方法選用者謂之『除外職位』(Exempt Positions)。所謂除外職位包括三類性質的公務員：㈠決定政策的政務官；㈡機密性質的親任人員；㈢不能以競爭考試方法選拔的人員。有些機關的職員是依特別法的規定，不屬於分類人員；外交人員及田納西行政局的職員均屬於這一類。有些機關自有人事制度或功績制度而獨立於一般人事行政系統之外。聯邦森林局、公共衛生局、聯邦調查局都各自有其獨立的人事制度。臨時性質的人員亦爲『非分類人員』。

美國的人事制度偏重技術化，對於高級的行政領導人才不甚注意。所以人事制度的改進者會主張把各部會的司長、科長級亦納入『分類人員』的範圍內，使其任用、升遷、考核等均制度化。在羅斯福總統（Franklin D. Roosevelt）任內曾引用了大量的有能力的極爲幹練的人才到聯邦政府擔任高級行政官吏。杜魯門總統時代仍續行羅氏政策。這些都使之成爲永業化的行政官員，且得到與『分類人員』相同的保障。總統以行政命令設置C類（Schedule C）人員，把決定政策性質的政務官和機密性的親任人員均歸於這一類。在一九五四年十月，這類人員計一、一二七人。在這些人員中依胡佛委員會的估計，有七五五人係『政治執行人員』（(Political Executives)。

胡佛委員會認爲爲加强聯邦政府的行政領導，應設置『政治執行人員級』，其地位有似英國的『行政級』人員。這類人員只設置於各部會之內，而不設置於各附屬機構或獨立單位。政治執行人員的重要責任在協助首長決定政策及促進各單位各部門的溝通與聯繫。政治執行人員宜另成一體系設定一新職級曰D類（Schedule D），原來的C類祇包括機密性的親信人員。

二、人事管理——依胡佛委員會的建議，現時美國的用人考試，主要的是由各用人機關自行辦理之。因爲如此，則足以適應各機關的特殊需要，且手續簡便，辦理亦較爲迅速。聯邦政府各機關所採行的考試方法是筆試與口試並行制。考試的內容是實用性質或技術化的。易言之，考試的目的是在測驗應試者是否具有其職務上所需的特殊技能與經驗，並不考試其一般的教育程度與學術背景。這種考試對於選用低級文書人員，機械工作人員及技術人員都是很合適的。但若以此種考試選拔高級行政人員或領導人才則甚不相宜。考試係分區舉行的，全國分十四個區，七十餘個郵政局都可借用之以辦理考試。考試及格者依成績高下編入及格人員名冊。用人機關依次任用之。及格人員任用完畢則另行舉行考試選拔新人。

美國政府對於退役軍人在攷試上及任用上均有優待。依一九四四年退役軍人優待法（Veterans Preference Act）的規定，受優待人員如下：㈠軍人因服役而致傷殘者；㈡因服役致不能工作的軍人配偶；㈢軍人遺孀；㈣其他退役軍人。前三類人員如參加公務員任職資格考試，受增加攷試成績十分的優待。此外，有一些職位如看守、開電梯者、送信員、保管員等均專保留給退役軍人擔任。前述第四類人員考試受增加成績五分的優待。主張對退役軍人優待者旨在報償軍功，以慰忠貞而勵來茲，並藉以安定社會。反對對退役軍人予以優待者，認爲如此將降低公務員品質，而影響到行政效率。

用人機關遇有空缺待補時，則由機關首長飭知該部人事機構的主管向文官委員會請求開送考試及格人員以憑委用。用人機關請求書中應載明職位名稱、職務、待遇及所需條件。依吏治法的規定，文官委員會應考試成績就攷試及格人員中加三倍開列名單送用人機關選用。筆試對於應試者的人格、性情等未必能有充份的瞭解。用人機關的首長或人事主管，再用面談（Interview）的方法，予以選擇，亦是應當的。文官委員會開送選用名單，應注意下列三事：㈠退役軍人優先開列；㈡顧及聯邦用人以各州人口爲比例的規定；㈢依成績次序加三倍開列。

自一九五五年一月起，聯邦政府採行了一種新的任用制度。在這種制度下，一個攷試及格人員在正式成爲有保障的常任事務官以前，須經過三年的試用階段（Conditional Status, Career-Conditional Appointment）。第一年的試用仍作爲參攷成績的一部份。這種新任用制度乃是爲應付因在戰爭時期或經濟恐慌時期大量增加臨時人員而設置的。一九五〇年韓戰發生，政府用人，大量增加，致不能不提出追加預算；爲維護人事制度並凍結了受保障的常任事務官的人數。公務員中現計有約六十七萬人地位是不十分確定的。其中約三分之一可以獲得正式的任用；三分之一合於試用或有條件的任用；其餘三分之一任用資格尙屬未定的。有條件的試用制度是具有彈性的，使將來在人事膨脹中，不致於過份影響到正式的常任事務官。

一個健全優良的人事管理制度，應以經由職位分析（Job Analysis）而建立的職位分類制度（Positions - Classification）的基礎。職位分類制度的建立普通係經由四個程序：㈠職務調查——搜集有關職位的事實資料；㈡職系區分——就各種職位的性質或行業不同，併同區異，劃分為若干職系；一個職系實際上就是一種專門職業（Profession）；㈢職位品評——就各系職位工作的繁簡、責任的輕重、教育的高下及技術的精粗，劃分為若干等級；㈣編訂職級規範——即編訂為標準化的職位說明書；內容包括職稱、資格、工作、責任、待遇、地位及升晉路線等項。根據這種標準化的職位說明書，可以作為人事選拔、任用、待遇、攷核、訓練、升晉等人事管理的藍本。

依美國國會一九四九年通過的職位分類法（Classification Act），公務人員分為兩大類：一類曰一般表或普通表（General Schedule）簡稱曰GS，包括專門科學、普通行政、財務及文書等職位。一類曰技藝保管類（Crafts, Protective and Custodial Schedules），包括手藝、保管、燈塔、儲藏等職務，簡稱曰CPC。前者分為十八個等級。後者分為十個等級。一級職位係最簡易的工作。級數愈高，工作性質越趨複雜與艱難。這一法案確定聯邦文官委員會的職責在規定工作評價的標準；至於個別職位的分類實施則在於各部會。因之，加重了各部會在職位分類中的責任。自然，各部會所作的職位分類，文官委員會對之仍有檢查與修正的權限。至於郵務人員、外交人員、教育人員、醫務人員及警察消防人員的分類與待遇，則另有法律規定之，不適用本職位分類法。一九五四年國會曾通過法案，着政府採取步驟，於最後廢止CPC表，而將之歸併於GS表內以期簡化，而昭統一。

公務員的薪給待遇應遵守四個重要的原則：㈠同工同酬平等待遇，公平一致。㈡待遇標準不可太低，期能吸收優良人員至政府服務，並能維持身心康健，保持工作效率。㈢公務員待遇水準要與工商企業者相平衡，相適應。㈣薪給待遇應按其職務上所需教育高下，技術精粗、工作繁簡及經驗豐嗇而定其數額的高下。薪額的決定是一經濟問題，每受『供求律』的支配，應仕者少，以低薪不得獲致所需的人才時自必要提高薪給以爲吸收；如供應者多，可以以低薪求得所需的人才，又何必出高薪。在每一等的職位中，普通又分爲幾個薪級，俾便按年加薪以爲鼓勵。初任人員率支該等中最低薪級。一般公務員多主張按年資的自動加薪制；而政府當局則主張以攷績加薪。

依一九五四年的規定，美國普通表人員的薪額如下表所載：

等級	最低年俸（美元）	薪級數
18	17,500	無
17	15,375	4
16	14,190	5
15	12,770	5
14	11,355	6
13	9,890	6
12	8,330	6
11	7,030	6
10	6,505	7
9	5,985	7
8	5,470	7
7	4,980	7
6	4,430	7
5	4,040	7
4	3,755	7
3	3,495	7
2	3,255	7
1	2,960	7

爲要公務員升遷獎懲是客觀的公平的，勢必須以『攷績』（Service Rating）爲依據。關於攷績制度有種種不同方法。其中最簡明在依公務員的工作數量與質量以定攷績等第。如打字員、計算員、書記等服務成績，依此以爲攷核則是十分正確的。攷績多是定期舉行的；普通皆以一年爲期，間亦有半年攷績一次者。攷績者乃是就這一時的工作成績作一總的攷核或評算。

考核的普通方法是『圖尺評分法』（Graphic Rating Scale）；即先選定攷核因素，如工作數量、質量、守時、負責性、忠實等列於考核表上；每一因素後附以評分圖尺，圖尺上標明分數，由考核長官予以評定，計算出分數以定等級。考核的另一種方法是『人與人比較法』(Man-to-Man Method)；卽選定張、王、李、趙等人以爲成績甲、乙、丙、丁的代表；使被考核者以與張、王、李、趙相比較，其與某人相似者便定爲某等級。聖保羅市 (St.Paul) 的文官委員會曾使用一種由布洛浦士 (I. B. Probst) 所設計的考績法，在對各人的特殊性格及明顯表現以爲表確測量。考績方法儘管有不同，但要使考績者完全擺脫其成見，而見公平正確的評價，確是十分困難的。

聯邦政府的各部會採行考績制度已歷有年所，且用有不同的方法。因胡佛委員會的研究與建議，國會乃於一九五〇年通過考績法 (Perfernance Rating Act)。這考績法標明考績的目的，在：(一)促進監督人員與被監督者間的良好關係；(二)促致上下層級間的合作；(三)使工作人員對工作要求能有更多的瞭解與認識；(四)隨時提醒工作員注意其工作上的要求。在過去的考績制度中，考績等次分爲超 (Excellent)、優 (Very good)、良 (Good)、中 (Fair)、劣 (Unsatisfactory) 五等。依新法簡化爲優 (Outstanding)、良 (Satistactory)、劣 (Unsatisfaetory) 三等。對工作員作劣等考績時間須於九十日前予以警告。公務員對其考績結果如不服時，可申請各部會的考績委員會予以救濟，改變其處分。胡佛委員會於一九五五年提出報告，認爲考績不具意義，因監督官對被考核人員評『良』者佔百分之九十八；極少評『優』或『劣』者。不加認眞考核與評分，敷衍塞責，不如取消之爲愈；而在年度報告中對特優特劣者予以提述。

公務員應遵守紀律，忠於職務，服從法律。美國公務員應遵守的紀律在文官委員會制定的規程及國會通過的『海奇法』(Hatch Act) 中多有所規定。一般言之，美國公務員不得以公務員身份參加政黨的政治活動。受保障的常任事務官非因犯法或妨害工作效率不被免職。公務員被處分，應以書面通知之，陳明理由與事實；必要時尙須作公開的聽問（Public Hearing）。文官委員會對紀律案件有調查權。紀律的執行權屬於各部會首長。

違犯紀律者所受處分的形式，有以下幾種：情節輕微者予以申誡或警告。較重的處分有調換職位、停算年資、攷績扣分及減俸等。最嚴重的處分爲降級、停職及免職。各部會首長所爲的紀律處分，即係最後的，不能提出上訴。但有關『忠貞』（Loyalty）或『安全』（Security）的案件則可上訴於文官委員會。有人認爲行政首長的行政處分權失之過大；主張文官委員會對各機關的紀律案件，有重予審查之權；或成立特別法院以受理有關紀律處分的上訴案件。依一九一二年『福來特法』（Lloyd La Follette Act）的規定，機關首長對無效率的公務員有權免除其職務。至於退役軍人，須依『退役軍人優待法』的規定，始能免職。

政府要想成功的完成其功能，公務員必須有優良的服務精神與聲譽威望。公務員在這一方面的要求有以下諸端：㈠公正超然，奉公守法，不參加政黨活動，淪入政爭漩渦。㈡親愛精誠，互助合作，具有堅强的團體意識、責任心、及榮譽感。㈢待遇優厚，工作環境適宜，足以維持其身體康健與精神快愉，而肯安心樂意的努力工作。㈣同工同酬，平等待遇，一視同仁，不受歧視與排斥。㈤有適當的康樂活動及消遣設備，足以陶冶公務員的身心。㈥有有力的公務員團體，足以有效的保障其權益。㈦地位有保障，年老有退休制度可以支領養老金俾能久於其位，安於其職，公務員的表現好，環境良，足以博得人民的較多敬重與支持，因之足以提高其地位與聲望。美國公務員的聲譽遠不若英國者之高。其原因是由於：㈠美國公務員的待遇較低；㈡美國曾受分贓制度的影響，公務員未能完全脫離政爭漩渦；㈢其地位不算十分有保障。美國近年來在提高公務員的地位與聲譽方面，曾作不少努力，不無成就與改進。其目標在能趕上私人企業的員工待遇與水準。

美國公務員就地位保障言，要可分爲三類：㈠永業化的人員（Career Service）；㈡限制的永業人員（Career-Conditional Service）；㈢無定期人員（Indefinite）。如政府實行裁減人員時，應先行裁減無定期人員；次及於限制的永業人員。永業化的人員地位最有保障。裁減人員時退役軍人較有保障。年資淺者較年資深者易遭裁減。退役軍人優待法在美國人事行政制度上，曾引起不良影響，而受到攻擊與批評。胡佛委員會曾提出建議主張修改退役軍人優待法，而以工作能力、服務成績及年資爲保障條件。

美國公務人員的變動率是很高的，據一九五一年至一九五五年的統計，每年的平均變動率爲四分之一，卽四個人中有一人變動。美國的大學畢業生的事業與趣率湧向工業事業方面發展，很少有志於公務員者。其所以致此之原因，在於：㈠待遇低，㈡升晉不易，㈢聲望差，㈣不爲社會所敬重，㈤鼓勵獎進不足。工商業界在這些方面都比較優越。不過在政府服務亦有以下的好處：㈠職位容易求得，㈡地位較有保障，㈢有退休養老金，㈣衛生醫藥利益較多。

在一九四七年三月，卽『冷戰』開始時，杜魯門總統爲維護國家安全，採行公務員『忠貞調查計劃』（Loyalty Review Porgram）；並於聯邦文官委員會內設忠貞調查委員會以司其事。一九五三年艾森豪總統取消了這一調查委員會，而將忠貞有疑人員的免職權歸於各部會首長；而於文官委員會內另設『調查局』（Investigations Division）司公務員背景及安全的調查。文官委員會另設『安全估計局』（Security Appraisal Office）以與各部會聯繫處理有關忠貞與安全案件。公務員應忠於憲法，維護民主憲政政體，以和平方法解決政爭問題。公務員如參加主張以武力推翻民主政體之政治團體者，經調查屬實，卽應受到免職的處分。

忠貞調查實施的結果，美國公務員因忠貞有問題而遭受免職者爲數甚多。這對美國政治安全，確有莫大裨益。但對忠貞調查提出攻擊與批評者亦復不少。其所持的理由如下：㈠足以減低公務員的精神與尊嚴；㈡違犯了『人民無犯罪證據均是無辜的』的假定；㈢違犯了『受處分應被充分獲知』的權利；㈣剝奪了『原被告當堂對質』的權利。

爲了改進忠貞案件的處理，艾森豪總統曾於一九五五年三年頒行七條修正規則如下：㈠對公務員的停職處分書應有詳確的事實舉述；㈡公務員在停職前應經過詳切的面訊，最後決定由高級的安全官員爲之；㈢在審訊的進程應有一法律官吏參加，以爲政府與公務員雙方的法律顧問；㈣各部會首長對安全機構的人員應作定期性的審查，俾能保持其優良品質；㈤這一機關任用他一機關所辭退的人員時，應相互諮商，交換情報，以昭愼重；㈥在不危害國家安全的範圍內，應儘量採『確證』與『對質』的努力；㈦在忠貞調查中發現有違法的案件，應一律報知於司法部。

忠貞案件處理程序雖作如此改善，然批評仍所不免。批評重點在於各部會首長權力過大；公務員因忠貞問題一經免職便無上訴機會與權利。爲研究如何矯正這一缺點，乃於一九五七年成立一獨立公正的委員會以司其事，並由總統、副總統、及國會衆議院議長共同遴用有聲譽有地位的人士充任委員，並以雷德（Loyd Wright）爲主任委員。這一委員會提出研究報告，主張總統之下，設一個中央安全機構，謀求安全措施的統一化，並促進其效率，使工作進行迅速，處罰行動免於武斷。一九五六年在柯爾控楊格（Cole V. Young）一案中，最高法院判稱食品藥品檢查員不得以安全問題而免職，因其職務與國家安全無關涉。依此判決，忠貞調查所適用的範圍祗限於與國家安全有關的職位。

美國國家政府的公務員於一九二〇年依公務員退休法（Civil Service Retirement Act）的規定實行公務員退休制度。公務員退休養老基金的籌措，採政府與僱員共同負擔制。公務員繳納其薪俸的百分之六，其不足之數，由政府撥款支付之。服務滿三十年的公務員，於五十五歲即可申請退休；不過領全數養老金者，須滿六十二歲始能申請退休。美國公務員的退休養老年金，爲數並不高，依一九五七年的計算，平均每人每月所領之養老年金約爲二〇〇美元。而不到退休年齡而離職者，可領回其所繳納的薪俸扣額及其應得的利息。

第十二章　司　法

一、法院的地位——美國的司法制度是雙軌的。聯邦或國家政府施行着一套司法制度。各州又各自施行着一套司法制度。本章所論爲國家政府的司法制度。州司法制度容於州政府一章中舉述之。司法的主要機關爲各級法院。法院的地位或所擔當的任務，計有左列三端：

1審理訟案——審理民刑訴訟案件，是法院的繁重工作。民事訴訟案件者，是原告要求被告償付其財產，名譽或身分上的損失，經國家機關的法院予以裁定。刑事訴訟案者，是國家對破壞法律者的控告，要求予以懲罰。除民刑訟案尚有所謂平衡法訟案（Cases in Equity）。當不公正事件或威脅事件發生後，不能經由民刑訴訟程序獲得保護或救濟時，則產生所謂平衡法訟案。譬如，一個人的財產權受到威脅，但這種威脅只是一種威脅而已，並未構成實際的損失，他不能因此提出控訴；但他可以申請法院予以制止、保護或預防。這便是所謂平衡法案件，當法律的救濟不克立刻付諸實施時，平衡法則提供一種獲致『實質公平』的保障方法。

2解釋法律——法院有解釋法律之權，所謂法律，包括：㈠憲法，㈡法律，㈢行政規章，㈣國際法律，㈤普通法。憲法者乃國家的根本大法，規定國家重要機關的組織與事權及國家與人民的關係。美國憲法爲成文法，制定於一七八九年。法律者由國會三讀通過，經國家元首明令公佈的條文。行政規章者指行政機關依立法授權或職權需要自行頒制的規則、章程、命令，具有法律之性質與效力者。國際法是基於條約，國際習慣，行政協定而形成的國際行爲規範。普通法亦稱法官制定法，卽法院所爲的一些判例，可以做一般適用者。法律的意義如何以及如何適用，法院對之有解釋之權。法院解釋法律率依前例。除非有必需的理由，不輕予變更前例。在二十世紀的三十年代，最高法院爲應付美國經濟恐慌的重大危機，在法律的解釋上曾變更了不少前例。一九五四年最高法院認爲各州的種族隔離政策違犯了美國憲法第十四條修正案的『法律平等保護』的條款。這亦是一個變更前例的解釋。

3司法審查——司法審查制是美國政治制度的一大特色。法院由此對行政機關和立法機關都具有一種牽制和制衡作用。法院解釋法律違憲，就等於對法案的否決。藉此足以限制政府及國會的行動。不過事實上法院所否定的法律案爲數並不太多。美國政制採三權分立制，三者之間自難免發生爭執。國會與總統間發生爭執，可於短期內因總統及國會的改選而獲得解決。而法院與政治機關的爭執可牽延到相當長的時日，因法官係終身職。法院的解釋雖是最後的，爲衆所接受；但法院對政治機關的行動亦不可不當限制。

法院具有强大的權力，有人主張予以限制以免濫妄。甚至有人主張修改憲法廢除司法審查制。在最高法院贊成自由放任政策時代，有人主張另行設立一獨立機構專司解釋社會經濟立法。在一九一二年毛斯(Bull Moose)的競選政綱中曾主張人民對法官應有罷免之權。參議員福來德(La Fllette)主張修改憲法，使國會以三分之二的多數通過否決司法審查或解釋。另有人主張最高法院對否決法律案的司法審查應有法官三分之二或四分之三的絕大多數通過方屬有效。

不過，法官亦是人，經不起人們的批評和攻擊，所以司法審查無形中亦受到民意或輿論的限制。司法審查的決定復可以修改憲法的方式推翻之，雖然這是件不容易的事，但並非是不可能的事。法官有死亡、退休、辭職，總統可以派用同道者遞補之。如果情形十分惡化，國會可以停止支付法院的經費，或對法官提出彈劾案。在美國立法、司法、行政三大部門中，司法部算是最弱的一支，因爲他既未掌握錢袋，亦未掌握兵權。

二、法院體系——美國的聯邦法院分爲兩大類型：一是依憲法規定設置的普通法院，包括最高法院、上訴法院、地方法院及要求法院（Court of Claims）。一是係法律規定設置的特別法院，包括領土法院、關稅法院、軍事上訴法院。普通法院執行美國憲法第三條所規定的美國司法職權。特別法院執行法律所規定的司法職權。

法院的職責在審理訟案，解決爭端。法院只能等待爭端或訟案發生後，有控訴者提至法院，法院方能行使其職權。法院不能自動的向政府或議會提供諮詢意見或建議。聯邦普通法院管轄以下的九種爭訟案件：㈠因憲法而引起的爭執案件。㈡涉及聯邦法律及條約而引起的爭執案件。㈢有關海上事務或海事法律的爭執案件。㈣涉及大使，閣員及海外領事的訟案。㈤美國政府是當事人的訟案。㈥涉及兩國以上的爭訟案件。㈦涉及兩州間公民的訟案。㈧此州公民與彼州土地有關的訟案。㈨州或其公民與外國或外國公民的訟案。

最高法院是美國憲法所規定設置的法院；其下級法院依法律設置之。最高法院依司法法（Judiciary Act）成立於一七八九年。初成立時設法官六人，以一人爲院長(Chief Justice)。一八〇一年法官減爲五人。一八〇七年法官增爲七人。一八三七年增爲九人。一八六三年增爲十人。一八六六年減爲七人。一八六九年定爲九人。一直維持到今。在一九三七年曾提議法官名額定爲九人至十五人，但未獲通過。

最高法院大法官由總統提名經參議院同意任命之。憲法中並未規定大法官應具何種資格。大法官無一定任期，只要在稱職的情形下，便可繼續任職，實際上是終身職。大法官可因國會的彈劾而去職。截止一九六〇年爲止，大法官被彈劾者共有九人。其中祇有四人因彈劾而去職。大法官年滿七十歲，服務滿十年以上卽可退休，退休後可支領全數薪俸直至其死。服務滿十五年，年滿六十五歲者亦可申請退休。大法官薪俸待遇由國會規定之，可以增加。依現時俸額院長年俸三五、五〇〇美元，大法官年俸三五、〇〇〇美元。爲保障大法官的地位獨立，憲法規定國會不得削減大法官的薪俸。

最高法院審理的訟案，可分爲兩類：一是原始管轄案件，卽訟案一開始便提至最高法院。二是上訴管轄案件，卽在下級法院經審判後的案件而上訴於最高法院者。涉及大使、官吏的訟案及州政府爲當事人的訟案，屬於最高法院的原始管轄。其他案件經上訴程序而至最高法院。州法院及上訴法院的案件上訴於最高法院。最高法院及下級法院就訟案有關的法律與事實予以審理。何種訟案可上訴於最高法院由國會以法律規定之。但最高法院有權決定何一案件予以複審或駁回。除州法院及上訴法院判決的案件可上訴於最高法院外，有少數經地方法院判決的案件亦可上訴於最高法院。不管是上訴案件或提審案件只有是涉及憲法問題或十分重要的案件才經由最高法院審理。

最高法院每年開庭時間，自十月的第一星期一至次年六月初。但於必要時依院長的召集得舉行特別庭會。案件特別重要或緊迫時，則開特別會審。院長是最高法院的行政首長，同時又是審判庭或會議的主席，依規則主持審判或會議，院長與其他大法官站在平等地位，有一票的投票權。在開庭期間內，每星期一至星期五均開庭審理案件。繼續開庭兩週則休審兩週，以便整理文字及草擬判決書。

當口頭辯論終結，大法官對訟案的裁定，卽胸有成竹。大法官再就文書紀錄加以審閱，並彼此交換觀點與意見，則於每週舉行會議中就各案予以投票表決。院長亦於表明自己的意見後，參加投票。表決的結果有時是全體一致的，有時是有分歧的。當投票結果並非全體一致時，則將多數意見與少數意見一併記錄，有時有一、二大法官雖贊成投票結果或結論，但所持理由不同；此時亦要寫出其不同理由的不同意見。因此，一個案件表決的結果，可能有四種意見：一是多數意見；二是多數意見的不同意見；三是少數意見；四是少數意見的不同意見。大法官會議的法定人數是六人，有過半數出席人員的贊同始能作成判決。如果在表決中不能得到多數意見，該案可重行辯論，或維持下級法院的原判決。

上訴法院直屬於最高法院。上訴法院創設於一八九一年，使之審理民刑訴訟案件以減輕最高法院之負擔。最高法院管轄有十一個上訴法院，分設於全國各地區。每一上訴法院由法官三人至九人組成之，二人卽構成法定人數。最高法院的大法官亦可被派至上訴法院審理訟案。大法官祗有九人，上訴法院則有十一所，所以有的大法官可以參加兩個上訴法院。不過大法官因受時間限制，其參加上訴法院審案的情形已大不似早年之多。上訴法院相當於中國的最高法院，分期巡迴於轄區內問案，故亦稱巡迴法院。地方法院的法官亦可被派至上訴法院審案；但不得審理其在地方法院時曾經審理的案件。上訴法院的法官由總統任命之，不必提經參議院的同意。任期無定期，在勝任的情形下可以繼續服務，年俸二五、〇〇〇美元。

上訴法院所審理的案件，很少是屬於原始管轄的，最大多數都是由其他法院上訴而來。地方法院、財務法院以及由有準司法權的機關所裁定的案件；多數均上訴於上訴法院。凡不涉及憲法問題的刑事案件，上訴法院的判決卽屬終審。上訴法院判決的案件得提出上訴於最高法院。

地方法院位於上訴法院之下。在美國五十個州及一個哥倫比亞特區共有八十六個地方法院。在地方法院中最少者有一個法官，最多者有十八個法官。法官由總統提名經參議院同意任命之。任期無限制，在勝任的情形下卽可繼續任職，年俸二二、五〇〇美元。在小的州，一州只設一個地方法院。在大的州，則依人口，距離、商業等條件，分區設置地方法院。不過在地方法院之下，亦常分設分區。例如加州(California)分設南部與北部兩個地方法院；而這兩個法院之下，又各分設南北兩分區。例如在尼州(Nebraska)雖只設一個地方法院，但却有八個分區。例如在賓州(Pennsylvania)有南、中、北三個地方法院，而其下並未設分區。

地方法院的法官須居住於其轄區內，並在主要的城市設置一固定的辦公處。法官在轄區內定期開庭審理案件。在各城市中，如有聯邦政府之建築者，法院設於這建築中；否則由地方政府設法供應法院的房舍。除極少數的案件，依規定應始訴於最高法院或特別法院外，所有訟案均由地方法院辦理初審。地方法院不接受上訴案件；雖然有若干州法院的案件被移轉於聯邦地方法院者。一般言之，訟案由一個法官負責審理案件；但有一些法案，一定要由三個法官開合議庭以審理之。

向政府提出要求的控訴，由『要求法院』以審理之。在美國政治傳統上有一老的觀念，那就是『不得政府同意，政府不被控訴。』美國政府現同意人民可以控訴政府提出要求。例如未支付的俸給，被徵用的財產，契約上應履行的義務，政府應負責的傷害等，均可作爲要求的對象。爲要處理這一案件，一八五五年特設置要求法院。請求權利應於六年內提出之；逾期卽喪失其要求權。假使不設立這種要求法院，國會將無法應付爲數衆多的私益法案；爲了少量的賠償，亦要通過一個法案。要求法院有院長一人，法官四人組織之；均由總統提名，經參議院同意任命之；無一定任期，只要勝任，卽可繼續任職。要求法院設於京都華盛頓。依要求法院組織法之規定，本法院係依美國憲法第三條的主旨而設置的。

外國貨物進入美國境內時，須由海關官員予以估價，課以一定的關稅。在關稅的徵收上自然難免要引起爭執或糾紛。爲要處理這些案件，特設置關稅法院以管轄之。關稅法院由法官九人組織之，均由總統提名經參議院同意任命之。關稅法院的法官不得有五人以上係屬於同一政黨。關稅法院設於紐約市；最大多數的案件均在此地審理之。

美國於一九一〇年設置『關稅及商標上訴法院』，以審理由關稅法院及美國商標局上訴的案件。除依規定最高法院可以提審的案件外，這一上訴法院所作的判决乃是最後的。這一上訴法院普通均在華盛頓審理案件，但遇有必要或便於審案，亦可派法官作巡迴式的審案。這一上訴法院由法官五人組織之，由總統提名經參議院同意任命之。

美國在其各屬地中設有領土法院，其地位有似美國本土的地方法院，審理各該領土或屬地全境的訟案。領土法院的法官由總統任命之，任期八年。這種法院依國會的立法而設置之，並無憲法的依據。美國現在涅金島（Uirgin Island）、運河地帶（Canal Zone）、葛姆（Guam）及巴都里溝（Puerto Rico）皆設有領土法院。

美國於一九四二年取消稅務上訴委員會，另設稅務法院以爲替代。稅務法院的任務，在審理聯邦稅收機關因稅務而引起的爭訟案件。一九五〇年美國新設軍事上訴法院。這一法院設於國防部內，除處理若干軍事行政事務外，主要任務在審理軍事上訴案件。

爲促進各法院間的溝通與聯繫，美國於一九二二年起，每年一次司法會議，由上訴法院的資深法官組織之，以最高法院的院長爲主席。一九三九年國會通過法律，於司法會議下設美國法院行政局（Administrative Office of the United States Courts）。局設局長副局長各一人，由最高法院院長任命之。局下分設四科：一爲事務行政科（Division of Business Administration），掌文書處理，物品供應及行政服務等事宜。二爲程序研究及統計科（Division of Procedural Studies and Statistics），掌司法改進的研究並辦理司法統計事宜。三爲實習科（Probation Division），監督聯邦法官實習制度的推行。四爲破產科（Bankruptcy Division），在注視聯邦法院有關破產案件。

三、刑法執行——在美國聯邦政府以及多數的州政府，法律執行的責任係分散於若干機關。美國的司法部，其首長爲檢察長（Attorney General），乃刑法執行的中心，擔負着最重大的刑法執行的責任與活動。司法部指揮監督各地區的檢察官及巡官執行任務；負責管理監獄及其他感化糾正機構；代表美國政府處理一切以美國政府爲當事人，而控訴於最高法院的案件；調查各種犯罪案件；爲聯邦政府及總統的法律顧問。

美國司法部的組織，除檢察長及副檢察長爲該部正副首長外，其內部的工作單位，凡十九個：㈠行政處，㈡法律顧問處，㈢總顧問室（Solicitor General），㈣移民上訴委員會，㈤誓言委員會（Parole Board），㈥赦免檢察官室，㈦內部安全處，㈧民權處，㈨刑事處，㈩反托辣斯處（Anti-trust Division），（十一）土地處，（十二）民事處，（十三）稅務處，（十四）外僑財產處，（十五）移民及歸化事務處，（十六）各地檢察官處，（十七）各地巡官處，（十八）監獄局，（十九）聯邦調查局。

美國聯邦政府並無單一而集中的警察力量。犯罪的偵查與破獲分掌於不同機關。廣泛言之，一切機關都負有一些或多或少的偵查犯罪責任，不過下列各機關對犯罪偵查則負有更多的責任：財政部的內地稅務局、痲醉藥品局、祕密事務局、海岸警衛處；司法部的聯邦調查局，移民及歸化處；郵務部的郵政總監察署；衛生、教育及福利部的食物與藥品行政局；農業部的植物病害管制處，植物檢查處，動物疾病根治處，動物檢查處，肉類檢查處。其他負有相當警察任務的機構，爲數頗多，不勝枚舉。

最著名的美國警察機構，當推司法部的聯邦調查局（FBI）。由於逃法犯法的增多，使美國政府認爲有成立專設機構，任用專門人員以助刑法執行的必要。於是於一九三四年在司法部內成立聯邦調查局以艾特葛胡佛（I. Edgar Hoover）爲局長，甄選任用了幾千名，有訓練的偵查人員，利用各種的科學技術與設備，以從事於犯罪偵查工作，期有助於刑法的執行。聯邦調查局不僅掌犯罪偵查，且司公務人員的忠貞調查；未經劃歸於其他機關管轄的刑事事件，亦均由聯邦調查局掌管之。聯邦調查局的主要功能是搜集犯罪的事實與證據；祇作事實調查，不就事實作成結論，或援用法律以爲處罰。那一行動則歸由法院或有關的行政機關採行之。

聯邦調查局所偵查的案件，主要是以違犯聯邦法律者爲對象；至於對違犯各州或縣市法律者祇處於協助地位。調查局的指紋檔案及實驗室可供各州、縣、市政府的利用；並可對之提供建議或微詢意見。聯邦調查局辦理有一所國家訓練機構，可以爲各級政府訓練專門的偵查人才。由於各州的自傲及對聯邦警察的不信任，各州政府所求助於聯邦調查局者尚非衆多。

司法部的祕密事務處（Secret Service）的歷史較聯邦調查局爲久，設置於一八六〇年。這一機構設置的原始目的，本在杜絕貨幣的贋造；其後增加任務，使之負責保護總統及總統的家眷。偵查政府支票及鈔票的僞造，亦是這祕密事務處的責任。保衛貨幣金融的安全乃其重要功能之一。在聯邦調查局工作者稱爲G字人員（G-men）。在祕密事務處工作者稱爲T字人員（T-men）。兩種人員都是有技術有訓練，克盡職守的忠勤職員。

政府職能日見擴張，社會關係益趨複雜，美國犯罪的人數亦隨之而有飛騰猛晉的增加。所犯的罪行，計有貨幣僞造罪、關稅偷漏罪、盜用及欺詐罪、逃脫及反抗罪、勒索及酗酒罪、綁架罪、竊盜罪、少年犯罪、違犯移民法罪、違犯州際商業法罪、違犯內地稅務法罪、違犯痲醉藥劑法罪、違犯國家銀行法罪、及違犯郵政法罪等。

在美國有許多的犯罪事宜，係經由行政機關及行政程序以處理之；但極多的案件則被控訴於聯邦法院，而經由司法程序以審理之。司法部接到聯邦警察機關所提出的犯罪事實與證據後，卽交由有關的檢察官依法提起訴訟。檢察官係由總統提名經參議院同意任命之，任期四年。檢察官的主要責任在代表國家向法院證舉犯罪者的事實與證據。

在美國的每一個司法區，除檢察官外，尙有一個警察巡官及巡佐，他們率因政治關係獲得任用，任期四年。胡佛委員會曾建議對此予以改革，巡官巡佐的任用，改採功績制，採考試用人之方法，擺脫政治關係，使其地位有保障。杜魯門總統曾於一九五二年擬實行這一計劃，但爲參議院所反對而未成。巡官對聯邦法院的關係，猶如典史（Sheoff）在州縣中的地位，其責任在執行法律，維持秩序。巡官的任務在執行逮捕，管理監獄與囚犯及執行法院的命令。巡官、巡佐及巡警乃是美國維持內部治安的第一道防禦線。

刑事訴訟程序開始於原告或受害人的向法院提出控訴。原告在提出控訴前須在指定的官員前舉行宣誓。刑事案件的原告乃係指控犯罪者對美國國家利益的違犯。如原告所指控的罪行係屬事實，法院即頒行逮捕令逮捕被告或傳訊被告。被告被控罪行獲得通知，有權延用律師代爲辯護，舉行初步的訊問。經初步的訊問或不經訊問逕交地方法院審理。控案到地方法院先由檢察官（Commissioner）予以審訊。被告有權要求對質，並提出對自己有利的證據。檢察官就審訊結果，決定予以或不予以起訴處分或提起公訴。

公訴的提出由大陪審官團（Grand Jury）爲之。大陪審官團包括大陪審官十六人至二十人；其中至少須有十二人的同意才能提起公訴。大陪審官團繼續存在，直至法院將之解散時，或十八個月任期屆滿。在一個地方法院的管轄下，普遍皆有幾個大陪審官團同時存在。大陪審官團的任務，除提起公訴外，有時尙作有關法律執行問題的特別調查。

較輕微的刑事案件，經原告宣誓提出控告後，卽可由檢察官逕行起訴，不必經由大陪審官團提出公訴，以期簡便，迅速而經濟。不過依聯邦法律的規定，凡刑期在一年以上的刑事案件，均須經由大陪審官團提起公訴。在地方法院中約有三分之二的案件是由大陪審官團提起公訴的。

公訴提起後，法官卽定期提審被告。審訊時除宣讀起訴書使被告知其罪狀外，並由被告提出辯護；這種審訊率採公開庭。辯論結果，法官可能認爲他有罪或無罪，或居於二者之間，部份有罪部份無罪。經向美國聯邦地方法院提出公訴的刑事案件，爲數甚多，但經審訊定罪者的比例並不大。據第二次世界大戰以後的統計，經提出控訴的刑事案件，其中被提起公訴者約佔百分之八十五，經提起公訴的案件，經審訊定罪者僅佔其中的百分之五至七。

依美國憲法第三條及第六條修正案的規定，一切刑事案件均須經由小陪審官團 (Petit Jury) 訊問之。小陪審官團普通包括陪審官十二人。關於確認證據的規則，除法律另有規定外，依普通法或習慣法爲之。陪審官團在案件訊問的進程中，得隨時請求法官予以有關法律知識的指示。法官有徇衆要求予以切實指示的責任。小陪審官團須有全體一致的同意方能裁決。

法官在對被告判定罪刑前，准許被告提出從輕處罰的理由。判決書內須載明判決主文、事實、理由及援引法條。美國地方法院的定罪程序是不甚統一的。爲謀改進，國會於一九五八年通過法律授權司法會議研究統一規定。被告如對地方法院的判決表示不服，得依限提起上訴於上訴法院（即巡迴法院或高等法院）。

犯人經定罪後，即依法執行其徒刑。最大多數的犯人是移送監獄執行徒刑的。監獄由司法部監獄司指揮監督管理之。監獄分設於各地。聯邦政府在各州設置的監獄，計有四七四所；其中有二八七所合於現代化的標準，一四三所較差，三三所甚壞。聯邦政府所屬監獄監管的人犯，依一九四三年至一九五八年的統計，平均每年約兩萬二千餘人。除普通監獄外尚有少年感化院，看守所，改過局、濟良所、改造院、醫療中心及糾正機構。視犯人的情節與身體而爲適當的看管。美國實行有一種憑誓言釋放犯人的制度。地方法院的檢察官指派五人，組織委員會負責監護這些憑誓言被釋放的犯人。

四、軍事審判——平民歸由普通法院審判之；而軍人的犯罪則歸由軍事法庭審判之。英國採取了羅馬法的精神，而行獨立的軍事審判制。美國在第二次大陸會議時接受了英國的傳統。自然，行之至今，美國對英國的制度亦有不少的修正與改變。軍事審判的憲法根據乃是美國憲法第一條第八款的規定，該款載明：『國會有權制定法律管制陸軍與海軍』。

第二次世界大戰期間，美國的軍事審判，曾受到嚴厲批評，因處罰有時失之過重。在指揮官為了維持紀律，提高士氣則主張嚴罰違犯軍紀者。而犯罪之軍人，則又主張人權保障及公平審愼的審判。在戰爭期間，為爭取戰爭勝利，前者的主張，則較易獲得人們的同情。在戰爭期間，軍法人才亦感不足，故軍事審判多未能盡符理想。各軍種的審判程序亦並不統一，參差不齊，有失公平裁判之旨。為補救這種流弊，國會於一九四八年曾通過法案，對軍事審判制度作了不少改正。一九五〇年又頒行『軍事司法統一法規』（Uniform Code of Military Justice）。這一法規替代了『戰時軍律』（Articles of War），『管制海軍條款』（Articles for Government of the Navy）及『海岸警衛隊軍紀』（Disciplinary Laws of the Coast Guard）。

有些具有特殊身份的平民，有時尚須受軍法審判。不過現役軍人的配偶在平時是不受軍法審判的。軍人退役後，縱使是在退役前犯罪的，亦不受軍法審判。軍人違犯法紀，其情節輕微者，由其軍事長官處罰之；情節重大者交軍事法庭（Courts-Martial）審判之。輕的罪行由簡易軍事法庭處理之；死刑以下的重罪，由特別軍事法庭處理的；最嚴重的重罪由將軍軍事法庭處理之。

簡易軍事法庭由軍法官一人組織之，掌管士兵及士官輕微案件的審理。簡易軍事法庭的開庭由指揮官召集之；並由指揮官指定原被告雙方的辯護人。但被告如自願另行選定其辯護人者亦可：惟乃選用普通律師，其費用由被告自行負擔之。特別軍事法庭由三個以上的軍法官組織之；受下列懲罰的犯罪案件，歸由審理之：撤職降級、減俸三分之二、停薪六個月或罰做苦工六個月。審判程序有嚴明的規定，藉以保障被告的權利。特別軍事法庭由司令官或其相當階級的指揮官召開之。將軍軍事法庭由軍法官五人以上組織之，審理無期徒刑及死刑等重罪案件。將軍軍事法庭由總統，國防部長或部長指定的司令官召開之。

軍事法庭判決的案件，召開此法庭的指揮官、司令官可以予以複判或再審，有時另設委員會複審初判的案件。這種複審委員會有似美國普通法院中的上訴法院的地位。軍事案件的最後審判機關是美國軍事上訴法院（United States Court of Military Appeals）。軍事上訴法院創設於一九五〇年，由法官三人組織之，係由總統任命之，任期十五年。這一法院設於華盛頓，不受理初審案件，只審理三類的上訴案件：㈠死刑案件或涉及將官的案件，上訴於此法院。㈡由將級軍法辯護人，核發證明上訴於此法院者。軍事上訴於此一法院者。㈢被告不服下級軍事法庭的判決，而提起上訴於此法院者，軍事上訴法院亦稱GI最高法院，所審理之案件，以第三類者爲最多。這一法院對上訴案件是否予以審理或駁回，有完全的自由決定權。刑期在一年以下的案件，這一法院不予受理。

第十三章 外交

一、外交權力——美國在外交上採行約百五十年的孤立政策。現時美國在國際政治上成為兩強之一，為自由民主國家的領袖或盟主，其外交政策與活動，關係於世界安危成敗者實至深且鉅。美國憲法授予聯邦政府以廣泛的外交權力。在外交政策的制定上，總統居於主動地位。總統有權商談條約及締結行政協定。總統有權決定何時承認某國的新政府及遣派使領人員。為數衆多的外交及領事人員在總統的指揮監督下，從事各種外交活動。參議院批准條約及同意外交使節人員的任命。管制國外貿易、徵收關稅、懲罰違犯國際法及宣戰，由國會的兩院共同為之。

聯邦政府除具有美國憲法中所提舉的外交權力外，尚有其所謂固有的外交權力；即以主權國家的地位，可以採取其自認為正當或必要的外交措施。外交權力是聯邦政府的獨有權力；各州政府不得分享之。各州在國際法律或關係中並無地位，美國憲法明文禁止各州與外國政府締結條約或聯盟。不得國會同意，任何一州不能與外國政府締結協定。

憲法對條約權的範圍，並未定明確界限。不過由於經驗及法院判例，以下的原則是經確認的：㈠外交權涉及美國與外國政府間一切有關事務的交涉。㈡條約的締結必須由聯邦政府為之。㈢條約的內容必須不危及美國的政治與社會制度，並不得妨害到聯邦與各州間的分權。㈣聯邦政府不能利用條約權作憲法上所禁止的事務。㈤條約的效力不高於法律，如條約與法律抵觸，條約失效。這些原則，看起來是簡單明瞭的，但在實際的應用上則常行起爭執。

行政協定率不視為條約，不由總統逕自為之，不經參議院批准。自一九〇〇年以來，美國所締結的行政協定，遠比條約爲多。協定與條約在實質上並無甚差異，所不同者只協定無需參議院批准。憲法並無單獨締結行政協定的根據。所以總統締結行政協定應有以下的基礎：國會立法中有明顯或隱含的授權；或基於前訂的條約而有此權力；由於總統明具權力引伸而來。

總統常以兼陸海空軍大元帥的地位，在戰時與外國締結行政協定。一九一八年的歐戰停戰協定；一九四一年的佔領及防衛冰島協定，一九四一年的大西洋憲章協定；一九四五年的菠茨坦協定；都屬於此種性質的事例。在憲法上，總統雖有與外國締結行政協定的權力，但在實際上他亦受有以下的限制：㈠不能過份的違犯輿情或公共意見。㈡行政協定的有效執行有賴於國會的另行通過法律或條約。

美國憲法對總統指揮軍隊之權，並無明確規定。而憲法則明定國會有征集軍隊及徵收租稅及撥款維持軍隊之權及宣戰之權。參議院並沒有批准條約之權，及同意使節任命之權。總統既是陸海空軍大元帥，既負責執行法律，既有權制定外交政策，因之，他預先向外國政府提供承諾，他遣派軍隊至世界各地，甚而指揮軍隊行動達於戰爭狀態都是必要的。當國會宣戰後，總統有調動軍隊的全權，應是沒有問題的。在一九五〇—一九五一年，杜魯門總統遣派至中歐的軍隊則超出國會授權之數量。一九五〇年杜魯門派遣軍隊參加南韓戰爭，自認爲是一種警察行爲，並無國會的任何授權。總統不經國會任何授權，派遣軍隊至外國者，事例甚多。一九〇〇年中國有義和團之亂，麥金萊(Mckinley)總統曾派兵至北京。一九一三年威爾遜總統曾派兵進入墨西哥。一九五八年艾森豪總統曾遣派陸戰隊至黎巴嫩(Lebanon)。

美國參加聯合國後，對總統派遣軍隊權曾在國會中引起熱烈辯論。依聯合國憲章，會員國應貢獻出軍隊與他國合作，裁制侵略。國會爭辯中，有人認爲這種規定，無異是剝奪了國會的宣戰權；而且與憲法中所定遣派軍隊應先獲國會同意的規定相衝突。經熱烈辯論後，國會於一九四五年通過『聯合國參與法』(United Nations Participation Act) 規定總經只能依照美國與安全理事會的特別協定使用美國的軍隊。一九五〇年六月杜魯門依安全理事會的表決，遣派美國軍隊參加韓戰，並未於事前獲得國會同意。由此事實，足見不管有無國會的同意，只要總統意志堅強，他就可以運用他的特權調遣軍隊至他認為必要的地方，走入戰爭。在一九五五年中國大陸的共產黨軍隊有進襲金門、馬祖兩島威脅臺灣及太平洋安全的危急，艾森豪總統於事前獲得國會授權，總統認為有必要時得在中國沿海島嶼使用武力。一九五七年總統獲得同樣的授權，必要時在中東地區使用美國軍隊。

二、外交機構——美國的國務卿（Secretary of States）具有雙重資格：一是國務卿；一是外交部部長。他是僅次於總統的最高行政長官。（副總統直至其代理總統前，乃是參議院院長，並非行政官）國務卿由總統選任之，在總統信任之下可以繼續任職（除非因遭彈劾而去職）。在內閣會議中他坐於總統的緊接右手邊。在各部長中，只有國務卿無需向國會提出年度工作報告。他常是總統的代言人。依現行總統繼位法，國務卿是第四位的繼任人。（副總統、衆議院議長、參議院臨時院長、國務卿）。

國務卿之下有副國務卿（Under Secretary）一人，及經濟事務副國務卿一人，特別助理若干人。行政及幕僚單位有執行祕書處、行政處、政治事務處、法律顧問處、參事處及政策設計處。業務單位有經濟事務司、國會關係司、美洲事務司、歐洲事務司、遠東事務司、近東及南亞事務司及國際組織事務司。國際合作署原為一獨立機構，現已併為國務部一個單位。處設處長或署長（Director），司設司長（Assistant Secretary）。

聯邦政府中有不少的機構均與外交事務或活動有關。例如農業部、商務部、勞工部均與國際貿易有關。財政部管制進口稅及處理涉及國外機構的財務。司法部管理移民及歸化事務。內政部管理海外領土及保護魚類及野獸的國際計劃。郵務部逕遞國際郵件。國防部調派軍隊至世界各地。聯邦政府的重要機關差不多都與聯合國的事務有點關係。外交事務如此分散，殊欠合理。胡佛委員會對此曾提出嚴厲的批許。

國務部在外國派遣有爲數衆多的外交及領事人員，代表美國在外推行外交活動。外交官的任務在代表政府作解釋作報導。領事的任務在保護美僑，增進商務及執行美國有關移民、航業及關稅的法律。外交官與領事官既然任務與功能顯有不同，所以他們被劃分著兩個不同的人事行政系統。有很久的歷史，美國使領人員的任用基於政治關係，有濃厚的分贓色彩。兩種人員又不能相互調轉任用。致生種種的困難與不便。於是一九二四年國會通過『羅吉士法』(Roger's Act)，把外交官與領事官合流而成爲一個單一人事行政系統，取消分贓制，而採行以才能爲基礎，考試用人的功績制；並採行職位分類，地位有保障，按年資及服務成績，加薪晉級。爲培養外交事務人員，美國專設有『外交官員訓練學校』(Foreign Service Officers' Training School) 以司其事。一九三一年國會通過『穆林法』(Moses-Linthicum Act)以爲羅吉士法的修正。一九四六年國會通過『外交人員法』(Foreign Service Act)，爲今日美國管理外交領事人員的基本法律。

自一九二四年以來，美國在外交人事制度上的最大改革，就是革除政治關係的用人制度，而採行用人唯才的功績制度，並以考試爲選拔人才的方法。如此使外交服務成爲一種有保障有前途的專門職業(Profession)和終身職業(Career)。外交官員可以循級升晉爲職業外交家。不僅低級外交官員由考試與升晉而獲得任用。甚而至於公使和大使亦有一些人是由職業外交家中遴選任用的。

專業的外交官員初任年齡在二十歲至三十歲之間，須有十年以上的美國公民資格；如係已婚，其妻是美國國民。外交官員須經考試及格，方能獲得任用。在國務部服務有經驗的職員，雖可以充任外交官，但須經過同等的考試。外交官的升晉依據考績的成績。一定階級的人員在一定時期內須獲得升晉。否則須退休。蓋不堪升晉者即應予以淘汰。

外交官的考試是不定期的隨需要而舉行之。考試方法分筆試與口試兩種。考試的目的與內容，在測驗應試者的教育程度，辦事能力，一般知識背景及語文能力等。考試成績須在八十分以上並經過嚴格的體格檢查及安全調查合格後方取得任用資格。考試及格人員經過相當時間的指導訓練（Orientation）率被派至國外充任副領事或至使館任三等祕書。外交人員與領事人員以每三年互調一次爲原則。

美國政府的外交活動，日益擴張，所需外交人員大量增加。正規的外交官員不敷使用，於是在一九四一年有所謂『外交輔助人員』（Auxiliary Forign Service）的產生。這是總統應緊急需要而用的人員。爲了適應這種需要於一九四六年正式建立『外交儲備人員』（Foreign Service Reserve）。外交儲備人員共分爲六級，與正式外交人員相同。外交儲備人員公民資格減爲五年，由國務部對總統負責委派之；可調用其他機關在職人員亦可考用新人。外交儲備人員任期四年；任期屆滿，除非四年以後不得再任。儲備人員被任用的等級，依其年齡、資格及經驗決定之，儲備人員的待遇及津貼與正式外交人員是相同的。美國政府所以採用外交儲備人員制度的原因，是爲了臨時的使用其必需的專家或特殊人員，而不妨害到正軌的外交人事制度。

三、外交功能——國務部的主要功能在提供事實與意見，以備總統決定外交政策的參考。國務部的第二功能在執行美國的外交政策及有關外交事務的美國法律，並指揮監督外交機構與人員推行外交政策與法律的各種任務與活動。

國務部在推行其任務中的一大重要工作是意志的溝通。一方面在溝通美國國民的意志，使能集中，俾對美國外交政策有適當的瞭解與支持。一方面並要溝通美國與外國人民及外國政府間的意志，獲致相互瞭解，俾能採取一致行動與合作。美國政府經由文書、電話、電報以訓令指示駐在外國的外交使領館及人員，依照國家意志以行事。這些外交文書率裝由『外交公文袋』傳遞之，享有外交的豁免權。電報率用密碼，而用專家管理之。

國務部對駐外外交及領事人員作每週的廣播報導，提供消息與指示。就世界各地的事實與資料，編爲每月政治摘要分送於駐外的外交機構及人員以供參閱。國務部與駐外使領館來往溝通意志時所使用的文件曰『報導』(Notes)。美國最早的外交溝通報導，是在獨立革命初期『祕密通訊委員會』的文件，現仍保存於國務部的擋案室。這些擋案被美國認爲是最貴重的資產；對學術研究亦有很大價值。

美國總統有權與外國締訂條約，但須經參議院三分之二的贊成票批准。一個條約自談判到批准要經過一種相當長距及複雜的程序；在過程中要經由國務部及駐外外交機構及人員的處理與思考。條約談判自兩國政府交換條約草案開始。在談判中兩國代表隨時與本國政府保持接觸，依照政府訓令進行。談判時間，視條約的性質與內容的難易，長短不一。快者幾小時內可達成協議。慢者可拖延幾年之久。

當談判的條約內容，與文字，爲兩國政府首長認爲滿意時，則規定地點與時間進行簽約。條約正本凡二，各國各執一本。條約中普通率同時兩個簽約國的文字。兩國特命全權代表代表本國在條約簽字。經簽訂的條約由總統咨送參議院。參議院經一讀會後，卽交付外交關係委員會審查。委員會在審查條約時得舉行公開的或密祕的『聽聞會』(Hearing)。委員會審查完畢，提出審查報告於院會。院會經過辯論後，卽舉行投票。投票時有出席人員三分之二的贊成，條約卽獲通過或批准。如不獲通過，總統仍希望此條約獲得通過時，仍可再提請參議院重行審查，期能從事運用，促使通過。

實在說：參議院對條約並非正式的通過或批准；只是對此提供勸告（Advice）與同意(Consent)。參議院批准條約後，總統卽通知簽約的外國，互換批准書。批准書的互換由兩國特派全權大使於約定的地點及時間舉行之。批准書互換後，條約卽予以公佈，同時卽開始生效。

條約經由參議院批准的規定，有贊成與反對兩派意見。美國憲法所以規定條約的批准須經參議院的勸告與同意的主旨，在使各州對條約的締訂上有有力的發言權。這一目的是成功的。就條約批准的歷史言，參議院否决的條約雖爲數不多，但有極重要的條約被其打消，如一九二〇年美國參加國際聯盟條約被否决，便是一個顯例。

反對參議院批准條約的理由有二：㈠妨害到總統在外交活動上的權；㈡使少數的參議員可以獲得條約批准的控制權。今日美國爲世界自由民主國家的盟主居於領導及主動地位，在外交活動應有自由運用的全權，今乃束其雙手，使難放手去作，殊爲不智。贊成參議院批准條約之規定者，認爲如此正在所以防止總統獨斷專行，造成外交上的不當或冒險。要取消這種規定，必須修改憲法；但這種可能性並不算大。總統削弱參議院批准條約權的方法如下：㈠多簽訂行政協定替代條約。㈡公開討論條約內容，博得輿論支持，藉以迫壓參議院。㈢運用政治手腕聯絡拉攏參議員，期以獲得其支持。

國務部另一重要功能，就是簽發護照。簽發護照與照護簽證（Visas）不同。前者是政府核准本國國民出國給以證明。後者是本國官員代表政府准許外國人員進入本國國境。美國政府只向本國國民發給護照，决不發給外僑護照。在美國五十個州中，只有國務部的護照司（Passport Office）可以簽發護照。護照司在全國重要城市設有代理機關，接受請發護照申請事宜。在美國的海外屬地，護照由地方行政首長簽發之。在外國，高級領事人員及外交官亦可簽發護照。

在一九五八年在肯特控杜勒斯（Kent V. Dulles）一案中，最高法院的判詞中指明，依美國憲法第五條修正案的規定，人民有自由旅行之權。自由旅行受有憲法保障，國務部不得專斷的拒發美國國民持赴共產國家的護照。政府的其他部會亦不可以無理或不聽取當事人的陳述理由，而遽予拒絕其請發護照的權利。

外國人欲進入美國境內，須持護照至美國駐外使領由主管人員於護照的空白頁上簽字蓋章。有些國家的人民欲進入美國境內者甚多，簽證工作亦頗繁重，且須加以審查，工作處理亦不無困難。領事館的拒發簽證即成定案，不能申請上級複審。但經領事館簽證的人員，上級官員仍有權予以複審；如認為該人係危險份子或對國家安全有妨害，仍可撤消其簽證。普通簽證以六個月為有效期間，屆滿仍可延長之。

促進國際間的文化交流與關係，亦是美國近年來的一種重要的外交功能。在二十世紀的三十年代，美國只對拉丁美洲實行睦鄰政策，注意文化交流。在第二次世界大戰期間，美國深感拉丁美洲商業及戰略地位的重要，更不能不促進其政治與文化關係。但自大戰以後，美國對拉丁美洲的注意力反而低減，而移轉其視線到受共產主義威脅較重的世界各地區。

美國政府推行國際文化交流的工作由以下的機關擔任之：㈠國務部的公共事務司主管對外國的文化及人員的交換計劃。㈡美國新聞處的主要任務在宣傳並解釋美國的外交政策與目標。㈢國際開發總署在經由貸款及技術援助等方式促進友邦的經濟文化的發展以加強其國力。

人員交換計劃的推行，具有教育的意義。參加交換計劃的人員約可分為三類：一是政府派遣的受訓人員。二是訪問教授與領袖。三是大學研究院的研究生。各國政府派美受訓人員在農業部指導下，研究農業經濟、農田保持及農村電器化等；在公共衛生局的指導下，研究衛生行政及環境衛生等；在預算局的指導下研究公共行政及行政管理等；在聯邦航政局的指導下研究民航事業；在其他機構的指導下分別研究其有關的業務。受訓人員的費用由三個途徑籌措之：㈠聯邦政府撥付的款項。㈡有關的外國政府籌措的款項。㈢受訓人員自行負擔的費用。

訪問教授及領袖訪美費用，普通率由合作的政府負擔。訪問人員除教授外，尚有教育家、新聞記者、醫生、科學家、廣播人員、出版事業家，及農工領袖。這些人員的訪問期間都是很短暫的。欲去美國深造的學生須向『國際教育研究處』（Institute of International Education）辦理申請手續，由該處予以審查。其審查重點是學生的成績及研究能力。研究生的旅費率由合作的政府負擔之；至於獎學金則由各大學或基金會給予之。

外交官員的另一任務，乃是向外國解釋美國的制度與政策。尤其是在當今的思想戰爭時代，制度與政策的宣傳與解釋更爲重要。因之，美國政府常僱用專任人員任這種工作。美國設在外國的圖書館和新聞處就是宣傳與解釋機構。這些機構利用圖書雜誌、報紙、廣播、電視傳播消息、政策、觀念與思想，增進外國對美國的瞭解與友誼。舉行會議與展覽會於各地，藉以爲美國政策與觀點作解釋，作辯護。商業團體和勞工團體亦常被用以替作各種宣傳解釋工作。反共難民的救濟，以及對非共國家的軍援與經援，都在爭取友誼，藉以增強自己的國力。

宣傳不僅是對外的，同時亦是對內的。國務部常舉行記者招待會，發佈新聞，印行書刊，發送廣播映放電影、電視、發表講演並與議員取得接觸與聯繫，使其外交政策能獲得廣泛的支持。國家對外的宣傳並不一定是公平客觀的。美國的對外宣傳自然是『擁美』（Pro-American）的，反共的，維護民主自由的。宣傳的效果是不易測量的。只要能阻抑共產思想的傳播與擴張，只要能爭取對本國的友誼，只要能喚起鐵幕內人民嚮往自由之心，便是成功的。

四、傳統的外交政策——美國在歷史上所採行的傳統外交政策有孤立政策、門羅主義、中立政策，擴張政策、對外投資及貿易政策及門戶開放諸端，茲就此分別論述之：

美國獨立革命的成功，是有賴於盟邦法國的支持。當時革革的殖民地與法國的結盟，自然是爲了雙方自身的利益。雙方締盟者同意繼續作戰直至美國獨立成功爲止。這一盟約的有效期是一七七八年至一八〇〇年。在一九四九年美國批准北大西洋公約（North Atlantic Pact）以前的一百五十年的歷史中，美法盟約是唯一的結盟條約。在那一段的歷史中，美國的外交政策是孤立主義，不參予歐洲的政治事務。一七九六年華盛頓在告別的講詞中卽諄諄告誡美國不要陷入歐洲的政治糾紛，而保持自己的安靜。一般說來，自華盛頓以來，直至最近美國一直採孤立主義的外交政策。雖然在事實上，美國亦有限度參加了不少的國際文化社會、經濟等活動；但對政治與軍事的結盟總是反對。第一次世界大戰，威爾遜參加國際聯盟條約的被否決，便是孤立主義者的勝利。直至今日，美國尙有孤立主義者反對美國加入國際安全組織。因為如此將使美國因外國的紛爭，而妨害到本國的獨立決定與行動。

一八二三年門羅（Monore）總統所宣佈的門羅主義，亦是美國所持的一個重要的傳統外交政策。這一宣佈在當時是對歐洲列强的一種有力警告。因經過革命未久的拉丁美洲各國基礎不固，所以防止西班牙在美洲恢復其已垮的勢力。美國宣佈決不參與歐洲列强間的任何紛爭；對於其屬國及殖民地亦不擬有任何干涉。但同時歐洲列强企圖擴張其制度於西半球的任何部份將視同對美國的安全與和平的嚴重危險，歐洲列强對美國政策亦不得有任何干涉。

當美國宣佈門羅主義時，人口僅有一千萬人，國勢非强。所宣佈的政策所以能發生效力者是因為有英國的支持。英國為了保持自己的利益，亦不願歐洲的其他國家，再向美洲擴張其勢力。『美國人治美洲』（America for Americans）雖無任何法律根據。但百餘年來，一直為國會議員及總統所熱烈支持。門羅所宣佈的門羅主義，僅表明美國對歐洲的關係，並未提及美洲各國間的關係。美國對拉丁美洲國家曾有多次武裝干涉，但批評及影響甚壞。所以自一九三三年由尼加拉瓜（Nicaragua）撤軍後，卽改採睦鄰政策，迄今不採武裝干涉，收效頗佳，對拉丁美洲的關係大見改善。

在十九世紀美國是中立政策的信徒，並製造成不少規則去保護不參加戰爭而維持和平者。為了遵行這中立政策，美國有百多年的歷史並未參加戰爭，只有一八一二年與英國發生過一次不幸的衝突。為了維持中立政策，美國拖延猶豫了兩年半之久，始參加第一次世界大戰。一自三一年九一八事件發生，中日戰爭進行達十年之久後，始行介入。第二次世界大戰發生後二年之久，美國始加入。

第一次世界大戰後，美國人似有一種厭戰的大醒悟，孤立主義與中立主義的思想瀰漫全國。參議院否決了美國參加國際聯盟及世界法庭。循此方向發展，國會於一九三五年及一九三七年通過了中立法案，防止美國參加歐戰事件的重演。這些中立法案授權總統可以禁授軍火武器於交戰國；可以限制國民至交戰地帶旅行；可以限制船隻開駛至作戰地區；交戰國須以現款購買美國軍火，並須以非美國船隻運輸之。這些規定並非强制的，由總統作適當的措施。但當戰爭達於高潮美國不得不介入時，這中立立法亦不得不予以廢止。

直至近年爲止，美國的國土是不斷向外擴張的。向南發展至於巴拿馬、波多黎哥（Pererto Rico）及渥金羣島（Uirgin Islands）。向西南擴張至墨西哥及沙馬亞(Samoa)。向西北擴張至阿拉斯加（Alaska）及阿流坦(Alentians)的西端。向西擴張至夏威夷、關島(Guam)及菲律賓。在向外擴展的進程中，爲加拿大邊界及加拉比區（Caribbean）曾與英國發生衝突；爲德克薩斯（Texas）曾與墨西哥發生衝突；爲弗羅里達（Florida）及古巴曾與西班牙發生衝突；爲了向遠東發展亦曾與中國和日本發生衝突。領土擴張和增加，有時是耗費不貲的。美國於一九一七年取得渥金羣島是最後一次領土的獲得。此後美國不但未增加領土，且給予非律賓獨立。

美國國民在外國的投資爲數至爲龐大。其所投資的事業種類亦繁，有鐵路、有礦業、有航運、有石油、有橡膠、有糖、有咖啡業、有香蕉種植、有教會、有學校等。外國所發生的事件或政府措施，直接影響到這些投資人的利益，間接的與美國政府發生關係。與國外投資發生密切關係的便是國外貿易。國外貿易在美國國民的總收入中雖不佔重大比例；但這是不可忽視的事業。美國雖是高度工業化的國家，但進口商品仍屬不少，如錫、絲、茶、香蕉、咖啡、橡皮、鑽石等均是外國進口的。美國政府曾費了不少心力與錢財期以擴大國外貿易市場。

美國國民在國外投資或經商，固然要遵守外國的法律；但美國政府亦經常的很機警技巧的去增進其利益；並反抗不公平不合理的待遇。外國人對美國的海外投資與貿易，政府亦有不少批評，認爲這是資本主義的一種榨取手段；亦有呼此爲『金元外交』(Dollar Diplomacy)。美國政府保護其投資與貿易的手段，普通皆經由正常的外交途徑，但有時則單獨的或與他國聯合採取武裝干涉行動。一九〇〇年中國發生義和團之亂，美國便與其他七國共同遣派軍隊，開入北京，藉口保護其僑民的生命與財產。在一八九八年至一九三四年間，美國對拉丁美洲曾有多次的武裝干涉，都是藉口保僑。美國曾向北非國家(Barbary States)宣戰，因爲該區國家要向進入地中海的美國船隻徵稅。一八一二年的美英戰爭的發生，是因英國要強募美國海員及干擾美國商業。一八五三年貝里(Perry)將軍砲轟日本海港，就是要求日本迅速與美國通商。美國參加第一次及第二次世界大戰的藉口與原因，都是爲了敵人妨害了其海上交通與國外貿易的自由。

美國在遠東的傳統的外交政策是所謂門戶開放政策(Open Door Policy)，即是說一切國家均可進入中國推行貿易與投資，機會平等，利益均霑。這一政策，自理論言之，可以說一直維持到第二次世界大戰結束以後。自然，這一政策在實際的運用上，是不無困難的。遠東距美國路途遙遠，而貿易數量並不大。許多美國人認爲貫徹門戶開放政策而冒險，殊爲不值與不智。一九三一年日本侵佔中國東北三省時，美國雖曾提出抗議，但並未作有力有效的干涉。一九四五年歐美列強放棄了在華的治外法權，門戶開放政策宣告無效了。自一九四九年中國大陸成立共產政權，東亞情勢，面目全非，英美利益被擯斥。美國面對新情勢，新的政策正在形成中。不過新政策是怎樣的，但他考慮的基礎一定是政治的安全的，而非商業的。

五、新近的外交政策——美國今已躍居一等强國，爲自由民主國家的領袖，過去的傳統外交政策已不適用，勢不得不採行新的外交政策。綜觀美國今日所採行的新的外交政策，計有集體安全政策，區域安全政策、艾森豪主義、及經濟與社會合作政策。茲就此分別論述之：

美國已放棄了傳統的孤立政策而改採新的集體安全政策。其目的是在藉維持各國的和平以保持美國的和平。這種轉變乃是逐漸形成的，並非突然而來的。由於高速度的交通運輸的發達及長程攻擊武器的使用，一個大國要想在國際戰爭或衝突中保持中立，那是不可能的，至少是十分困難的。因之，早在二十世紀的三十年代，美國就加入了四十個國際行政機構；並與他國簽訂了八十個有關人道、經濟、文化的行政協定。

美國雖於第一次世界大戰後，拒絕參加國際聯盟。但由於第二次世界大戰的教訓，深切感覺到這種世界性的組織乃是必要的。爲了建立這種組織，中、美、英、蘇四國代表，曾於一九四四年秋在華盛頓的『頓巴頓橡膠園』(Dumbarton Oaks) 擬訂組織草約。這是聯合國產生的先驅。一九四五年四月至六月各國代表在舊金山舉行會議，通過聯合國憲章。聯合國乃告誕生。美國於當年八月批准憲章，加入聯合國，是正式的放棄了孤立主義而改採集體安全政策。聯合國憲章規定，會員國應聯合資力消弭戰源，並以和平方法解決爭端；如有必要得以武裝力量抵抗侵略。維持和平的基本責任，置於安全理事會。他有權運用各種方法解決爭端，包括使用經濟的和武裝的力量。依安全理事會的決議，美國曾遣派了大量的軍隊參加韓戰，維護集體安全的原則。

聯合國憲章的締訂，根據着一個假設，那就是戰後五强（中、美、英、法、蘇）是合作的。聯合國憲章並承認在聯合國之下應有區域性的安排以達成其使命。但第二次世界大戰結束不久，戰勝的盟國不幸分裂爲兩個對立的集團，相互攻擊，不斷衝突，陷入『冷戰』狀態。以美英法爲骨幹的西方等國結爲民主自由集體。蘇俄及其附庸國家成爲共產極權集團、中國、德國、韓國、越南均告分裂，分屬於兩個對立的集團。在這兩大集團之外，有些國家採騎牆政策，意圖苟安與取巧者而形成所謂中立集團，那就是『阿拉伯聯盟』(League of Arab States) 和亞非國家集團。

世界和平受到國際共產主義的威脅，民主自由集團的領袖國家的美國乃思有以阻止其擴張。一九四七年美國總統乃有杜魯門主義 (Truman Doctrine) 的宣佈。當時英國自希臘撤退，共產勢力很有乘虛而入的可能；美國承諾願盡力支持受共產主義威脅的一切國家。馬歇爾計劃的實行，經濟合作法（Economic Cooperation Act），互助防禦法 (Mutual Defense Assistance Act) 的通過，及北大西洋公約的締訂都是杜魯門主義的應用。

美國在早期的區域安全政策，重點在西歐，其努力方向是財政的與技術的援助。嗣則進而注意到如何加强友邦的軍事力量。近則轉其注視力兼及於亞洲國家的援助。蘇俄集團則攻擊這種區域安全計劃與援外政策，是美英帝國主義的侵略。

一九四九年美國參議院批准北大西洋公約，是美外交史上一個很重大的事件。在美國百五六十年的歷史中，平時與外國簽訂盟約，這是第一次；簽約的任何一國受到攻擊，美國即將牽入戰爭。這一公約締訂的前提是基於美國安全與西歐的安全是不可分的；亦是說美國的戰略前線是自挪威的拉普蘭（Lapland) 至阿的里海 (Adriatic Sea)。參加大西洋公約者，有美國、英國、加拿大、法國、比利時、荷蘭、盧森堡、挪威、丹麥、冰島、葡萄牙、意大利、希臘、土耳其、西德十五個國家。對簽約國任何一國的攻擊，卽視同對全體簽約國的攻擊。

爲有效的執行北大西洋公約，於該約生效後成立大西洋公約組織 (North Atlantic Treaty

Organization, NATO）。該組織設理事會，由簽約國的外部部長組織之；設主席一人，每年選舉之；設祕書長一人，執行會務。理事會之下設有祕書處，由祕書長指揮職員處理事務。理事會下得視需要設立各種委員會；另有軍事代表委員會及軍事常務委員會。組織之下有國際性的軍隊，由大西洋盟軍最高統帥及歐洲盟軍統帥以指揮之。另設美加區域計劃委員會（Canada-U. S. Regional planning Groap）及聯絡指揮官委員會（Channel Commands Committee）。

反對北大西洋公約組織者，持以下的論點：㈠這一聯盟將與過去聯盟一樣，並不能防止戰爭，反足以促致戰爭。㈡這一公約顯然的違犯了聯合國憲章的文字與精神。㈢這一公約更加强了東方的敵對與分裂。㈣美國距離盟國路途遙遠，當地隣近的實行迅速侵略時，馳援是趕不及的。㈤武裝歐洲國家，遲延了經濟的復興，反與共產主義以滋蔓的機會。

支持北大西洋公約組織者持下列的贊成理由：㈠既然聯合國尚無有效的集體安全機構，會員國自有權力自行尋求個別的或集體的自衛措施。㈡任何有侵略意圖的國家，將可爲這聯合的力量所遏阻。㈢當被侵略的威脅減少在安全有保障的情形下，經濟方能復興。㈣締約是以和平爲目的；戰爭僅是不得已的手段。㈤當美國預先表明抵抗侵略的决心和意志時，則可以加多獲致和平的機會。不管論者孰是孰非，但有一件事實是確實的，那就是這公約的簽字國，至少暫時的放棄全球性的普遍集體安全政策而採行區域性的集體安全政策。

美國感於西太平洋受有共產主義者的威脅，乃與該區域的國家先後締結了一些多邊的或雙邊的條約，期以維持該區域的安全。其中範圍最大，簽字國最多的，當推馬尼剌條約（Manila Pact）。依這一條約成立了東南亞公約組織（South East Asia Treaty Organization, SEATO）；參加的國家有美、英、法、澳、紐西蘭、巴基斯坦、菲賓律和泰國。該公約並保證保護非會員國的越南、寮國及坎布底亞（Cambodia）。一九五一年美國與澳國及紐西蘭締結三國條約；與日本締訂美日條約；一九五三年與南韓締結美韓條約；一九五四年與自由中國締中美軍事防禦條約。其目的均在抵禦共產勢力的擴張，而維持該區的安全。美國雖然在遠東地區有過不少的軍事、經濟、技術援助；但由於蘇俄及中共的反美國帝國主義及反殖民地主義傳，及宣的民族主義思想的鼓盪，其努力並不算十分成功。想採中立騎牆政策或兩面外交者尙大多其人。

美國在中東方面雖曾致力於互助安全公平締訂，但只獲得部份的成功。巴格達公約（Baghdad Pact）解體，而繼之以中部條約組織（Central Treaty Organization），參加者有英國、土耳其、伊郞及巴基斯坦；美國並未完全參加這一組織，其活動範圍只限於經濟與軍事委員會者。這一區域因美蘇的尖銳對立，阿拉伯與以色列的衝突及民族主義思想的澎湃，致使區域安全公約，不易順利形成。

一九五六年以色列在英、法的支持下與埃及在蘇彝士運河發生戰爭。在聯合國的熱心處理下和平得告恢復。美國於此時卽宣佈所謂艾森豪主義（Eisenhorver Doctrine）適用於此一地區。美國保證該地區的國家如發生內部顚覆或遭受到外部侵略時給與必要的支持與援助。這一主義的第一次考驗，是在一九五八年黎巴嫩（Lebanon）總統要求美國援助；因之，美國軍隊乃有依邀開往登陸的行動。

美國在西半球對拉丁美洲已放棄了『巨棍政策』（Big Stick Policy）和『金元外交』（Dollar Diplomacy），而改採『睦鄰政策和『泛美主義』（Pan-Americanism）。美國自一八八九年起開始從事於泛美運動。經過多次會議與協商，美洲各國在技術上、經濟上、政治上、軍事上、社會上已經獲得相當良好的合作。一九一〇年成立『泛美聯合國』（Pan-American Union）爲各國的溝通聯繫機構。泛美聯合會的委員由美洲國家駐華盛頓的大使充任之，而以美國的國務卿爲主席。參加國家總統認爲美國是會的操縱者，多不願把重要問題提會解決。當羅斯福執政（一九三三——一九四五年）改採睦鄰政策，另以一種友好的新精神，謀求與拉丁美洲國家的合作。美國對之停止了武裝干涉，廢除了不平等條約，修正金元外交的攻勢。當第二次世界大戰爆發時，美洲國家尙能團結一致，在若干的危機尙有保持合作。睦鄰政策收到相當的效果。

在一九四五年墨西哥會議（Mexico City Conference）中獲致了區域全安的安排，通過了經濟憲章，並決定改組泛美聯合會，在實質上每一美洲國家都向軸心國家宣戰，且參加了舊金山會議，加入聯合國爲會員國。一九四八年在巴溝渡（Bogota, Colombia）會議中決定成立『美洲國家組織』（Organization of American States），而以原來的泛美聯合會爲本組織的祕書處。本組織的最高權力機關是『泛美會議』（Inter-American Conferenec），每五年集會一次。由各國指派代表參加之，決定共同的政策與行動。如有緊急問題，各國外交部部長集會諮商之。美洲國家組織下設理事會，爲執行機構，由各國各派大使級代表一人組織。另有專門會議，定期集會，商討技術問題。美洲防禦委員會（Inter-American Defence Board）設於華盛頓以爲軍事顧問機關。此外更有社會理事會，文化行動理事會及司法理事會。祕書處的性質泛美聯合會之下，有普通祕書處、國際法律處、文化事務處、經濟及社會事務處、行政事務處。墨西哥市會議所擬議的區域安全安排，於一九四七年在巴西集會完成之，簽訂互助防衛性質的里約熱內盧條約（Treaty of Rio de Janeiro）若有以武裝攻擊簽約國任何一國，其簽字國均有起而救助的義務。簽字國者凡二十一國。

在過去美政府採向外擴張政策，重於商務發展及投資事業的擴充。其結果是關稅壁壘高築，形成商業上操縱壟斷，托拉斯（Trust）卞特爾（Cartel）相繼形成，發生經濟上的獨佔居奇。國家經濟以自給自足爲目的。朝此方向發展，便是製造戰爭，降低生活水準及增加自身經濟上的困難。

美國鑑於過去的失策，認爲本國的經濟繁榮，有賴於與外國的經濟與社會合作。幫助旁人就是幫助自己。促進友邦的經濟繁榮，就是自己的經濟資產。故自第二次世界大戰以後，美國對外國有驚人大量經濟與技術援助。由善後救濟的推行經由國際合作到今日的國際開發，都是助人自助的經濟與社會的合作偉業。現世界上有三分之一的國家都接受美援。

一九四九年杜魯門總統就職時向國會發表就職演說，其第四點計劃就是要提付大量支出去開發經濟落後國家，期以提高世界上約三分之二的人口生活水準。這種款項或經由聯合國使用之；或由美國直接使用之。低度開發國家只要有此需要，且願與美國合作者，便得到這種援助。國務部設有國際合作署以司其事。美國於一九五〇年復採行所謂『哥倫布計劃』（Colambos Plan）推行對南亞及東南亞國家的經濟援助與合作。

第十四章　國防

一、軍事權力——美國憲法第一條第八款給予聯邦政府有關國防的廣大軍事權力。㈠為了防禦國家，國會有權徵稅籌款及撥付軍費。㈡國會有宣戰權，有頒行捕拿令及報復令之權，有制定有關海上陸上捕獲規章之權。㈢國會有權徵組陸軍及維持海軍之權。㈣國會有權規定如何組織武裝及訓練國民兵之權。為了實行這些憲法所賦予的權力，國會有權採取其自認為必要或合適的行動。而且司法機關對强大的軍事權力亦予以有力支持，認為這亦是國家的一種固有權力。

當憲法給與中央政府以廣大的軍事權力時，同時禁止各州在平時不得國會同意下不能保有軍隊與戰艦；除非為了應付緊急的實際侵略亦不得從事戰爭。各州政府只能擁有國民兵以維持社會秩序；最大限度只能敉平叛亂。就在這種規定下，憲法上還有一個但書削弱了各州國民兵權。那就是國會有權規定國民兵的組織、武器、紀律；聯邦政府並有權使用國民兵。

只有國會有宣戰權。宣戰由國會兩院聯合會議决議行之，須獲多數通過，經總統簽署之。依法理言。總統有權否决這一宣戰案。國會對此否决亦可予以複議，以三分之二的多數通過推翻之。但美國歷史上從未發生過這種事例。國會雖可主動的適時向任何國家宣戰；但事實上宣戰案的决議皆是應總統的要求而行之。

宣戰權雖屬於國會，但總統可以以陸海空軍大元帥的資格，不於事前得到國會同意，以行政命令與他國造成敵對行為或進入戰爭狀態。這種事例為數不少。如局勢嚴重，總統每於進入戰爭狀態前後立卽要求國會宣戰。如果戰爭是地方性的或情勢並不嚴重，總統卽不要求國會宣戰。一九五〇年至一九五四年美國所進入的韓戰，規模是相當廣大的；但僅以總統行政命令行之，國會並未宣戰。總統要求國會宣戰時，必是事態已達於十分嚴重，勢非宣戰不可，國會已無選擇或迴旋餘地，只有出於宣戰一途。就美國法律言，只有經國會宣戰的戰爭才是合法的戰爭。韓戰只認爲是一種國際警察行爲。

美國憲法雖未規定如何籌組軍隊，但國會有權徵召合格國民入伍成立部隊。當軍隊徵補採自願兵制時，自不會引起憲法上的爭執或人權自由問題。當採行强制徵兵制時自亦不免引起爭辯。當南北戰爭時代，曾實行徵兵制，管理不善，遭受到反對與批評。在第一次及第二次世界大戰期間亦採行强制徵兵制，推行頗爲順利成功。反對徵兵制者認爲這是一種奴役制違犯了憲法第十三條修正案的自由權利。徵兵雖是强制的但並非奴役的。在第一次世界大戰期間若干徵兵案的判决中，最高法院裁定，服兵役乃是國民天職，並非奴役工作，判定强制徵兵法並不違憲。

在戰時實行强制徵兵固無問題。美國於平時實行强制徵兵制，開始於一九四〇年。當年國會通過『選役與訓練法』(Selective Service and Training Act) 規定役男强制辦法。時在美國參加第二次世界大戰前一年以上。該法規定凡在十八歲至二十六歲的男子，須受一定時期的軍事訓練。反對平時强制徵兵者所持理由，並非是違犯國民的自由權利，而是侵害了州權。因爲揆之憲法原旨，要聯邦政府在平時依志願兵保持少量常備兵，大量的國民兵掌握於各州；於戰時始徵集國民兵以作戰。不過平時强制徵兵既未違犯人民的自由權利，憲法又未予以禁止，聯邦政府自然有權這樣作。

聯邦政府不但有權强徵役男入伍，並有權徵收私人財產以供軍事之需。這種徵收應是必要的，且應予以相當補償。一九四一年最高法院在『美國控白拉漢鋼鐵公司』(United States V. Bethlehem) 一案中判稱：『憲法既授權國會有籌組陸軍之權。政府既可依法强徵役男參加陸海空軍冒生命危險從事軍事服役；政府適應需要徵收財產支持這些軍人作戰自然是有需要的』。

珍珠港事件發生後，美國與日本宣戰未久，美國總統於一九四二年二月下令在太平洋沿岸劃定一軍事地帶，實行軍事管制，限制履行。爲時不久，太平洋全岸劃爲軍事地帶，並命令德、意、日三國僑民，甚至德、意、日裔的美國國民，在晚八時後早六時前一律在住所內不得外出。國會不久核准這項命令，並通過對違犯者懲罰規則。日裔美國出生國民Hirabayashi因違犯『宵禁』(Curfew) 被捕，涉訟至最高法院。在這一訟案 (Hirabayashi V. United States) 中，最高法院判稱：『宵禁規定雖不無歧視性，但由於戰爭需要，及太平洋岸日人爲數衆多，具有相當的危險性，故這種立法乃屬正當的，有理由的』。

在一九四二年的春天，美國政府採取更嚴厲的措施，把約十二萬的日本僑民及日裔美國國民，不論其忠貞有無問題，或對國家安全有無危險，一律自太平洋岸撤離，而集中於有控制的集中站管理之。集中站的事務，由戰時遷建局 (War Relocation Authority) 主管之，爲一民政機構。日裔美國國民Korematsu爲反抗這種撤離與拘禁會涉訟於最高法院。在該案 (Korematsnu V. United States) 中最高法院認定在戰時爲了適應軍事需要，撤離與集中管理是有必要的；但拘禁的時限應合理，不可超出必要。

戒嚴法是因事實需要而宣佈的緊急法。當民政機關不能有效的維持法律與秩序時則交由軍事機關實施戒嚴法 (Mastial Law)。美國憲法謂提及戒嚴法一詞，戒嚴權係自宣戰權引伸而來。在戒嚴法政府可以調集民兵執行法律，維持秩序，制止叛亂，抵抗侵略。總統以陸海空軍大元帥的資格，監督國家法律作忠實有效的執行。聯邦政府依憲法有保障任何一州不被他州侵略的義務與責任。憲法上亦未規定戒嚴令由總統或國會宣佈之。不過在事實上，國會既授與總統以廣泛的權力，可以使用武力執行法律，維持秩序；總統自可視事實需要，採取緊急措施，宣佈戒嚴。

當一八一四年美國被英國軍隊攻擊時，聯邦政府在紐奧良 (New Orleans) 及鄰近地區施行戒嚴法。在南北戰爭期間，林肯總統在南部各州及其邊境，實行戒嚴法。在美墨戰爭期間，美西戰爭期間及第一次世界大戰期間，美國境內並未施行戒嚴法，在第二次世界大戰時，夏威夷地區實行戒嚴法；美國他地並未戒嚴。

戒嚴與使用軍隊協助警察維持秩序不同。在戒嚴地區內全境置於軍事長官統治之下；普通法院被關閉，案件審判均改行適用軍法。在有戰事或衝突地區遣派軍隊維持秩序，只是協助民政機關推行政令。軍隊本身不負政治與行政責任，犯法者亦仍由普通法院審判之。在戒嚴區內提審令或身體自由令 (Writ of Habeas Corpus) 停止使用。

依美國憲法的設計，聯邦與各州對國民兵有聯合控制之權。國會規定國民兵的一般規則，統一其裝備與紀律；各州則確定的詳切的組織，委派軍官，推行訓練。憲法明文規定，國會有權調集各州的國民兵至聯邦服役。國民兵調集聯邦服役後各州對之便失去管轄權。調集國民兵之權雖操之於國會，但何時應行調集國民兵，其決定權與判斷權則又操在總統手中。憲法明定，為了達成下列三種目的，可以調集國民兵：㈠執行國家的法律；㈡敉平叛亂；㈢抵抗侵略。國民兵被調至聯邦後，即成為國家軍隊，可以被派遣至國外作戰。

美國憲法限制國會籌撥軍費每次不得超過二年。這一限制係抄襲英國的。當時英國的限制是軍費籌撥不得超出一年。美國國會衆議員任期為二年。這一限制的用意，是讓每一屆的衆議院都有機會與權力決定軍事政策與組織。如此則可以使軍事服從政治，不致於形成軍事專斷。在現時，這種限制只適用於軍餉，及維持費；至於軍事裝備如飛機及軍艦等則不受這種限制。

二、軍事機構——軍事政策的決定權操之於總統。但總統決定其軍事政策時，須依賴於國家安全會議（National Security Council）及國防動員局（Office of Civil and Defense Mebilization）的建議及所提供的事實與資料。國家安全會議的構成人員爲總統、副總統、國務卿、國防部部長及動員局局長。在會議下設有中央情報局（Central Intelligence Agency）掌國家的最高軍事機密及搜集並整理有關國家安全的情報。會議下另設有行動協調委員會（Operations Coordinating Board），其責任在促致於推行國防政策時，各機關間的最大合作與協調。

自一九四七年成立國家安全會議以來，在國防決策上曾發生最大的作用。他在估計美國所受的國防威脅，以及設計如何應付的方法，並決定核子武器、電導飛彈、飛機、潛艇、民防等所處的地位。如何推行援外計劃及援助盟國亦在該會議考慮之下。如何圍堵共產主義的侵略，如何以强大的報復力量嚇阻可能的攻擊者，均在該會議的籌劃範圍之內。裁減軍備及原子能的和平使用的政策，亦由這一委員會決定之。

社會對國家安全會議有以下的諸批評：㈠權力過大；㈡過份保守機密；㈢過於重視軍事觀點；㈣情報不够確實與迅速；㈤所採軍事政策不够堅强與勇敢；㈥所作決策率是與會人員折衷妥協的結果，不够澈底。

國防動員局在部際委員會及由社會領袖人物組織的顧問委員會之指導下進行其工作。該局的主要工作在儲存重要的戰略物資與供應品及保護國家的重要資源；起草適應戰時需要的人力動員計劃；管制物價，工資與房租及配給制度；擬訂迅速擴張生產設備的計劃；籌劃運輸及長程交通計劃；預爲籌劃房屋、教育、衛生以適應戰時需要；並籌劃民防工作。

國防部於第一次大陸會議時卽告成立，在各部中歷史最久，現時的組織與權力，係一九四九年所規定。國防部設部長一人，由總統提名文職人員經參議院同意。因國防部部長的地位是代表全國國民或站在全國國家利益的觀點而衡量軍事的重要性；並非代表軍人利益，亦非專就軍事而言軍事；故以文人任其事，不以軍人當其職。在戰前德、日兩國均以職業軍人任國防部長，過份重視軍事，不能配合國策而導致失敗。國防部設副部長一人襄助部長。

國防部部長辦公廳設有職員多人，高級職員有防務研究及工程主任(Director of Defense Research and Engineering)，總法律顧問 (General Counsel)、總會計 (Comptroller)、醫藥衛生助理、國際安全事務助理、人力與預備役助理、財產與設備助理、公共事務助理、供應與物材助理、原子能助理、立法事務助理及特別演習 (Special Operations) 助理。這些人員都是部長的幕僚與助手。

聯合參謀本部 (Joint Staff) 是部長決策的顧問機構，由陸軍參謀長、海軍參謀長、空軍參謀長、海軍陸戰隊司令及聯合參謀總長組織之，以總長爲主席。聯合參謀總長由總統提名經參議院同意任命之。聯合參謀本部之下，設阿拉斯加司令部、大西洋司令部、加勒比 (Caribbean) 司令部、大陸空軍防衛司令部、東大西洋及地中海司令部、歐洲司令部、太平洋司令部、及戰略空軍司令部。國防部之下設陸軍部、海軍部、空軍部，各部各設部長一人、次長一人、助理部長三人。另設國家安全局 (National Security Agency) 及高級研究設計局 (Advanced Research projects Agency)。三部的部長均以文人擔任之。各部各設參謀長一人以職業軍人任之，爲該部的最高軍事官員。國防部另有軍力政策會議 (Armed Forces Policy Council)，由陸軍、海軍、空軍三部長及其參謀長組織之；海軍陸戰隊司令亦出席。

國防部的重要功能是協助軍事政策的制定。軍事機關所支持的政策，自然佔極重要的地位。近年來，美國亦有很多人批評，軍人或軍事的影響力太大了。所謂軍事的影響力就是國防部所發生的力量。國防部第二功能在於設計戰略與戰術。自是一椿很艱鉅的工作。現代科學技術發達，武器異常進步，使這一任務，益形困難。武器進步迅速，瞬息萬變，使設計疲於應付。第三、軍事研究是國防部的另一大功能。一九六〇年國防部所列的軍事研究費達三十億美元之多，足見其地位的重要。國防部的軍事研究多偏於實用性的。第四、國防部的功能在徵補及訓練軍隊，並裝備之，補給之，運送之。第五、國防部維持軍事基地，船隻及財產，並管制軍事佔領區。第六在計劃國防動員。第七、舉行軍事演習。第八爲預備官兵及國家防衛單位服務。第九以軍事實行與行動支持美國外交政策的推行。

國防部尚主管有若干非軍事性的任務，其重要者有以下諸端：陸軍部㈠治理巴拿馬運河區，並管理該區的一些企業機關。㈡建築國家紀念碑館以警惕戰事災害或表彰戰功。㈢保護美國境內的尼拉加瀑布(Niagara Falls)，並管理其可航水道。㈣協助聯邦動力委員會調查水力地位，建築水壩及電廠，並防止水患。海軍部則治理薩摩亞(Samoa)及管理阿拉斯加及美國西部油田的出租事宜。

在一九四七年以前，美國聯邦政府分設陸軍部(War Department)和海軍部(Navy Department)。兩部之下均管轄有空軍單位。這種分離與重複引起不少困難和批評。這種不合理的安排，不易獲得完整統一的空軍計劃，各自爲政，相互競爭，引起混亂與浪費，並減低行政效率。在兩次世界大戰受到了很大的教訓，咸認爲非予以改造不可。改造方案便是今日的國防部的組織。國防部下分設陸軍部、海軍部與空軍部。如此則國防部可以統一三軍，力量集中，指揮統一，使計劃完整，行動一致。

反對作統一集中之改制者，持以下的理由：㈠合併的軍政部或國防部權力太强，組織太大，他部對之失却平衡，致發生不當的影響力。㈡合併後的組織龐大駁雜，迂迴曲折，反易減少行政效率。㈢統一集中後使空軍單位失却競爭心，無生氣，不求進步。㈣過去的組織在兩次大戰中均表現有優異的成績與戰果，並無改制的必要。海軍部極力反對改制。而陸軍部則熱烈的支持改制論。爭辨之烈，實所少見。

當時杜魯門總統甚爲贊成陸軍部的主張，故卒於一九四七年國會通過國家安全法（National Security Act）規定了現行的國防組織。

三軍雖被統轄於國防部下，但彼此的競爭與衝突，仍甚劇烈。一九五七年蘇俄領先發射人造衛星後，美國朝野震驚，大家對國防體制的改進，更刻不容緩，於是一九五八年國防改組法（Defense Reorganization Act）的誕生。這一法案的改進的要點如此：㈠三軍部長在國防部部長之指揮、控制與指導下推行其功能。㈡三軍的人事行政與措施，須與國防部人事局取得密切的聯繫與合作。㈢給與總統及國防部部長以較大權力，使對三軍機構的職掌與功能能作較易的移轉與合併。㈢國防部部長有權規定如何對三軍軍官作相互的調轉。㈣依法可以建設海軍空戰兵力（Naval Air Forces）、海軍陸戰隊（Marine Corps）及國家保衛局（National Guard Bureau）。㈤規定聯合參謀會議主席，對在該會表決的案件有投票表決權。

三、三軍兵制——美國的陸軍軍役組織，包括有正規的陸軍部隊，女子陸軍團（Women's Army Corps）、國家陸軍保衛隊（Army National Guard）、預備軍團（Organized Reserves）和預備軍官訓練團（Reserve Officers' Traning Corps）。正規陸軍部隊是由志願兵及徵召兵組織之，在營執行任務。女子陸軍團係正規陸軍的一部份，在第二次世界大戰期間始告成立的。女子陸軍團並非作戰單位，其工作是交通、醫護、人事及情報，服務效能，令人滿意。陸軍的作戰指揮權由六個大陸陸軍司令部及一個華盛頓軍區陸軍司令部行使之。

國家陸軍保衛隊包括兩部份：一部份駐在哥倫比亞地區，及美國其他屬地，均受美國正規陸軍的指揮與控制；一部份是平時駐在各州的組織。陸軍保衛隊的經費大部份由聯邦政府負擔；且受正規陸軍的監督；但在各州的陸軍保衛隊則由政府委派軍官並訓練之。保衛隊係志願兵，在其居住地區訓練之，在戰時或國家緊急時期，各州的保衛隊得調至聯邦政府服役。當其調至聯邦服役後，卽喪失其州保衛隊的性質而成爲美國的正規陸軍。

預備軍官團是聯邦的組織，與陸軍保衛隊完全無關。預備軍官團大部份由退役軍人組織之；曾在軍中服役而未滿規定之六年或八年役期卽停役者。預備軍官的大部來源由預備軍官訓練團訓練之。這種訓練團分設於高級中學，專科學校及大學。

海軍的組織包括正規海軍、海軍陸戰隊、海岸保衛隊、海軍預備隊、水上空軍預備隊及海軍陸戰預備隊。正規海軍佔海軍實力的最大部份，有志願兵，有徵召兵，並有女子在海軍服役。陸戰隊的組織歷史最早，成立於一七七五年，爲兩棲部隊，具有登陸的裝備與訓練。海岸保衛隊雖是海軍的一部份，但在平時則係在財政部之指揮下巡邏海岸，維持治安並防走私。海岸保衛隊乃是海軍及陸戰隊的輔助部隊。爲了行政的利便，美國就其本國領土及屬地，共劃分爲十七個海軍區。第一海軍區包括新英格蘭各州（但康乃克特州除外）；第十七海軍區包括阿拉斯加及阿雷申羣島。行動的海軍實力有大西洋艦隊及太平洋艦隊。

空軍力量在第一次世界大戰期間已表現出其重要性。在第二次世界大戰期間更證明空軍是決定勝敗的主要因素。美國於戰後爲了加强空軍的發展並集中其力量，統一其指揮，特設空軍部以司其事。美國空軍包括有男女服役，其中最大部份都是志願兵，極少數是徵召而來的。空軍包括正規空軍部隊、空軍預備隊、及空軍保護隊。其制與陸軍者相近似。爲了作戰行動的利便，空軍分爲十七個司令部，如空軍防衛司令部（Air Defense Command）、空軍研究及發展司令部（Air Research and Development Command）、戰略空軍司令部（Strategic Air Command）、空軍統一指揮部（Air University）等。卽其例也。

陸軍、海軍、空軍雖各有其司令部，但爲了統一指揮，促致三軍協調，另設有四個統一指揮司令部，分設在阿拉斯加、太平洋、加勒比及歐洲。統一指揮司令部各設總司令一人，直接受國防部管轄，總司令人選視實際需要分由空軍、海軍或陸軍軍官擔任之。阿拉斯加者是空軍軍官。太平洋者是海軍軍官。加勒比及歐洲者是陸軍軍官。美國三軍實力，在一九三八年才三二二、四九四人。一九四二年突增至三、八五八、七九一人。一九四六年降爲三、〇三〇、〇八八人。一九五〇年爲一、四六〇、二六一人。一九五四年爲三、三〇二、一〇四人。一九五八年爲二、六〇〇、五八一人。

美國設有不少的軍事訓練學校培養三軍軍官。陸軍軍官最重要的訓練學校是位於紐約市哈德遜（Hadson）河北岸的西點（West Point）陸軍軍官學校。海軍軍官學校亦佔有同等重要的位置，地點在瑪利蘭的安那波里市（Annapolis, Maryland）。空軍軍官學校成立於一九五四年，設於卡拉里多州卡拉里多灣（Colorado Spings, Colorado）。海岸保衛隊亦在康乃克特州的新倫敦（New London, Connecticut）設有一個軍官訓練學校。軍官的深造（研究生）教育及在職訓練，由三軍聯合主辦之，主持其事者爲國防大學（National War College）。大學在培養通才的高級將校，不僅研習軍事課程，同時對政治課程如外交政策、國際關係、法律學、理則學等亦予學習。軍事工業大學（The Industrial College of the Armed Forces）着重戰時動員問題的研究。軍事參謀大學（The Armed Forces Staff College）着重於軍事行政問題的研究。陸軍部、海軍部、空軍部主辦的特殊軍事學校或訓練學校爲數不少。

四、兵役制度——美國的三軍除設有正規的常備兵外，各保持有預備隊以輔助與補充。預備役由一九五五年通過的預備兵力法（Armed Forces Reserve Act）作主要的規定。依該法，凡在一九五一年六月十九日至一九五五年八月十日之間入營者均服兵役八年。此後入營者均服役六年。未服滿八年或六之現役者，得退而服預備役。預備役分爲三種：一爲緊急預備役（Ready Reserve）；二爲等候預備役（Standby Reserve）；三爲退休預備役（Retired Reserve）。國家遇有軍事緊急需要，得由總統或國會宣佈，强制徵召緊急預備役者入營服役。美國現時緊急預備役人數計二、九〇〇、〇〇〇人。緊急預備役人員最大部份由未服滿八年或六年兵役者組織之。陸軍及空軍國家保衛隊均屬於緊急預備役。等候預備役是一種無組織的儲備兵源。只有在戰爭時期或國會所宣佈的緊急狀態下，始能强制徵召入營。退休預備役人員只有在極端的需要時始徵召之。

緊急預備役人員未編入國家保衛隊者，每年須受十七日至三十日的召集訓練。其不依法完成受訓義務者，得延長其受訓期間至四十五日以示懲罰。拒絕受訓或屢召不到者得交軍法審判。依一九四〇年通過的選訓與服役法（Selective Training and Service Act）的規定，役男均有應召或挑選入伍的義務。辦理這徵兵事務者，在京都及各省會皆設有兵役機構以司其事。各地設有徵兵委員會由委員三人至五人組織之；委員由文人充任。徵兵委員會的工作在辦理役男登記、分類、考試、檢查體格及入營等工作。三軍官兵的總名額或最高額由法律規定之。何時徵召若干人入伍，依需要隨時決定。

在徵兵程序中第一步是役男登記。所有年在十八歲至二十六歲的男子，均須至徵兵委員會辦理登記。滿十八歲半者即屆兵役年齡，必要時召之入伍。登記後發給身世調查表，使塡報其詳細資料。根據所得資料予以分類。分類後施行體格檢查。體格檢查合格爲一級者始具有入伍資格。在第一次和第二次世界大戰時入伍採抽籤制。現時則不採抽籤制，而依生日次序。二十五歲者首先入伍。以後再依年歲次序（自二十四歲至十八歲）徵召入伍。

高中的學生如成績優良可准予緩役俟其畢業或延至二十一歲。大專學生可予緩役至其畢業。各地徵兵委員會所處理的案件，如有不當，當事人可上訴於各區的上訴委員會，或者州級或中央兵役行政機構。常備現役服役期間爲二十四個月。退役後預備役六年。十七歲至十八歲半的青年男子如受軍事教育六個月並服一定期間之兵役者亦可列入預備役。

五、民防工作——保衛國土的雖是軍隊，但也是民兵及警察的主要責任與功能，民防工作須與之作適當的配合。美國政府認識了這種需要，特於一九四一年五月設立民防局(Office of Civilian Defense)。在第二次世界大戰期間，民防局曾運用各州及各縣市的民防理事會發動大量的志願軍或義勇隊擔任民防工作。

在民防系統的工作下，曾建立起完備防護制度；各地區常舉行防空演習，指定義勇隊分別擔任防奸、救火、疏散、救傷等工作。救火及醫護亦常作訓練與演習。民防理事會並向居民提供有關衛生、醫藥、救護、飲食及保藏的知識、消息與報導，在大戰期間，美國本土並未遭受攻擊，民防工作未受考驗，其成效如何無可置評。大戰結束，美國於一九四五年撤消民防局。

韓戰爆發，美國國會於一九五〇年通過聯邦民防法 (Federal Civil Defense Act) 設立聯邦民防行政局 (Federal Defense Administration)。這一機構至一九五八年與防衛動員局 (Office of Defense Mobilization) 合併而成立一新機構曰民防動員局 (Office of Civil and Defense Mobilization)。這一機構的任務是在教育及訓練人民作戰時的準備，以期加强作戰力量及減少戰時損失。民防任務包括行動研究、計劃準備、戰時訓練、警報制度、幹部訓練及籌募捐款等。

美國的民防工作雖有不少的努力，並耗費了不少的金錢；但其效果並不甚滿意。其原因不外以下四點：㈠美國本土並未進入眞正戰爭或緊急狀態，人民未親身的受到戰時威脅，對民防工作並不感興趣，不肯起而注意。㈡在原子戰爭時代，武器摧毀力量，到了驚人的地步，破壞力量强大到無法抵抗；民防工作與努力，是無濟於事的。㈢衆信有效的民防工作是人口和工業的疏散；但是這種工作是費錢的、困難的，亦爲一般人民不贊成的。(四)在民防工作上，聯邦、各州與縣市間如何分工，以及如何籌撥經費，大家的意見又是很紛歧的。

第十五章 財政

一、租稅權力——政府的一切措施非錢莫辦，故曰財政爲庶政之母。財源的籌措，靠政府的租稅權。邦聯條款准許邦聯政府向各州攤派款項，但不能直接向人民徵稅。美國聯邦憲法第一條第八款規定：『國會有權規定及徵收租稅、關稅、消費稅務及國產稅以支付爲美國共同防務及一般福利而發生的費用與債務；但全國的稅捐須是劃一的。』同時，美國憲法第一條第九款對租稅權又有兩個限制的規定：㈠非依照人口普查的統計爲比例，不得徵收人頭稅或其他直接稅。㈡對運出州外的貨物不得收出口稅。

在美國制憲時，其所指的直接稅乃是指人頭稅和財產稅而言。自一七八九年以後，這種租稅曾征收過五次。憲法既明文規定徵收直接稅須以人口統計爲比例，因此阻礙了聯邦政府採行其他的直接稅。聯邦政府在徵收前四次的直接稅時，未受到致命打擊；在一八九五年通過所得稅法，即第五次徵收直接稅時却遇到重大困難。在浦洛克控農民貸款信託公司（Pollock V. Farmers' Loan and Trust Co.）一案中，最高法院判定；累進稅率的租稅是直接稅；而直接稅則應依憲法規定按人口比例分配於各州。

這一判決使聯邦政府採行所得稅遲延了近二十年。情勢所迫，各方咸認所得稅有亟予採行的必要。西部和南部各州主張尤烈，故卒於一九一三年有憲法第十六條修正案的採行，准聯邦政府徵收所得稅。文曰：『國會有權就任何來源的所得，規定及徵收所得稅，無須依比例分配於各州；亦無需依人口統計以爲計算。』但這一修正案並未解決所得稅是否是直接稅的爭辯；只明定所得稅的徵收不必比例分配於各州。

合衆依美國憲法規定，國會規定及徵收租稅的目的，不外以下三點：一是償付債款；二是供應共同防禦及三是增進一般福利。文字規定十分概括而簡單，在實行上自不免引起爭辯。憲法條文的基本目的，是授權國會可以徵稅籌款；但實際上國會常藉其租稅權力達到管制目的或發揮其他功能。例如關稅法的主旨，除籌款外，尚在保護美國的工業。不過，美國未因此種實施而引起爭執。

國會曾多次的運用其租稅權力達到管制目的。例如，國會對鈔票課徵重稅，用以消除各州銀行；採按磅徵稅的方法，藉以減少人造牛酪的消費；對硫磺火柴施行重稅以減少危險的職業疾病。為了這些租稅曾引起不少訟案，但最高法院只認定國會有此租稅權力，並未追究其立法的目的是為了籌款或管制。但在一九二二年，最高法院有二個判例，劃分了籌款租稅與管制或懲罰租稅；且判定後者的租稅應歸由各州掌管。白來控卓實爾傢俱公司 (Bailey V. Drexel Furniture Co.) 一案，係因兒童勞工法而涉訟。該法規定凡僱用兒童工作不合乎法定標準者，則就其淨盈利課以重稅。最高法院判定這一法律是違憲的，因為這不是財政目的的租稅，而是行政目的的一種處罰或商業管制。但這種商業管制權力應屬於各州。一九二一年國會通過一種法律旨在取消穀類預售交易，對凡規定預約交付貨品的契約均課以重稅。因此法郝爾控華萊士 (Hill V. Wallace) 於法院。最高法院判此法違憲；因為該法所管制的對象，是屬於各州的權限。

一九三三年國會通過農業調節法 (Agricultural Adjustment Act) 對農業生產藉租稅予以深切控制。該法規定徵收農產品的製造稅，期以減少農業生產而免『穀賤傷民』。最高法院一九三六年在美國控卜特列 (United States V. Butler) 一案中，判定這一法律為違憲；因為藉農業製造稅以控制農業生產侵犯了州的權限。

不過近年來，最高法院所採的立場與判例却有了轉變。國會於一九三五年通過社會安全法 (Social

Security Act）規定徵收僱工與僱主的薪給稅，以籌措養老及死亡保險費基金。最高法院於一九三七年在郝爾文林控大衛士（Helvering V. Dairs）一案中判定這一法律是正確的，並不違憲。同年在史蒂渥機器公司控大衛士（Steward Machine Company V. Davis）一案中，最高法院復承認了該法所規定失業保險稅。一九五一年通過的歲入法（Revenue Act）規定凡從事賭博者均須登記並繳納一定的稅款。這種稅款收入很有限，其主要的目的則在强迫賭徒登記。這一法律亦是最高法院所支持。故今日聯邦政府的租稅權力，不僅可用以籌措財款，並可用以為行政管制手段。

法院對租稅權力雖作了廣泛的解釋，但租籌權的行使仍要受一些的限制。第一、依憲法規定聯邦政府不得徵對運出州外貨物的出口稅。所謂運出州外，非指此州運出彼州，而係指運往外國。在制憲時，南方各州堅持要將這種規定載入憲法，蓋恐對其出口貨品特別是棉花有歧視的課稅。第二、聯邦政府徵收直接稅，須按人口調查統計，比例的分派於各州。這種規定殊為不智，使租稅脫離了財力關係，不符『有錢出錢』或能力負擔說的原理。第三、間接稅的課徵，在各州應予劃一，不得有所歧視。這種規定只是說不可因地區或地理的不同，稅率有所差異；並非謂每人每物徵收相等之稅。國會為了課稅的目的，對貨品或財產可以自由作適當的分類，以為徵稅的對象。同類對象在各州須為同一稅率的課徵，不可高低不一。第四、聯邦政府對各州港口的課稅，須採平等待遇，不得有所歧視。第五、各州政府不得以聯邦政府及其工具為課稅對象。在聯邦制度下，各州政府均具有租稅權力；州政府曾想利用此種權力向聯邦政府課稅。在早年瑪麗蘭州（Maryland）曾向聯邦銀行發行的鈔票課稅，致發生著名的麥克克拉齊控瑪麗蘭州（Me Culloch）案。在此案中，最高法院判認聯邦政府及其代理處或工具均不得為州政府的課稅對象。因租稅權無異是摧毀權力；若使之然，州政府將可藉此侵害聯邦政府。因之，聯邦政府支付的薪稅，州政府不得對之課稅。同樣州政府支付的薪俸，聯邦政府亦不得對之課稅。但自一九三八年起，最高法院則認爲向薪俸收入課徵所得稅可不受這種限制。法院認爲就稅源言，所得稅無論在法律上或經濟上均不能視之爲租稅。

政府徵收租稅是爲了彌補國家開支。政府支付經費，受有以下的四種限制：㈠支付款項須是爲了公共的目的，卽是在促進一般的人民幸福或社會利益。㈡支付保衛國家的軍費開支。㈢政府支付經費須經國會通過或撥款。㈣國會撥款不得超出二年的期間。

二、財務行政——美國開國的制憲代表，有鑑於英國國王與國會爲財政控制權所引起的紛爭，所以在訂憲法時特將財政大權歸於國會。雖然總統對財政亦具有很大的影響力，但在財政上他確是依附於國會的。自一七八九年以後，國會隨政制的發展，掌握有不少的財政權。總統對政府收支可提供建議，但並不負責編造年度概算送國會審議。財務行政上並無一個集中統一的機構，以致責任不專，事權不一，財政收支不易提完整統一的通盤計劃。在稅款上常對各州或選舉區有所偏私。爲了補救這種偏弊，於一九二一年乃有預算與會計法（Budget and Accounting Act）的通過。

依此法新設預算局（Bureru of Budget），在總統的指揮下處理財務行政事宜。預算局的重要功能如下：㈠協助總統編造概算，並作財務控制。㈡監督並控制預算的執行。㈢主持行政研究，建議各機關作組織與方法的改進。㈣協助總統促進政府提高行政效率及謀求行政的經濟化。㈤協助總統協調各部會對立法提議上的意見。㈥籌劃及改進統計工作。㈦向總統提出有關政府工作情形的報告。㈧協助行政命令及公告的草擬。由此可見預算局所職掌者，不僅限於預算；亦不僅限於財務行政，兼及行政研究、報導及統計等事宜。此外，並分析研究提向國會的提案及如何改進行政組織。最近的發展是預算局在各部會皆設置有財務官，負責與預算局及其他官吏聯繫溝通。因之，預算局及其官吏均成爲總統的耳目，有似一種雷達網。

財政部是聯邦政府中最大最早的行政機構之一。財政部的功能，在於：㈠籌募公債，㈡管理公債，㈢保管特別基金，㈣鑄造貨幣，㈤發行鈔票及證券，㈥徵收稅款，㈦支配開支，㈧監督及推行會計制度，㈨管理銀行，㈩編制財務報告。美國政府的大部稅款，由兩個機構徵收之：一是內地稅務局（Internal Revenue Service），一是關稅署（Bureau of Customs）；而前者所收稅款爲數更鉅。美國政府的重要稅源是所得稅。此稅的徵收對象甚爲衆多，徵收不是無困難；稽征制度尚有待改進。

財政部的組織，除部長次長外，其重要的業務單位，有：㈠公債署（Bureau of Public Debt），㈡國庫署（Treasurer of theU. S.），㈢會計司（Bureau of Accounts），㈣儲蓄司（U. S. Savings Bonds Sesvice），㈤印製局（Bareau of Engraving and Printing），㈥內地稅務局（Internal Revenue Service），㈦關稅署（Bureau of Customs），㈧鑄幣局（Bureau of Mint），㈨金融控制司（Comptroller of the Currency），㈩國際財務司（Office of International Finance），⑾防衛租借司（Office of Defense Lending），⑿海岸保衛隊（U. S. Coast Guard），⒀緝私局（U. S. Secret Service）。

美國聯邦政府設有總會計局（General Accounting Office），設審計長（The Comptroller General）一人主持局務。審計長由總統提名經參議院同意任命之，任期十五年；只有國會對之可行使免職權。這一職位和機關乃是代表國會行使監察權的，獨立於行政系統之外。在理論上，總會計局是國會的『看家犬』（Watchdog），防止公款的濫用與舞弊。各機關須依照國會的授權範圍及通過的預算，支用其經費。總會計局負責稽查各機關的賬冊與單據；並有權規定會計的原則與標準；解決向聯邦政府的財務要求，考察基金的處理；提出有關財務的法律意見，並向國會提出財務報告。

總會計局對各機關的財務收支，可以施行事前審計與事後審計，藉以防止不合法事件的發生或剔除其不合法的收支。事前審計由各機關的財務官員負責作經常的注意與控制。事後的審計則由總會計局負責辦理之。如發現有不法或不當的收支，或予以糾正，或提告國會。

自一九五〇年國會通過預算及會計法（Budget and Accounting Procedure Act）後，美國的財務行政制度發生了很大的變革。這一法律在推行由財政部、預算局及總會計局三個機關共同努力合作的聯合改進會計計劃。各實作機關卽各部會負本機關的主要會計責任，並作內部的考核與控制。財政部掌管一套總的中央會計制度；並監督各機關的會計制度。總會計局掌事後審計，並規定會計原則與程序。這一合作計劃消除了過去因事前審計所引起衝突與重複。因此，減少行政開支，並使總會計局能有效的迅速的負擔起主要的審計責任。

三、預算程序——在一九二一年以前，美國採立法預算制，卽由國會自行編造概算以憑審議，而不經由行政首長統籌總編自不免陷於分歧雜亂，而大大的減弱行政責任與行政效率。爲免除這種弊害，國會乃於一九二一年通過預算與會計法（Budget and Accounting Act）建立較完好的預算制度。

預算就是政府的一個廣博財政計劃，亦是財政行政的中央統制工具。他是一個會計年度（自今年七月一日至次年六月卅日）的財務收支的預計。總統決定重要的財政政策，預算負責執行這種財政政策。各機關或部會自行編造其收支概算，送至預算局。預算局則彙合各機關的概算予以審查，作統一的編造。預算局在總編的過程中，常召集有關人士舉行會議，予以協商。預算局就協商結果，編爲聯邦政府的總概算案送呈總統。總統則於每年一月十五日前備具咨文連同總概算送國會審議。

預算審議，衆議院有優先權。衆議院通過後送參議院審議。參議院對之有修改權。總概算案送達衆議院後，第一步由一般立法委員會（Committee of General Legislation）予以認許的承認（Authorization），卽成爲議案之意。第二步，經認可的概算案交由撥款委員會（Appropriations Commttee）審查。這一委員會於衆議院開會之始，由大會互選二十五人組織之。槪算中有關歲入的提議交撥款委員會（Committee of Ways and Means）審查。第三步撥款委員會開全體會決定下年度歲出的最高額。至於詳細分配，則分交十個小組分別審查之。第四步撥款委員會通過各小組的審查報告後，則提交全院委員會（法定人數爲一百人）。全院委員會對審查報告逐條討論，投票表決，有增削之權。第五步，衆議院全體大會就全院委員會通過的總預算案報告案，予以通過，送參議院審議。

當國會通過總預算案後，這一預算案卽變爲法律，各機關有遵行的責任與義務。財政部根據預算案通知各機關的應支付的經費項目及數目。各機關卽按各月分配數向國庫提取使用。聯邦準備銀行擔任公庫的功能。各機關的經費支付分配由預算局長決定之。這是一種重要的財務行政功能，由此可以使行政首長對各機關的經費支付作有效的控制。因分配預算的控制，各機關在一月中或一定期間中，所獲得的經費只是其全部經費中一小部份，欲作超支是不可能的。

四、國家稅收——美國聯邦政府的主要歲收乃是租稅的收入。自採行憲法第十六條修正案後，聯邦政府課徵直接稅較少困難。因之，所得稅、公司稅成爲今日聯邦政府稅收中的重要部份。不動產稅、禮品及遺產稅亦可認之爲直接稅。亦是一個重要稅收。這些租稅都採累進稅率，收入愈多者所課徵的稅率愈高。這是財政學上能力負擔說，亦卽有錢出錢之旨。如以所得稅爲例，未婚者之個人收入年滿二千元者，稅率百分之廿；滿四千元者稅率百分之廿一；滿六千元者，稅率百分之廿三；滿八千元者，稅率百分之廿四；滿一萬元以下者，稅率百分之廿六；滿一萬四千者，稅率百分之三十；滿兩萬元者，稅率百分之三十六；滿五萬者，稅率百分之五十四；滿十萬元者，稅率百分之六十七；滿二十萬者，稅率百分之七十八。已婚者收入加倍時始徵收與此相同的稅率。

如就聯邦政府歲入內容加以分析，則以個人所得稅佔到第一位。依一九六〇年的預算，歲入分配比例如次：個人所得稅佔總歲入百分之五二・八計約四百零七億美元；公司所得稅佔百分之二七・九，計約二百十五億美元；消費稅佔百分之八・九，計約八十九億；其他稅收佔百分之七・八，計約六十億。

除租稅外，美國聯邦政府尚有一大部份的非租稅收入。這種收入中的最大者爲國營事業收入，其要者有郵政局、巴拿馬運河、官印刷局及田納西谷行政局（Tennessee Valley Authority）等機關的收入。這些機關收入雖多，但開支亦頗大，至於淨盈餘亦不足重視。其他的非租稅收入，有出售財產、貨品、地租、罰鍰、罰金、放款利息及規費等。聯邦政府不徵收普通財產稅及營業稅；因爲這種稅乃是州政府的主要稅源。

聯邦政府與州政府彼此都不得向其工具機關或發行的公債課徵租稅。進口稅歸由聯邦政府徵收。有形財產稅及人頭稅歸由州政府徵收。除此之外，聯邦政府和州政府對相同人員或稅源都可徵收租稅。因之，兩者在稅收上是有競爭的，衝突、重複、混亂、不平所在多有。近年來，政府支出大爲增加，加强稅收有其迫切需要，聯邦與各州在租稅問題上的爭執，便趨於嚴重。爲要補救這種缺失，有人主張作以下的改革：㈠由聯邦及州各派代表組織永久的聯合稅收機構，共同推行稅政。㈡聯邦政府對州政府交付的聯邦土地稅及營業盈餘應使之標準化。㈢聯邦政府所使用的稅款抵償辦法應予廣泛推行。㈣聯邦政府所使用的補助金制度應擴大使用。㈤稅款由聯邦政府統一徵收而分成於各州。㈥聯邦與各州政府劃分稅源，互不侵犯；例如以營業稅劃歸各州，所得稅劃歸聯邦。

五、政府支出——美國政府的支出，逐年膨脹，進展甚速。以聯邦政府爲例，在一九〇〇年歲出才五億美元，一九五七年則躍至六百八十八億美元之鉅。膨脹之速，實屬驚人。地方政府的支出亦同樣是大量增加的。這種增加，不僅是表面數字的增加，無論就國民負擔言或國民所得言，都是實質的增加，在政府的支出中，以國家安全費用居首位，約佔全部支出的百分之五九・五（以一九六〇年的支出爲依據）。其次是社會福利費用，約佔百分之十二。農業費用佔等三位，約百分之七・八。利息支出佔百分之一〇・五。國際事務支出佔百分之二・七。其他佔百分之七・五。

當政府收入不敷支出時，則須以借款或發行公債的方法，彌補赤字。國會有權以美國國家名義借款。國會所受的借款限制，一是公共輿論是否贊成，一是是否有人肯出錢貸款。聯邦政府所負荷的公債數額，係逐年增漲的。一九四二年負債約五十五億美元。一九四三年即增至一百五十億美元。一九四四年公債增至二百億美元。自一九四五年迄今，每年所負荷的公債均超過二百五十億美元，接近三百億美元。就公債的債主言，國民個人所持債權佔第一位，約佔全數百分之二四・四；其次爲商業銀行的債權，佔百分之二二・五；聯邦政府投資賬約佔百分之一七・五；聯邦準備銀行債款，佔百分之九・〇；公司債款佔百分之八・〇，保險公司債款佔百分之六・〇；州及地方政府債款佔百分之四・三；其他佔百分之八・三。

美國聯邦憲法對聯邦政府的公債最高額並無限制。而各州的憲法及市政府的市憲章，對公債的最高額多有限制。但近年來國會經以法律限定聯邦的公債最高額不得超過二八五億美元。一個國家的公債最高額究應定爲多少，須視國民所得的多寡，資源的豐吝及人民貢獻意願强弱爲轉移。公債數額如超過一定數額，在發行上或攤派必將發生困難。

六、貨幣銀行——憲法規定國會有鑄製貨幣之權。在早期的歷史中，咸認所謂貨幣乃包括硬幣與紙幣而言。因之，國會於一七九一年核准第一國家銀行（First National Bank）於一八一六年核准第二國家銀行（Second National Bank）的設立，並准其發行鈔票。這一措施並未引起憲法問題。但當南北戰爭期間，國會印行四億五千萬美元國庫券，稱爲『法幣』（Legal Tender），致引起是否違憲的問題。

最高法院於一八七〇年郝布本控葛累任（Hepburn V. Griswold）一案中，判稱只有硬幣始能稱之爲法幣，可用以償付前此的債款。次年，在有關法幣的控案中，因總統補派了兩個新法官，最高法院的判決與前此的觀點不同了。法院判稱在戰時發行的紙幣是有效的堪視之爲法幣。在一八八四年最高法院判決卽在平時，國會亦有權認定鈔票爲法幣，國會可以完全負責決定何者或什麼是法幣。

硬幣由聯邦鑄造局鑄造之。美國聯邦政府現有兩個鑄造局，一設於費城，一設於丹佛（Denver）。舊金山原設有一鑄造局，經於一九五五年撤消。在第二次世界大戰期間，這些鑄造局並曾爲友邦與盟邦鑄製了大量的貨幣。在近年來的鑄造以鑄造一分的、五分的、一角的、二角五的及五角的硬幣爲主。在一九三三年經濟恐慌時，曾鑄造金幣；但以後並未再作鑄造。在美國的若干地方亦流行銀幣。

紙幣通行於全國，紙幣形式並不同。其種類雖多，但主要者應推聯邦銀行發行的鈔票以商業證券爲準備金；其次爲金鈔，以財政部的金銀爲準備金；再次爲美鈔（United State Notes）由財政部發行並支持之。

與貨幣鑄造及紙幣發行有密切關係者就是決定外匯匯率及規定國內貨幣價格的權力。因之國會有權建立並維持全國統一的貨幣標準；認爲有必要時，並得提高或降低貨幣價值。貨幣乃是國家經濟制度的神經系統或血脈流通，故貨幣的使用及管理權對於國內外的經濟事務實具有莫大的影響力。國會有權決定貨幣制度究當採用金本位、銀本位或其他本位；並規定所採貨幣與金或銀的價値關係。國會有權取消某種的貨幣，如在一九三三年曾取消了金幣及金鈔。國會雖有權禁止人民簽訂以黃金爲支付的契約；但不能禁止聯邦政府作黃金償付的承諾。

美國於一九一三年建立聯邦準備銀行制度，替代在南北戰爭時所建立的國家銀行制度。聯邦準備銀行在一個董事會（Board of Governors）監理之下。董事會由董事七人組織之，由總統任命之，任期十四年。聯邦準備銀行總行設於華盛頓。全國劃分爲十二個區，每區設立一個聯邦準備銀行。聯邦準備銀行的功用在決定一般的貨幣及信用政策，並監督其會員銀行（私人銀行）的營業。準備銀行視其會員銀行的營業狀況以決定其貸款數量。

十二個區域聯邦準備銀行，實際上無異爲私人所有，因爲準備銀行的股票率掌握在其會員銀行的手中。全國性的銀行均須依規定認購區域準備銀行的股票。各州銀行如欲成爲準備銀行的會員銀行，亦須照樣的認購股票。各區準備銀行各設有一理事會（Regional Board of Directors）以治理之。理事會由理事九人組織之，其中六人由會員銀行中選任之，三人由聯邦準備銀行總行董事會選任之。準備銀行掌握會員銀行的準備金並向之貸款，以維持其平衡。準備銀行視商業銀行的準備以發行鈔票。發行量視借款的需要爲轉移。

一九三三年美國曾發生經濟恐慌，銀行出現擠兌現象，於是有聯邦儲蓄保險制度的產生。當年成立聯邦儲蓄保險公司（Federal Deposit Insurance Corporation），負責保證各銀行的存款安全。各投保銀行按期向聯邦儲蓄保險公司繳納一定的保險費，該公司卽運用這保險費以爲基金，以備支付營業失敗銀行之用。自然，投保銀行須符合聯邦儲蓄保險公司所規定的標準和要求。保險制度所以防止未來的經濟恐慌的發生。

財政部的錢幣司（Office of the Comptroller of the Curreucy）負責監督全國性銀行的立案、撤消、與營業。財政部的銀行檢查官每年檢查銀行的營業情形。如有違法情事，由錢幣司長提出控訴，經法院審理決定是否撤消其營業。州政府核准設立的銀行雖爲數較多，而營業數量仍以全國性的銀行佔大量比例。

一九三三年爲應付金融危機美國設立「聯邦準備保險公司」（Federal Deposit Insurance Corporation）負責維持各銀行的安定。參加保險的銀行，向這一公司僅繳納少數的保險金；如遇有危機，這一保險公司則予以支援。州銀行如合於規定標準，亦可參加此項保險。

第十六章 州政府

一、州憲法——美國各州政府及地方政府的基本原則，均載在各州的憲法中，各州憲法雖均爲成文法，但亦有一些重要的政府組織原則，未正式訂入這官文書內，重要的習慣司法判例與解釋及法律條文亦構成州政府組織的重要部份，美國各州憲法在形式上雖各有不同，繁簡不一，但究其內容均包括以下的各特點：㈠人權保障，保障人民的自由權利。㈡政府組織大綱規定立法、司法、行政三部門的權責與關係。㈢州政府的權力與責任。㈣州屬地方政府的權限與地位。㈤州憲法修改的方法與程序。

各州憲法率有一序言，說明憲法的宗旨與期望。各州憲法序言和聯邦憲法者，大體相似。不過聯邦憲法序言未免過份注重神意指引，而各州憲法序言對此並未强調。各州憲法均承認國民主權的理想，明文稱『我們人民創建政府』。

各州憲法均載有人權保障條款，多數州稱之爲『權利宣言』(Declaration of Rights) 條款，聯邦憲法原無人權保障的條文，直至第十四條修正案始列人權保障的規定。在這一條的修正案中明文規定州政府不得侵犯個人自由權利。州憲法對人權保障的規定，實在聯邦憲法之前。爲使政府及官吏對人民的基本權利，如平等權、自由權、生存權、生活權、財產權予以確切的尊重，憲法的人民保障乃是必要的。憲法上有此保障，人民亦感到有莫大安慰與仗持。雖然有一些的保障，是十八世紀『天賦人權，一律平等』社會契約學說的重述，無甚實際意義；但民主主義載在憲法，亦足以揭示主權在民之宏旨。不過，在另一方面，州憲法尊重選舉權及依正當法律程序進行司法審判的保障，對人權頗有裨益。至於州憲法對財產權的保障，不但是多餘的，而且是有害的；因爲聯邦憲法對此已有足够的保障，州憲再作提及，徒使州議會對解決現代複雜尖銳的社會經濟問題時，增加困擾。

州憲法對州政府的組織，率依次對立法部門、行政部門、司法部門分別予以規定。在過半數的州憲中均列『權力分配』一章，特別規定三權分立的政府制衡原則。其他各州的憲法雖未明列『權力分配』一章，但分列立法、行政、司法三部門的組織與職權，亦所以明三權分立之旨。有些州憲作了不必要的瑣細規定；如法律案的通過須朗誦三次便是其中的一例。法案條文繁多，份量頗重，若每一法案均朗誦三次，自必浪費很多時間，使議事效率大為低減。但有些州憲對政府組織只作簡要規定，其細節留由法律為之。

多數州憲對政府的功能和活動均有詳明規定。對租稅權及財政權多設有限制。教育是州政府的功能，不屬於聯邦政府，政府對工商企業的管理與控制負有責任。州下的地方政府的組織與職權多載在州憲中，有若干州實行地方自治，縣市政府可以自行訂定其組織及縣市憲章(Charter)，不受州政府的干涉，這些州被稱為『自治州』(Home-Rule States)。

州憲的修改不外三種方式：㈠由制憲會議修改之；㈡由州議會修改之；㈢由人民以創制權修改之。至於憲法修正案批准，幾乎各州都是行用公民投票的複決權。憲法是隨時代而變遷的生長。憲法的生長和變遷除經由司法解釋，建立習慣及立法行動外，便是正式的修改。對州憲作一般性的修改時，則召開制憲或憲法會議以為之。美國現有三十八州州憲規定以憲法會議修改憲法；至於召開憲法會議的方法，不外下列三途：㈠州議會多數通過；㈡州議會三分之二的通過；㈢州議會五分之三的通過，採用第一種方法者有Alabama, Alaska, Arizona, Hawaii, New York, Oregon, Oblahoma, Rhode Island, Tennessee, Virginia, West Virginia, Wisconsin十二州。採用第二種方法者有 Califoria, Colorado, Delaware, Florida, Georgia, Idaho, Ielinois, Kanser, Maine, Minnesota,

Montana, Nevada, New Mexico, North Carolina, ohio, Sauth Carolia, Sauth Dakota, Utah, Washington, wyoming二十州。採用第三種方法者有 Iowa, Maryland, Michigan, Missouri, New Hampshire, Nebraska六州。

州議會通過召開憲法會議後，尚須經公民投票複決通過方能舉行。公民複決以多數通過為有效。所謂多數，有的指有效票的過半數；有的指投入票的過半數，對召集憲法會議無公民投票複決之規定者，法院認為州議會便有決定召開的全權，憲法會議均為一院制的組織。與會代表的產生方式不外下列三種：㈠由州議會選舉之；㈡由國會議員選舉區公民投票選舉之；㈢由全州公民不分區投票選舉之。一九三八年紐約州的憲法會議，共有代表一六八人，其中一五三人由國會選舉區分區選舉之；其餘十五人則由全州選舉之。米蘇里州一九四三年的憲法會議有代表八十三人，其中六十八人分區選舉之；其餘十五人由全州選舉之。

憲法會議自行選舉其執事人員，並自行制定其議事規則，有時州議會對憲法會議的權力予以相當限制，但一般說來，憲法會議對憲法修正案的提出是有全權的，可多可少，可簡單，可複雜，依其意願以為之。不過，在美國有近半數州，皆規定憲法會議所通過的憲法修正案，須經公民投票複決通過，方屬有效。如無公民複決的規定，憲法會議的決議案卽屬有效，甚至他可以制定一部新憲法，一九〇二年渥金尼亞州的憲法會議，一九二一年路易安那州的憲法會議都曾這樣作過。

憲法會議所提出的憲法修正或變革不外三種形式：㈠一部新的憲法，㈡一連串的幾個修正案，㈢具有選擇性的不同提案。自一九〇九年以來，美國各州選民以複決方式核准全部新憲法者只有喬治亞，米蘇里，紐加塞三州。其餘各州對州憲僅作了部份的修正。憲法會議對有爭執性的憲法修正問題亦常提出不同的方案，提供選民投票抉擇。

但在實際上，各州議會所提出的州憲修正案，則爲數最多。在美國的五十州中除紐亨夏（New Hampshire）一州外，其餘各州的州議會均具有提出州憲修正案的權力。州憲修正案的不能依靠過半數的通過，其所要求的贊成票則多於此數，普通須有五分之三或三分之二的贊成，州議會所通過的憲法修正案須交選民複決方屬有效。

由州議會提出州憲修正案，自理論言之，當然是個合理的機構；但是在事實上，其工作表現並不理想。因爲議會在正規的會期中都忙於普通的議事或立法工作；很少有空暇的時間去考慮憲法修正問題。修改州憲使憲法修改的提案權屬於憲法會議不失爲一個補救辦法。一般的觀念，多顧慮憲法會議可能作過多或過激的修改，所以不肯把此權力授於憲法會議。其實憲法會議在事實上的表現，適與一般印象相反。反對以憲法會議修改州憲者乃是州議會的利益集團；議員們深恐憲法會議改變了『舊市界』（Rotten-borough）的選舉區，使他們蒙受不利或不便。這是州議會不肯放棄憲法修改權的實際理由。正因爲這樣州民應該規定其他方法修改憲法。

美國現有十三個州，規定選民可以行使創制權，由一定人數的選民簽署提出憲法修正案，有足够人數的合格選民提出憲法修正案後，於下屆的選舉中投票表決之，這十三個在一九〇二年至一九一八年間作此規定。選民曾經依此規定行使此種創制權者有十一州，即阿里松拿（Arizona）阿康彩斯（Arkansas）加里福尼亞（California）克拉倫都（Colorado）密希根（michigan）米蘇里（Missouri）尼布拉斯克（Nebraska）北得克達（North Dakota）歐克拉哈馬（Oklahome）歐海歐（Ohio）阿里根（Oregon）。至於其他兩州即麻塞邱塞（Massachusetts）及納渥達（Nevada）選民雖依規定有此權力，但並未行使。憲法創制案提出的簽署人數，每視涉及的職位及問題性質而有不同。普通皆規定簽署人數應達選民百分之幾。少者百分之八，多者百分之十五；平均數約爲百分之十。

選民行使創制權以修改憲法，在美國雖僅有約百分之一的州採行之；但這確是實施直接民主政治的一種重要而有效的方法，不可忽視。在這種制度下方能提出州議會不肯提出的修正案，打破州議會的操縱與把持。這是選民可以使用的『安全門栓』。憲法修正案的簽署是比較困難的。至於對普通立法行使創制權或複決權，在簽署人數的獲得是較容易的。

不管憲法修正案由何機關或何方法提出，但其批准則各州除得爾威爾（Delaware）一州外，餘均須經選民普遍投票以爲之。多數州規定，只要求投票的過半數票的贊成，修正案卽獲通過。但有的州則要求選民的過半數票的贊成，方得通過，批准方法如何，對修正案的能否成立，具有很大的決定影響。只要求投入票過半數贊成票者，修正案容易獲得批准；但實際上，卽此而遭否決者亦不乏其例，至於要求選民之過半者，則極難使修正案獲得批准，因爲不參加投票者爲數不少遂使憲法修改不易。憲法修正案須由選民批准，亦是選民的一種負擔。因爲憲法修正案有時爲數頗多，判斷抉擇，頗爲費力，在加里福尼亞州及路易士安那州，提出的修正案有達二十個以上者，這兩州憲法修正案所以繁多的原因，是因爲憲法內容繁瑣，有許多是涉及立法事項者。

政治制度不合理想者固多而多州憲法則更不合理想，缺失特多。有些憲法過於硬性，修改不易，不足以與變動的社會相適應。有些憲法雖富彈性，易於修改，但內容失之繁瑣，有許多事項應以法律規定之，不必載於憲法中，要想對州憲法作一般性的改革是頗爲困難的：一則是因多數選民是保守的安於故習畏難更張。二則因爲他們自認本州憲法尙屬不惡，勿庸多予修更。三則人民對其古老的政制每存敬重之心，留戀不舍，不肯輕予棄改之。

早期的州憲多簡明扼要，只規定基本原則，次要事項則留由法律規定之。這是很合理的。但其後的各州憲法，內容則愈來愈繁，一些不重要的事項亦載於憲法之中，致使憲法篇幅過長繁雜不堪，一九四五年米蘇里州憲竟對聖路易市（St. Louis）的世界博覽會亦有所規定。就篇幅論，加里福尼亞及路易士安那兩州州憲均在七萬字以上。而原始十三州中的浮芒特（Vermont）州的州憲祗五七、七〇〇字；羅得島（Rbode Island）州憲祗五、八〇〇字。

憲法內容瑣細繁多，勢必須隨時修改，期以適應變動社會的需要。但是憲法的修改則是手續繁重的既耗費政府支出，又增加選民負擔。人民所以需要冗長憲法，亦尚有其理由。舉其要者有以下五點：㈠人民不信賴議會，而把人民所贊成的事項規定於憲法中，使議會不能隨意修改。㈡人民使用憲法修正案否定法院所為的判例。㈢利益集團施用壓力，將其要求載於憲法中。㈣州政府及縣市政府的功能大加擴張，需要有新機關的設置及新的授權。㈤因創制權的行使，選民易以簽署方式提出憲法修正案。

一九二一年美國全國市政聯盟（National Municipal League）曾擬制一種所謂『模範州憲』（Model State Constitution）以為州憲改造的啓示，俾州憲趨於合理化及現代化。模範州憲的內容簡明，扼要，清晰，在篇幅計一一，〇〇〇字，僅超出現行的極少數的州憲。比之大多數的州憲則趨於簡要。這一模範州憲規定議會採一院制的組織。行政權力集中於州長，造成簡單有力的州政府。另有一個設計委員會，擔任行政計劃及研究工作。模範州憲對創制權，複決權及縣市地方自治事宜亦均有所規定。

模範州憲雖經佈有年，但並無一州照此採行。因為政治進步是緩慢的，政治改革是零星的。大規模的整套的變革只是少見的革命行動。米蘇里州所行的新憲法則多少受了模範州憲的啓示和影響。根據最近的模範州憲內容以言之，共凡十三條款，包括一一六項，其分類如次：㈠人權保障，㈡參政權與選舉，㈢議會，㈣創制權與複決權，㈤行政機關㈥司法機關㈦財政，㈧地方政府，㈨公務人員，㈩公共福利，⑪政府間的關係，⑫憲法修改及⑬附表。

二、州權力——聯邦政府只能行使聯邦憲法中所列舉的職權，其未列舉的保留權則均屬於州政府，有些權力則同屬於聯邦政府及各州政府，兩者可以分別行使之。如租稅權，舉債權，防衛權等均屬於共有權的範圍。在聯邦政府尙未充分行使其權力時，州政府對於商業，破產及度量衡等有其管制權。但近年來，聯邦權力日趨擴張州政府的權力則是在退縮中。

爲了維持並促進人民的康健安全，道德及福利州政府具有治安權或警察權。但是我們不可把這一權力與警察廳或警察局所推行的警察功能相混淆。州政府在其一般治安權或治安權的籠罩下，他可以規定汽車的行車速度，可以强迫人民接種牛痘，可以禁止放演某種電影，可以施行食品檢查，州政府依據治安權行使管制時須合理，不可武斷的或妄濫的侵害到聯邦憲法第十四條修正案所保障的自由人權。州政府的管制法律不得違犯聯邦憲法上明文禁止的事項。在不違犯聯邦憲法及州憲法的範圍內，州政府有權制定各種法律，施行管制，以增進一般福利。

州政府在不違犯聯邦及州的憲法下，有權設置並控制地方政府。縣市及其他地方區劃乃是依州政府的意志所創置的。聯邦政府在各州並無辦理選舉事務的機構，他須借助於州政府的設備與利便。規定何人具有選舉權的權力原屬於州政府並無任何限制。聯邦憲法第十五條修正案採行，禁止以性別及種族爲理由對選舉權作任何歧視的待遇，依聯邦憲法的規定參加聯邦選舉的選民與參加州選舉的選民須具相同的資格。每州政府對其選民資格有自行規定的權力。各州政府有權規定聯邦選舉及各州選舉的地點時間與方法，不過美國國會亦有權修正州政府所訂有關聯邦選舉的時間與方法（不包括地點）。此外，州政府有設置公司及管理私人公司之權及頒行民事法及刑事法之權；在不違犯聯邦憲法及州憲的範圍內，州政府得爲人民作廣泛的服務。

三、州立法——州憲中所規定的政治組織，則列立法機構爲第一。在初期的州憲中，州議會或立法機關具有不少的政府或行政權力。但近年來的州憲則使州議會失掉了這種行政權力。因之，州議會的聲望與重要性亦就漸趨低落，各州州長的地位聲望與權力則大爲提高，而爲人民所信賴，成爲一州的有力政治領袖；甚至在立法事務上亦具有重大的影響力。州議會所表現的權責不專一，地區主義作祟，及議事效率低下等，均足傷害及人民對他的信仰與信賴，現在美國約有三分之一的州採行了公民創制權及複決權，州議會的權力，因之遭到削減。不過，實在說來，要實行民主政治及建立負責政府，立法機關的健全與改進，乃是當務之急。

除四個州是例外外，美國各州議會的組織均採兩院制。在早期的美國歷史中，在一院制議會組織者，有本薛文尼亞（一七七六——一七九〇），喬治亞（一七七七——一七八九），浮芒特（一七七七——一八三六）。尼布拉斯克（Nebraska）州自一九三七年採行一院制以迄於今。這是今天美國採行一院制的唯一的州。

美國各州議會何以要採行兩院制。其理由計有下列諸端：㈠在殖民地時代，各州議會多採兩院制，因襲歷史傳統，未予變革。㈡設立一個小規模參議院或上院對州長行使『同意與勸告權』，以示牽制，而防行政的專斷。㈢藉此足以擴大議會的代表基礎，且兩院相互牽制，可免議會陷於專橫，㈣一七八七年『天定律令』（Ordinance）中所規定的議會組織型態是兩院制，各州憲法多以此爲模範。

如果想用上院牽制立法的不智行動。這不一定是個有效辦法。下院的常設委員會足能有效的擱置或否決不當的立法提案。據多年的經驗與紀錄以言之，有過半數的法案，在委員會審查階段便被打消的。州長具有對法案的否決權。這是立法權的有效與最大牽制。有一些州採行了公民直接立法權，創制權與複決權的行使，亦使立法機關不能爲所欲爲。法院對立法機關通過的法律尙具有審查權，以視其是否違憲。

有人認爲兩院制足以代表不同的利益集團，例如都市與農村之分或商業與工業之別。其實這是選舉方法的問題，不是議會組織的問題。若使一部分議員採地區代表制產生，一部分議員採職業代表制產生，即使採一院制的議會組織，仍可達到全面代表的目的。尼布拉斯克州一院制的州議會議事效率頗爲滿意，工作進行亦甚爲順利。在一院制下，立法責任較爲確定；派系的操縱把持亦比較不易。遊說集團施行壓力的活動將被迫而趨於公開。新聞記者對立法工作的進展亦易於作記述與報導。一院制下的議員聲譽較高，易於吸收水準高者參加競選提高議員品質，一院制雖有許多優點，但現行兩院制者之四十七州極少可能有採行變革者。

各州政治組織中的立法部門，有半數之州，名之爲『立法機關』（Legislature） 有十九州稱爲『普通大會』（General Assembly）。麻塞邱塞及紐亨夏兩州仍保留古老的名稱曰『普通庭院』（General Court） 立法機關的上院率稱『參議院』（Senate），下院多稱『代表院』 （House of Representatives） 有三州稱『代議院』（House of Delegates）。上院的人數均較下院人數爲少，普通約爲下院人數三分之一。上院人數最少者爲納渥達（Nevada）州僅十七人，最多者爲米尼蘇達（Minnesota）州計六十七人，平均數約爲三十七人。下院人數以得列威爾（Delewere）爲最少，僅三十五人，最多者爲紐亨夏州，計四百人，其平均爲一二〇人。

依照傳統，關於財政法案須先由下院提出。不過上院對下院所提出的財政法案，仍有自由修正的全權。上院則具有同意權。州長任命某些等級的官吏時，須獲得上院的同意，這是仿行聯邦政府的實施。彈劾權分屬於州立法機關的上下兩院。下院提出彈劾案，上院則審理彈劾案，其地位猶如法院。

州議會選舉議員的代表基礎有二：一是人口，一是行政區域。有些州依人口的統計，決定選舉議員的人數與單位。有些州則祇根據行政區域選舉議員，不計其人口的多寡，不過多數的州，則兼顧及人口計算與區域分配。例如，有的州規定議員選舉應以人口為標準，但每縣至少要有議員一人，這便是兼顧及人口與區劃的聯合辦法。由於工商業的發達及都市興起與人口的集中，選舉區劃未能適時調整，致使農村選出議員較多，而都市選舉議員反少，實有違背『公民代表』的原則，在加里福尼亞州可以找到一個滑稽的極端例證，洛神磯（Los Angeles County）有人口五百萬，僅選舉一個州參議員；另有兩個農業的區域，人口各只有一三，五〇〇人，亦各選出州參議員一人。

在各州州議員的選舉中，多採小選舉區制，即一選舉區選舉議員一人。這種選舉辦法，則有力的優勢的政黨或政團是有利的，在意利諾州則規定行『少數代表制』行之已有五六十年，使少數黨派亦有當選的機會。全州只劃分參議員的選舉區域一個選舉區選舉一個參議員，三個衆議員，在少數代表制，選民舉選這三個衆議員時，可將這三票投選一個人或兩個人，如此則少數黨派便可集中選票，使其所支持的候選人當選。

比例代表制雖是保障少數黨派的一種有效方法，但在美國尚無一州採行者，其原因不外以下四點：㈠選票計算遲緩而有困難；㈡選票費用增加；㈢鼓勵地方主義或小派系的產生；㈣與美國兩大黨對峙制度的傳統有所違背。

州議會議員席位或人數，於每十年一次的人口普查後，由州議會依人口統計自行決定之，為了重行分配議員席次，在州議會中有時會發生劇烈爭執，甚至造成僵局。為了免除這種毛病，有若干州則另設置特別委員會，專司其事，在加里福尼亞和南達克特（South Daketa）兩州，均設有這種的特別委員會。瑪麗蘭（Maryland）州則規定由州長重行分配議員席位。

美國多數的州均兩年集會一次；而阿拉斯加（Alaska）阿里松那（Arizona）加里福尼亞加拉倫杜（Colorado）喬治亞、夏威夷、坎塞斯（Kansas）路易士安那、瑪麗蘭、麻塞邱塞（Massachuset ts)，密希根、紐加塞、紐約、本薛文尼亞(Pennsylvania)羅得島、南加拉林那(South Caralina)及西渥金尼亞各州的議會則每年集會一次。在多數的州，州長有權召開州議會的特別會議或臨時會議。在兩年集會一次的州，多數州於單數之年的一月起議，亦有少數之州於雙數之年他月集會。過半數之州，均規定有集會期限；其數自四十天至一百二十天不等。有些州則規定議員出席費的總數，藉此於實際上限制集會天數，限制議會集會天數的目的有二：㈠期以節省經費；㈡議會集會太久，易引起政治的安靜。

有少數的州，試行所謂『分枝集會』(Bifurcated Session)在此制下，議會開議後，先開會一個時期，普通限定一個月。在這一個月內，加緊審議，並通過重要的或緊急的法案。期滿暫時休息，使議員返回選區，俾與選民研商其他法案。休會一個時期後則重行復會。在復會後，議員提案率受有嚴格限制。分枝集會的目的在使要案提前討論，免使議案擁擠於會期之末，而匆忙的草草了事，這一制度雖未能完全免除期後匆忙之弊，然確已使重要議案獲得提前及愼重的討論。

州議會參議員任期率較衆議員爲長。一般說來，參議員任期四年，衆議員任期二年。但有十六州的參議員是任期二年；四個州的衆議員任期二年，州議員的待遇，各州甚不一致。有約一少半的州依日計酧，坎塞斯州日僅五美元，路易士安那日達五十美元。有的州以每會期，每年或二年計酧。紐約州議員年俸七、五〇〇美元。加里福尼亞及意利諾兩州州議員年俸六、〇〇〇美紐亨夏州對州議員的報酧，兩年才僅二〇〇美元。儘管近年來州議員有增加待遇的趨勢，但實際上，他們的待遇仍失之微薄，他們的大部份時間是爲公服務，但他們的薪俸收入决不足以維持其生活。這是不合理的。其收入尚不足以維持其在首都(省會)的個人費用，何能談養家贍眷，更不必談競選連任的費用了，一般選民總是不贊成增加議員待遇的，以爲如此將加重人民的租稅負擔，豈不知，以日收五元的人，審議幾億的預算及有關人民生命財產的法案乃是不智之舉。

州議員的成份以律師及農民佔首位，其次爲商人。其餘爲各色人等品類不一。議員的變動率甚高，多數人均不願連任。其原因在於待遇低工作忙，任期短，競選費用大。競選者不踴躍，因之，州議員的品質或水準並不如理想。如何改進與補救，實亦是美國政治上有待解決的一個重要問題。減少州議員數額，提高其品質，加重其責任，增加其待遇，以及供給研究與助手的設備與利便。均不失爲改進之道。

在多數的州，副州長爲州議會上院院長，主持院會；下院議員自行選舉其議長。有十二州未規定以副州長兼任上院院長，而由參議員中自行選舉之。院長與議長職權，各州大體相同。他們除主席會議，進行議事外，並有權指派各委員會委員。有少數州則成立委員會推選各委員會的委員。院長與議長有權決定何案交何一委員會審查，並有權決定議事日程，使何案獲得優先討論。他們的責任在執行議事規則，維持會場秩序。議長實際上是下院的政治領袖，在法案審議的過程中，有很大的影響力。因之，他是當地黨部的政黨領袖；州長爲使其立法計劃的順利完成，常須尋求議長的支持與合作。副州長實際上是人民所選舉之人物，並非參議員所選舉者，在上院中其影響力則較小。州議會除院長與議長外，尚有不少職員如祕書、科長、參事、牧師、打字員等職。職員任用並無合理的人事制度，率依個人關係或黨派力量爲任用基礎。

各州議會率依政黨的政治關係而組織之。議會中形成共和黨與民主黨對立的形勢，議事程序亦反映出政黨的鬥爭。議會中兩黨各有其黨團（Caucus）的組織。各黨黨員分別參加自己的黨團集會，以決定其立法政策及戰略。在東部及中北部各州的州議會中，政黨組織是正式的，陣容甚爲分明，組織亦較堅强，政黨對立法及行政機關能作統一的指揮與領導，只有米尼蘇達及尼布拉斯克兩州，正式取消州議會中的政黨組織。米尼蘇達州，雖在選票上取消了政黨標記，但實際上的政黨結合與活動，仍勢所不免在西部與南部各州，州議會中民主黨與共和黨的對峙或衝突問題並不佔重要地位。他們的問題乃是優勢政黨本身的派系衝突與鬥爭，或其領袖們與隨從者的糾紛，在各州議會中都是爲了爭取經濟利益，而去追逐政治優勢與立法影響，在政黨陣容顯明的地位，經濟利益的衝突則降居次要地位。在政黨勢力較弱的地方，利益集團便大施壓力與活動，影響議會以求藉立法獲得或保障其經濟利益。州議會與農會、工會、商會等團體的關係與來往是不可忽視的。這不祗是一個施壓力，尙遊說的問題，實牽涉到整個選舉代表制的問題。現行的地域代表制，不足以眞正的有效的代表經濟的職業的產業的意見與利益，壓力團體遂應運而生，許多遊說者對議會是有裨益的，使之瞭解實況，反映民意。不過壓力團體向議會施行壓力的活動應行公開；其所耗費的費用應有記錄與限制。

州議會的立法工作日趨繁重與複雜。如何使此項工作能有效的有組織的有計劃的推行，實有研究之必要。立法參事會（Legislative Council）的設立與應用，不失爲解決之一途，藉此機構對立法工作作較好的準備、計劃與利便。立法參事會爲州議會分勞代慮，使後者能扼要中肯而迅速的完成其立法任務。立法參事會是一種暫時的專家委員會，替州議會研究州立法問題，並爲之準備與整理法案。立法參事會在立法工作的研究上及事實資料之搜集上均有不少成就與貢獻。採行立法參事會制者美國現有三十五州。

立法參事會的人數多寡不一。南克拉林那（South Carolina）祗有五人；而尼布拉斯克、阿克拉哈馬、本薛文尼亞，及南達克特（South Dakota）四州則以全體州議員爲參事會參事，普通係由上下兩院各選同數的議員以組織參事會。在阿坎塞斯（Arkansas）紐亭夏及猶太（Utah）三州，更准州長指派代表參加參事會。有的州則由上院院長下院議長指派參事會人選。在人選指派上每注意及政黨及派系關係。

州議會上下兩院均設置有常設委員會。委員會委員不管是由院長或議長指派或由提名委員會提名，議員的資歷與政黨關係和影響，都是考慮的重要因素。州議會的重要議事工作，實際上都在委員會中處理之，亦如國會者然。因之，議員對於參加委員會是有競爭與選擇的。在美國國會中，委員會的委員的選派，以資深 (Seniority) 爲第一要件。而州議會中，委員會委員選派，並不完全注重年資。議長指派委員會委員常注重政治力量或政黨關係；亦常藉此償還其政治債務。壓力團體爲促進或保障其利益，常施用壓力和手段，使其友好議員能參加與自己有利害關係的委員會。

州議會設置的委員會數目，多寡不一，不過一般言之，每院的常設委員會在三十個四十個之間。州議會的委員會對議案審查具有重大的權力，審查重要法案時，常舉行『公聽會』(Public Hearing)，邀約政府或社會有關人士列席作證或備詢。在國會中常有法案被委員會的擱置，胎死腹中。但在州議會有約半數的州，規定委員會所審查的議案，其審查結果，均須提報院會，有些規定，經院會過半數之通過，被審查的議案，可自委員會中抽回。

除常設委員會分設於上下兩院外，州議會尚有聯合委員會 (Joint-Committee) 的設置。這在兩院制下乃是自然而必要的，在議事進程中上下兩院常須有所諮商或進行聯繫。要使這種諮商與聯繫趨於制度化，最好是設立聯合委員會以爲集中之處理，藉聯合委員會可以免除工作上之重複及時間上之浪費。新英格蘭各州，採行這種制度爲時已久。其他各州亦多仿行之。

常設委員會及聯合委員會外，尚有所謂特設或選設委員會 (Special or Select Committee)。這種委員會是爲了處理某一特別事務或問題而設置，例如爲了調查某一案件；或者這一問題，超出常設委員會的正常管轄。

州議會的議事程序，大體與國會者相類似。任何議員都有提案權。議員將其提案備妥交遞於議會祕書長，卽爲提出，議案提出後，宣讀標題與案由卽爲一讀會，隨卽交付審查。有很多的提案爲委員會所否決或打消。有的則爲委員會所採納，建議院會通過。院會在第二讀會中，就審查意見予以辯論或修正，並予表決。三讀會係就通過的議案作文字的整理與修正。

選民有權知道其代表在議案的表決，所採立場，是贊成，抑是反對。因之，各州對點名表決有許多不同條件與方法。點名表決浪費時間，曾爲人作爲反對的籍口，但今日已有電動式表決器，迅速準確，可以很快的知道何人贊成，何人反對。採行表決器者已有近半數之州，議員座位上裝置有兩個電鈕，一是贊成，一是反對。在大廳之前，懸有紀錄牌，牌上記有全體議員的姓名。主席宣佈表決，議員依其意志，按動贊成或反對的電鈕，其結果立刻顯示名牌上自己的姓名下。贊成者現綠色，反對者現紅色。名牌上的表決結果印記在紙章上，成爲永久紀錄並可在報章發表。

下院通過的法案咨送上院審議。上院審議此項法案的程序一如在下院時然，先交委員會審查，最後就審查報告由院會辯論後表決。如果上院通過的決議與下院者不同，而兩院又均不肯讓步，則兩院舉行『協商委員會』(Conference Committee) 協商之，俟協商有結果，分由兩院會通過完成立法程序，議會通過的法案，送州長簽署公佈施行。

各州州長在立法方面具有以下的權力：㈠向議會提出法案之權，㈡召開議會特別會議之權，㈢否決議會所通過之法案之權。只有北加拉林那州州長無否決權，當議會將要休會時，通過的法案紛紛送達州長，法案衆多，時間匆促，州長對之很難作詳審的考慮。在議會集會期間，法案送達州長後，超過規定的日期，縱使州長不簽署，該法案亦成爲正式法律案。這一期限，少者爲三日，多者爲十日，普通爲五日。四十七個州均規定五日的期限。

在議會休會期間，情形又有不同。有三分之二的州，規定州長如在一定期間（五日至卅日）不予簽署，送達州長的法案，自然生效成爲法律。另外三分之一的州則規定州長如在一定期間（三日至三十日）不予簽署，送達州長的法案卽屬無效，這謂之『擱置否决』或『袋中否决』（Pocket-Veto）。在議會集會期間，州長可將不同意的法案退回複議，是謂否决。議會對州長否决的法案，如有三分之二的通過，卽可打消此項否决。所謂三分之二，有的州指出席人數，有的州指議員總數。

四十個州規定州長對預算案有分項否决之權。州長爲實際負責之行政首長，對於財政收支情形較爲明瞭，應使之具有相當的控制權，如此方能使州政府的支出獲得適當的限制，不使流於妄濫。否則，議員受到各方壓力而爲政治應付，政府支出勢將流於不合理，現在有不少的州把預算編製權歸於州長，蓋所以確定行政責任使財政收支獲得統一控制，美國總統對國會通過的預算案，無分項否决權，論者病之，認爲應予以改革。

有約三分之二的州議會均設有法案起草機構，這一機構各州的組織並不一致。有的只有一個兼任起草人員；有的則設有人數衆多的『法制局』（Legislative-Counsel Bureau）延攬法律專家以主其事。有此機構一方面可以幫助議員準備出較爲良好的提案，一方面可以不使議會過份依賴州長所提送的法案。議會利用法律專家起草法案與修改法律是很有貢獻與價値的。

爲了增進立法或議事效率，資料的搜集與整理乃是十分需要，各州議會在這一方面的服務與措施亦有相當的注意。各州在州立圖書館內常設有立法資料，或在州立大學中設立法資料室。這些資料機構向議會提供豐富資料，議會自有其研究人員作資料的研究與分析。有時議會的常設委員會或特別委員會亦常指派職員並資料搜集或事實調査工作。州議會有時亦自立法參事會調用人員作資料搜集與整理工作。議會內部自作資料搜集與分析比較切合實際的立法需要，並爲議員所信賴，若由外部的資料機關爲之，則無此利便。

美國有若干州且採行公民直接立法制。有一定人數的合格選民的簽署便可提出一定的法律草案，提付選民投票表決之。如獲得多數通過，該草案即成爲正式法律。這叫作公民創造權（Initiative），即公民自動的制定法律之權，公民有了這種權力，若議會不制定人民所需要的法律時，人民可以自行訂定之。有時公民所提出的立法草案先送州議會審議。如州議會未予通過時，則交由公民投票表決之。就創制權行使的範圍言有的州兼行法律案與憲法案的創制權；有的州則祗行使憲法案或法律案的創制權。現行採行創制權者計有二十州，創制案的草案率係由壓力團體或其律師草擬之。在選票上的正式名稱及法案的內容提要則由總檢察官或規定的官員辦理之。提案簽署的人數或規定爲選民的百分之幾，或爲選民若干人。這種要求或數目或載在州憲中，或由法律規定之。法律創制案的簽署人數，普通爲選民百分之五至百分之十。憲法創制案的簽署人數尙須較此爲多。有的州規定簽署人員在地區上須有分散分配，不得集中在某一地區。創制案經多數票通過後即成爲法律案，經創制成立的法律，有其特殊地位，州議會不得自行通過法案替代之。

公民直接投票的另一設計，便是所謂複決權（Referendum）。有一定人數選民的簽署，即須依其要求將州議會通過的某種法案提付公民投票表決，以決定其效力。投票結果，如多數票反對，這一法案即被打消。複決案的簽署人數，普通均較創制案者爲少。州議會通過的緊急法案，租稅法案率不在複決之列，當選民提出複決之請求時，該法案即延緩生效，美國採行複決權現有二十二州。除採行創制權之廿州之外，另加Maryland, New Mexico兩州。兼行創制權與複決權之二十州爲Alaska, Arizona, Montana, Nebraska, Oregon, South Dakota, Ohio, Utah, Washington, Nevada, North Dakota, Maine。複決案的簽署人數，普通亦規定爲選民百分之五至百分之十。

贊成公民直接立法，卽行使創制權及複決權者，認爲有以下的優益：㈠足以確保主權在民的民主政治的實質。㈡足以對立法機關作有效牽制，不致使之流於專橫㈢籍此足以提高公民政治教育。㈣使議會不敢通過人民所反對的法案，迫使之通過人民所需要的法案。反對公民直接立法制者認爲有以下的缺失：㈠分散議會的立法責任，使有諉過籍口。㈡手續繁複，推行困難。㈢增加政府費用。㈣加重人民的政治負責，妨害私人工作。

四、州行政——在殖民地時代，人民飽受特權的皇家總督的壓迫，深惡政府權力的强大與專斷。有此痛苦經驗，美國人率對行政機關或行政權力採不信任的態度。因之，各州憲法對州長則賦予最低限度的權力，有若干州規定州長由州議會選舉之，且使行政委員會予以塞制。在革命初期及邦聯時代，州長則從屬於州議會。多數州的州長均由州議會選舉之；祇有麻塞邱塞，紐亨夏、紐約三州州長是由民選。當時只有麻塞邱塞一州的州長有立法否決權。現時在五十州中則有四十九州的州長有此否決權。爲了防止州長專斷，當時各州多規定州長任期一年。

一八〇〇年至一九〇〇年間的州長權位，可作如下的敍述。在十九世紀的前半紀，州長逐漸改由人民直接選舉產生。多數州亦取消了行政委員會（Executive Council）的組織。爲確保對政府的有效控制，州政府的一些重要官吏，如檢察長、審計官、會計長、財政廳長、秘書、則多以憲法規定，使由選舉產生。州長雖脫離議會控制而獲得獨立地位，但由於重要官吏的民選，則大大分散了州長的權力。

在十九世界的後半葉，州長的權力則趨於强化。這時各州的州長幾乎都獲得了法案的否決權。有約三分之一的州，州長對預算案具有分項的否決權。行政委員會被撤消，州長可以集中事權，統一指揮。州長任期由一年延至二年或四年，地位較穩固，權力因以提高。州長薪俸亦有慷慨的增加，州長聲望日隆，權勢日高。

自二十世紀之初，各州對其行政組織，重行檢討，而作有效與合理的改造。改造的中心目標，是如何使州長對行政能作集中統一的控制。十數個獨立的行政委員會被取消，而將其職權移轉於州政府的各廳，使之正軌化。各廳廳長則由負責的州長委派之。只有在紐約，渥金尼亞，坦尼溪（Tennessee）三州，仍有若干民選官吏，不過數目亦較以前減少了。在二十紀以前，預算案的編造，審議，通過均由州議會爲之。今爲確定州的行政責任，並謀財政的統一，預算案的編造權則歸於州長。州長並獲得一些財政控制權，對政收支，能作有效的監督。

各州對州長副州長的資格率有正式的規定與要求。其重要資格有三：㈠須年滿三十歲。㈡須是美國的公民。㈢須是本州的住民。美國今有三十一州規定州長任期四年，十九州規定州長任期二年。州長任期有加長的趨勢。最初州長任期僅一年，現時平均爲三年。五分之二的州對州長連任的次數均有限制，州長俸給亦不算高，據一九六〇年的統計，有三州州長年俸在三五、〇〇〇美元以上；各州州長的年俸中數計一五、〇〇〇美元。州長有政府爲之準備的官邸。州長得支一定數額津貼與特別辦公費。就是在南部西部的農區，當選的州長若棄官務農或從事其他職業，其收入均較州長者多。貴爲州長，其俸給反較其所治理的人民爲吝少，實是不合理不健全的政策。

各州州長均依政黨的提名與分野，由選民選舉之。州長提名，多數州均採『直接初選制』（Diret Primary），即由黨員投票推選之，以得票多數爲各黨候選人。不過近年來，紐約州及印第安那州的領導下，州長提名又有一種新的趨勢，即由『直接初選制』改爲『代表大會制』，即由黨員代表大會提名州長候選人。由代表大會提名可減少競選人競選費用，並可提高候選人的素質。雖然，今天多數的州，仍採直接初選制，但代表大會似有一種新的趨向。

多數州均規定州長選舉在雙數年舉行，俾便與國會議員選舉同時辦理。南部幾州則於單數年份舉行州長選舉。一般說來，州長選舉的投票率尙屬不低。不過有少數人堅持州長須得選民過半數票方能當選。若不能得此票數，由州議會選舉州長。全州選民普選州長，並未爲各州所普遍採行。米蘇里州的州長即採間接選舉制；由選民選舉州長選舉人選舉之。喬治亞州則擬採『分縣分黨制』以選舉州長。贏得縣數多者當選爲州長；但他所得選票數亦可能較其他黨對手爲少。

州長具有較高的吸引力或號召力，競選者多。成功的競選者多爲有經驗的州議員或各縣市檢察官。州長頗受人民尊崇，地位高，聲望隆，故有多人熱心此一職位。州長的下一步的政治前途常當選爲國會參議院的參議員。若大州州長亦可能晉選爲美國大總統。因爲這種原因，所以州長的選舉競爭，確屬相當劇烈。

州長可能因被彈劾而去職，彈劾案由州議會下院提出，而提交上院予以審理。不過彈劾案的提出，爲數並不衆多。在一九一三年紐約州及特克塞斯（Texas）曾以彈劾方式迫使州長去職，在一九二三年阿克拉哈馬州亦曾發生這種事。彈劾權雖未廣泛行使，但州議會有此權力，對州長卽發生很大嚇阻力量與警戒作用，事實上因議會集會時間甚爲短暫，多無暇論及彈劾案。只有州長有權召集議會的特別會議，而其議題又爲州長所限定，故在特別會議中亦無提出彈劾案的機會。

美國有十一州規定選民有權罷免州長。有一定數目的選民的簽署，卽可提出罷免案。罷免案提出後公佈其理由，並准以擬議中被罷免之州長提出書面答辯，一併公佈。然後定期舉行投票。如投票結果，多數贊成罷免案，州長卽須於任滿前去職；否則繼續留任。在美國只有過一次州長被罷免掉，那就是北達克特（North Dakota）州州長。

不管州長是因彈劾、罷免、死亡、或辭職而去職，其空缺則由副州長升補之，如在不設副州長的州，則由州議會上院院長繼任州長之職。有的州規定以州議會下院議長繼任州長之缺。

州長最重要的權力之一，便是人事任免權。州長運用任用權可以選用其同好同黨的人或自己的私人。因此，他對行政部屬才能作有效的指揮，俾慣徹其命令與政策的執行。州長運用任用權，可以博得州議會議員的支持；因州長可任用議員推介的人以其拉攏。近年來，有不少州採行了考試用人的功績制度(Merit System)，州長的用人權，因之大受減削。但州長的地位却日趨强大，因爲行政組織的系統日趨完整統一與集中，各種權力與職能都漸歸屬於州長所統屬的廳、處、局之下。

有些職位州憲上明定須由民選產生。州長的任用權力，因此受到限制。只有七州的祕書長，四州的檢察長，六州的會計長，三州的審計長，三州的財政廳長，五州的教育廳長由州長任用。其餘各州的這些官吏都由選民選舉之，或州議會選舉之。州長任命高級官員，普通須經州議會上院的同意。有些州長固然具有權力任廳長、處長、與局長。但在多數的州，廳處長則由選舉方法產生之。分散州長權力減低統屬效能，實爲不智之舉。

州長同時具有以下的立法權：㈠召開議會特別會議；㈡向議會提出立法政策及法案；㈢否決議會所通過的法律案。各州州長均具有召開議會特別會議之權，這種權力是州長自己獨有的權。只有紐亨夏州，規定議會亦可自行舉行特別會議。但事實上該州從不曾依此規定舉行特別會議。有若干州規定，遇有州議員若干人的請求，州長依請求召開特別會議。有過半數的州規定，特別會議所審議的主題由州長決定之。

州長在法律案的制定上具有極大的影響力或權力。州議員都希望州長提出積極性的立法方案或計劃。州長所提向議會的重要法案，每成爲議會審議中心。不過，如州長懦弱，議會對之又採敵對態度時，議員則集中力量審議自己的提案。所幸，州長率爲一州的政治領袖，對議會具有足够的影響，而在立法上發生領導作用。州長向議會提送州情咨文時普通均親至議會作口頭報告。

立法否決權不是州長的消極武器，他藉此可以發揮許多積極作用。藉否決權，州長可以：㈠保持及貫徹自己的行政計劃與方案；㈡維護其在州財政中的主動與控制地位；㈢牽制或消除議會中區域或派系劇烈傾軋；㈣打破不健全，不合理的或違憲的立法。不必眞正的行使否決權，只要有此規定即足以對議會發生牽制及策勵作用。在多數州，議會審議法案舉行公聽會時，每邀約州長與會作證，使反對者與贊成者之雙方，並能瞭解其意見與觀點。議會常在短暫的會期內匆忙的通過大量法案，草率武斷，自在意中，故州長的否決權，乃所必需的。『擱置否決』及對預算案的分項否決，都大大的加强了州長的權力與地位。

各州的國民保衛隊（National Guard）除被調赴聯邦政府服役時，均在州長指揮與調度之下。在憲法及法律的規定下，州長用保衛隊及國民兵敉平及應付緊急事變。在近二三十年來，州長曾使用州的軍隊恢復罷工秩序，及在地震及水災的緊急期間作救災與重建工作；有時替代警察作維持治安的工作。一九五七年阿坎塞斯（Arkansas）州州長曾使用國民保衛隊在小岩城（Little Rack）貫徹黑白人合校政令的執行。

在實際上州長並不重視其軍隊總司令的權力與地位。他常將此軍事權力委授於對其負責的副司令和參謀長。州長委授副司令與參謀長常爲了政治的關係與目的；有時會使無軍軍訓練的文人擔任這一高級軍事職位。因爲在事實上並無何事可作，成了一種榮譽職位，故以文治人員爲之，亦無大礙；不過，若在戰時或緊急時期，這種安排，實大成問題。

州長對財政控制的權力亦見加强。原來州長只能對其所屬行政機關的財政支付加以監督。現時州長對議會通過的預算或撥款法案具有分項的否決權。財政控制權力，因此而擴張。原先，預算編造權在於議會。現時，州長具有編造預算草案的權力。預算案執行權，卽財務實際收付亦歸屬於州長，預算草案

者乃是行政首所提出的歲入歲出廣泛完整的收支計劃，

州長具有大赦權與特赦權。這種權力的規定具有兩種意義：㈠對於審判或判決案件的一種救濟；㈡予犯罪而有悔悛者一種自新之路。在昔日人口稀少，政務簡單州長有功夫考慮這種寬仁的赦免措施，現今的州長事務繁重，精力時間均屬不濟，實無暇審察這衆多的司法案件，赦免案的審查，減刑的計算等均費時費力。現有二十個州對州長的赦免權予以相當的限制。十六個州設有赦免委員會以司其事，而委員人選，有時並不包括州長，有四個州規定，州長行使赦免權須得議會上院的同意。卽使在州長掌握赦免全權的州，亦有十九個州設有赦免顧問委員會，以備州長諮詢，而給予協助，當前的趨勢是將赦免的決定與提議，加之於專設的赦免委員會身上。

州憲多規定州長爲行政首長，負責執行法律。州長是行政機關的首領，有指揮監督之權及維持秩序與紀律之責。雖然有許多州憲均標揭了三權分立的原則，但實際上他仍是一個有力的立法者，所以今日美國的州長面臨的實際困難，是他如何能有力有效的成立眞實的政治與行政領袖，不是法律問題。州長是全州人民選舉產生的，乃是全州人民的代表，自然的他是他們的領袖和發言人。州長是政黨所提名的，因之他是該政黨在該州黨部或委員會的重要人物之一。

各州憲法上規定有若干的民選官吏。除州長外有以下的人員：㈠副州長（Lieutenant Governor）係州長缺位時的繼位者，並爲議會上院院長，主持院會；有時並無掌某些行政事務，爲委員會委員。㈡秘書長（Secretery of State）掌管州政府的文書、紀錄、印信，並頒發公司的許可狀，兼任選舉事務的監督；其任務係繁瑣的，日常的。㈢檢察長（Attorney General）是法務官員，其責任在提起公訴，監察地方法律的執行，代表州政府出庭擔任辯護士；並對州政府及其所屬機關提供有關法律問題的建議。㈣財政廳長(Treasurer)爲州政府錢袋的看管者；徵收稅款，支付經費。㈤會計長（Controller

）或審計長（Auditor）是財務監督官員，審核支付命令，檢查會計賬冊。㈥教育廳長（Superintendent of Public Instruction）指導州教育制度的實施，並憑藉其財政權以監察中小學教育及師範學校。這些官吏既係民選，具有相當的獨立性，州長對之不能作完全的控制與指揮。

除這些民選官吏外，州政府尚有許多的行政單位或機關。在三十年以前這些組織都是分別獨立的，各自爲政，不相統屬，爲數多達九十個之多，情形甚爲雜亂。這些機構或稱委員會，或稱廳或稱局，或稱處，名稱亦並不統一。有的是獨立性的，有的受州長之指揮與管轄。近幾年來，迭經行政改造，行政組織經予調整與簡化，情形較前改進。現行的行政機關有的採首長制，有的採委員制。教育與公共福利行政多採委員會的組織。各州的行政機構或組織並不一致，不過大體言之，下列的各廳處是常見的：㈠財政或預算。㈡稅務。㈢教育。㈣軍事。㈤農業。㈥保藏。㈦衛生。㈧交通。㈨保險。㈩勞工。(十一)工務及(十二)福利。

在未實行行政改革的州，現仍設立有若干的獨立的委員會。這些委員會的組織與管理並不一致。有的委員會設主任委員，由選民選舉之，直隸於州長，不受廳處節制。有的委員會由委員共同負責，且多爲兼任，下設一行政官負執行之責。爲要與立法機構或司法機構覓取合作與聯繫，常採委員會的組織，以便運用。

現有二十六個州在人事方面採用功績制度，本人才主義的精神，實行超黨派的考試用人。各州採行功績制度的原因，係受到聯邦政府的鼓勵與督促。依聯邦社會安全法（Federal Social Security Act）規定，州政府各機關若想受到聯邦政府社會安全經費的補助，必須採行考試用人的功績制，在全面施行功績制的州都設有『文官委員會』(Civil Service Commission)或『人事委員會』（Personnel Board），但亦有少數的州設首長制的『人事處』（Personnel Bureau）。這種人事機構是超黨派的，不能有過半數的委員屬於同一政黨。人事機構的職能，爲考選公務人員，辦理職位分類，推行考績，及主管俸給及待遇等事宜。

在過去十年中，各州全面採行考試用人之功績制者發展甚速。若依過去速率繼續發展，在未來的二十年中，美國的五十州將皆採行這才能主義的人事制度。反對人事改革及厭惡功績制者率爲政客，官僚及政黨的黨棍子。他們認爲在政黨中助選有功者，得勝的政黨應以官爵報償有功。考試用人阻礙了競選勝利者順手取得其勝利品。他們並認爲爲了確定行政責任及貫徹政策的推行，州長亦應該有全權任用其同黨的人。不過官吏隨所屬政黨選舉勝敗爲進退的分贓制度（Spoils System）在美國曾猖獗一時，爲害滋烈。重回老路乃是不應該的，不合理的，亦不可能的。

州政府的職能日趨擴張，政務紛繁，非有健全合理及完整統一的行政組織，實不克勝任。州議會司行政機關設置之權，因受政治壓力與影響，常成立一些不必要的機關，架床叠屋，龐雜冗濫，識者病之；於是多有人致力於行政組織的改造運動。在這一改革運動者，首先採取有效行動者爲伊利諾州，時在一九一七年。當時裁併了逾百的機關，而將其職能分別歸屬於九個廳，廳設廳長一人，由州長委派之。同時並採行預算制，即由行政機關編預算草案。因之，州長與廳長的權力乃大見增加。

自伊利諾州首先採行行政組織改革後，其他各州多有起而仿行者，計有三十一個州參照伊利諾州的先例，相繼作了行政組織的裁併與簡化。有的州如紐約，和渥金尼亞更進一步減少了民選官員的數目。另在威斯康辛及密希根則另設一個協調委員會，藉以促進各機關間的聯繫與合作。第二次大戰後『胡佛委員會』(Hoover Commission)對州行政組織的改革亦曾有所提示，主張限制廳處數目，把各種行政功能均按『機能一致』的原則，統分屬於各廳處管轄，廳處長由州長委派，對州長負責。廳處內部分設科組，在層級的體制下處理公務，以期力量集中，指揮統一。有些州看重於『行政預算制』的採用，並加强財務的統一及集中控制。不少的州成立集中購置機構，期對物材的購置，管理、貯藏，使用等作經濟有效的科學處理，會計制度亦作了統一的規定。廳處長在州長主持下舉行州政會議，以期協調而作共同的決策，有似州長的內閣。

五、州司法——美國的大部份訴訟案件，是由州法院及地方法院審法理之。州及地方法院雖應尊重聯邦憲法及法律，但並無執行的義務。執行聯邦憲法與法律，每另設聯邦機構以司其事，如司法部的聯邦調查局（Federal Bureau of Information）便是一例。州司法機關的管轄權係以州的境界為限制。若其案件性質或範圍超出州界，則只有求助於聯邦政府或尋求他州的合作。在州境內，州政府亦與聯邦政府分享其統治權。

州法院的管轄權及於一切民刑訴訟案件，即爭執案件涉及普通法，州憲法州法律，命令，地方政府頒行的命令，特許狀者，及州民州政府間的爭執與本州與他州民間的爭執均歸由管轄。此外，依聯邦法律的規定，人民訴案，錢財數目在三千美元以下者均歸由法州院審理之。其訟案錢財數額超出此數者，州法院與聯邦法院具共有的管轄權。聯邦政府並准州法院分擔一部份有關國籍法（歸化），簽發護照及破產法事宜。

州法院審理的訟案率為刑法，民法及平衡法（Eguity）者，刑事案件乃是對違犯法律者罪行的證明與懲治。民事案件者涉及人民及私人間權益的爭執。其訴訟的目標，率以金錢名份及其他權益的補償，恢復或維持為趨歸。平衡法案件，乃是當事人對無適當法律可資應用時，所尋求的司法決定。

各州法院組織以縣或區為基礎，且法官民選，是高度的地方分權制。每一法院幾完全處於獨立自主的地位。各州對司法行政雖漸採統一規定，但各法院的適用與否，仍有自擇之權。上級法院對下級法院的人事任免與指導，亦不能插足，其分權之甚，有如此者。如何加强統一集中，早經識者認為有此必要。一九一三美國司法學會（American Judicature Society）成立時，卽作如此呼籲。美國市政聯盟（National Municipal League）經常主張推行司法改革，在其所擬的『模範州憲』中，對司法組織有改進的規定。一九四五年米蘇里州採行新憲法，給予州最高法院以較廣泛的法規制定權；對地方法院法官有有限制的調轉權。一九五○年北加拉林那（North Carolina）州亦採行了與此相類似的改革。一九四七年紐加塞（New Jersey）州的司法改革較爲徹底，對司法組織作了統一的硬性的規定。

因爲法院組織是高度分權的，各州在司法行政上一向缺乏中心的領導，亦無統一的資料發佈與供應。搜集司法事實與資料的普通方法是經由州長命令舉行通訊調查。檢察長或律師公會所設置的顧問委員會亦常作司法調查，爲了對司法事實與資料作不斷的統一的調查與審查，藉以明瞭司法實況並謀改進起見，近年來有司法理事會（Judicial Council）的成立。歐海歐（Ohio）於一九二三年首先爲此。次年，麻塞邱塞及阿里根州亦成立了同樣的機構。現時計有三分之二的州都設有司法理事會。

司法理事會僱用有少數職員，擔任司法調查，辦理司法統計，編印司法資料，進行司法研究，並提供改革建議。這一理事會祇是司法調查研究機構，對下級法院並無指導監督之權。理事會雖因人力不足，經費缺乏，工作並未達於理想，但其調查與研究及對司法制度改進的建議，是不無貢獻的，近亦有仿美國法院行政處（Administrative Office of United States Courts）的體制，而設司法行政聯繫機構者，艾達河（Idaho）州於一九四九年設置一個法院協調處（Office of Coordinator of the Courts）以司其事。

在各州的法院組織系統中，位於巔峯者爲最高法院。這一最高高法院普通設法官五人或七人；但亦有少數的州設三人者。法官由選民選舉之，其任務在審理由下級法院所來的上訴案件。最高法院的審理，只是書面審理，並不傳訊當事人，祇就案卷證據、法律予以複審，對於上級法院的判決予以維持或改判；如認爲有必要時亦可發還更審。州最高法院是州憲法及法律的最後解釋者。自然，如其案件涉及州憲法與法律和聯邦者有所衝突者，最後的決定權則屬於聯邦最高法院。有若干州，最高法院得依州長或州議會的請求，提供法律諮詢意見。

在居民衆多之州設有中間法院。其任務亦在受理上訴案件，藉以減輕最高法院的負擔。中間法院的名稱，各州並不一致。潭泥溪州只有一個中間法院，稱之爲『上訴法院』(Court of Appeals)。本薛文尼亞州亦只有一個中間法院，名之爲『高等法院』(Superior Court)。加里福尼亞州有幾個中間法院，名爲『地方上訴法院』(Courts of Appeals)。阿克拉哈馬州只有一個中間法院，專掌刑事案件，曰『刑事上訴法院』(Criminal Court of Appeals)。中間法院的法官三人至九人，由選民選舉之。

中間法院或上訴法院之下爲裁判法院(Trial Court)，即所謂地方法院或縣法院。全國最大多數的訟案均經由地方法院審理之。這些訟案包括兇殺、盜竊、毆傷、强姦，及損害賠償等。地方法院的管轄區域，由州議會以法律劃定，普通包括一縣，有時亦及於兩縣者。各州地方法院的名稱並不一至。本薛文尼亞州稱地方法院，加里福尼亞州稱高級法院，他州有稱縣法院或巡迴法院者。

地方法院受理的案件，最多者爲初審者。但亦有一些案件是由簡易法院(Summary Courts)上訴而來、所謂簡易法院指保安官(Justice of Peace)所主持的機關。許多輕微案件均先至這簡易法庭。其不能在此解決的案件，則移送地方法院審理，可是有不少案件，在簡易法庭中即獲得解決。

在各州的司法組織系統中，其基層有不少的法庭處理較小的糾紛。在鄉區或小城市有所謂『保安法庭』(Justices' Courts)由保安官主持之。在人煙稠密或較大地區，亦有相似的法庭，其主持人員由市縣長或參議會負責供備之。這法庭每由縣分區分鄉選舉若干人主持之，任期少者二年，多者六年。這些人並不限定特別資格，只要能被提名，能當選卽可。被當選者流品頗爲複雜。曾有人就本薛文尼亞州三、二二五個保安法庭的法官加以研究分析，其中保安官、農民、工人、主婦佔百分之六十一。這些法官率爲兼職，除少數州支付薪俸外，收入多靠規費。

保安法官的任務不一，除證婚及公證外尚接受審理民刑訴訟案件。民事案件包括破壞契約催收賬款，退票、侵佔等，其數目在三〇〇元美元以下者。其數目若在一〇〇美元以下者，保安法官的決定卽係最後的，不得上訴。訟案數額超出此數者得上訴於上級法院。保安法庭與地方法院對許多案件具有相同的管轄權。當事人可依自己的選擇向何種法院起訴。對嚴重的刑事案件，只作初步審訊；對輕刑事案件則予以審理並作判決。保安法庭的審訊，多不使用陪審員。保安法院的判決，可上訴於地方法院或縣法院。

保安法庭的制度，近年來遭受到嚴厲的批評。其批評之點不外以下數點：㈠保安法官人數過多；㈡保安法官訓練不足，素質較差；㈢保安法官對其所任工作並不熱心，缺乏興趣，因之參加競選者爲數甚少；㈣責任分散，事權不專，效率低減，浪費實多；㈤規費制度足以導致勒索與賄誘；㈥在若干複雜的地區，保安法官構成貪汚集團的一部份；㈦保安法官的判決，每對原告有利；因爲此審判較爲容易。故有人稱保安法官爲"J. P" 者卽"Justice for the Plaintiff"。

保安法官本起源於英國，但英國對此制度已大加改造，保安法官不再選舉無專識的副業者擔任；而改行委派具有法學訓練者擔任，並支付俸給而爲專任人員。聯邦法院曾有一個委員會(United States Commissioners）研究如何改進保安法庭制度，其中多人主張取消保安法庭，而將其任務移轉於地方法院或縣市法院。較和緩的改革主張，是仍然保留保安法庭的存在，而貶抑其地位，使成爲地方法院的輔助機關。一九四五年的米蘇里的州憲卽取消了保安法院，而代之以『行政法院』（Magistrate

Courts），並規定以具有法律訓練者擔任法官，規費制度亦被廢止。一九四七年紐加塞州亦採行了同樣的措施。

前述的法院是各州的一般司法組織。在人口衆多的大都會尙另有特別法院。其中最普通就是所謂『市政法院』（Municipal Courts）用以處理違犯市政法規的特別案件。市政法院由若干民選的法官組成之，分庭組審理訟案。所分庭組有民事，刑事，交通民政機關及少年犯罪等。至於違犯市政法律的案件，市政法院與地方法院或縣法院同具有管轄權，違犯市政法規的案件由市政法院受理，在市府管轄區域內違犯州法規的案件，則可以當事人的意願向市政法院，地方法院或縣法院提出控訴。這種制度是十分困惑迷亂的。有時市的界限擴及全縣甚至兩縣，司法管轄權更趨混亂與困難。

法院中的法官，少者一人，多者若干人。法院有多人者，審案每採合議制並分庭理事。除保安法官多，各州多規定法官須受有法律訓練；有九州對此未作規定。有四個州特別規定，法官必須『品行優良』。北加拉林納州規定法官須『信仰上帝』。法官任期不一，最短者祇二年，浮芒州（Vermont）行之；最長者終身職，麻塞邱塞州（Massachusetts）行之。法官由於議會彈劾可被迫去職。

各州法官產生方法計有三種，即㈠公民選舉。㈡州長委派。㈢州議會遴選。在這三種方法中以民選方式最爲廣泛流行，採第二種及第三種方法者計有十二州，均位於東部大西洋口岸。主張法官民選者，認爲如此方合於民主政治的精神，亦才可以消除有權勢者操縱，把持法官的任用。同時，他們以爲要使法官眞正能負起責任，亦以選任之方式爲最合適。這種觀點與思想，在美國全國仍甚盛行。論者認爲選舉方法，一樣的可以選舉出優良勝任的法官。美國司法制度有待改進者，在於其他原因，並非由於法官由選舉產生。在法官民選制度下，法官的判決多符於社會利益，及人民意願。若舍民選而改州長委派或議會遴選，勢將形成用私人，或報酧有功的分贓制度，反對法官民選所持的理由如下：㈠政黨的組織及領袖操縱了法官的提名及選舉，並非眞正民主。㈡民選的法官多抱有較强政治意識與關係，黨派色較濃厚，判案不够公正，客觀與冷靜。㈢選民投票每不考慮被選者的法律修養與訓練，當選者未必爲法學專家，工作能否勝任，不無問題。㈣有法學素養的專家學者，潔身自愛，不屑於政治鬥爭與競選，致使應選者的水準降低，無法選得理想的法官。㈤法官判案着眼於下屆能否連任，並不一定就事而作認眞的判決。㈥法官民選形成過份分權的司法制度，分歧駁雜，效率低減。其實最好的辦法，是法官經過考試及格而有州長派用之。州議會遴選，最爲惡劣。民選不失爲中等的方法。

全國市政聯盟在所擬訂的模範州憲中，規定州最高法院院長由公民舉選之。其他的法官由州最高法院院長就司法理事會備就的合格人員名單中委用之。任期十二年，不過在任期四年後，應舉行公民投票以決定其去留。加里福尼亞州曾於一九二四年略加修正的採行了這種計劃。米蘇里州於一九四五年亦採行了一種新辦法。那就是是由律師、法學家、士紳組織一個公正超然的委員會。由這一委員會備制合格人員名冊。州長就此名冊委用法官。依一九四七年紐加塞州憲的規定，高等法院法官由州長得獲州參議院的同意任命之，任期七年。七年期滿由公民投票決定其去留。如獲當選，在良好行爲或稱職的情形下，可以一直任職至七十歲。地方法院法官亦由州長獲得州參議院同意任命之，任期五年。

法院中次於法官的官員爲書記長（Clerk）亦稱總錄事官（Prolhonotary）書記官長的主要任務在處理法院的行政事務，發佈文書公文，保持財務紀錄，處理訴訟紀錄簿，徵收應收訟費，規費及罰款，繕發法院判決書。書記官長雖爲法院的重要職員，但其工作並不涉及訴訟審判，他所處理者純粹是行政事務。書記官長普通亦由選舉產生，乃是極不合理的事。若改由州長或法院院長委派，行政效率當可提高，責任亦較確定。書記官長的待遇仍以規費收入爲之，亦甚不當；理應改支正式薪俸。

第十七章 市政府

美國人民約有三分之二是生活在都市中。依人口統計局的統計，在一九五七年美國共有一七、一八三個都市。依人口移動的趨勢，仍是自鄉村流向都市。都市發展的結果，形成規模驚人的大都會，並出現不少環繞中心的衛星市。

市的法律基礎——市者乃是依州法律而設置法團（Corporation）或法人。在昔日，有一定人數的居民意願組織爲市法團，以實行地方自治時，即可向州議會提出申請，由議會通過特別法律（即只適用於該市的法案）准其成立。這種法律普通稱爲市憲（Municipal Charter）。市憲內容極不一致，參差不齊，分歧零亂。一市市憲均經議會立法，議會爲此亦繁忙不堪。在審議市憲時各有關利益團體常大施壓力，展開遊說與拉攏。

因之，近年來有若干州的州憲經明文規定，禁止以特別法案（Special Act）方式，即一市通過一個市憲，設置市政法團。於是有若干州均經採用分類法案制，即按人口多寡，經濟豐吝，教育高下等把都市劃分爲甲、乙、丙、丁等類，每一類的市制成一種市憲以規定其組織與職權。雖然議會常施詭計，逃避這種禁止，但特別法案制的濫用畢竟大加減削。

請求設置市法團的申請書須經權力機關核准或由一定人數居民的簽署，或須兼具兩種條件。州議會依申請通過市憲。市憲由州政府頒發。市憲內容，包括：㈠市府管轄的疆界；㈡市法團的宗旨，權力，功能，權利與特權；及㈢市府的組織與職權。州議會所賜予的權力及市府的組織，每視都市的等級或種類而有區別。

各州對都市分類所採標準，頗不一致，十分分歧混亂。多數州規定凡欲設市者，至少須有多少人口；有的州並規定至少須有多大面積。伊利諾州規定至少人口須有一千人，面積須有四平方英里，始准申請設市。欲設鎮（Town）者，至少須有一〇〇人，面積須有二平方英里。印第安那州規定市（City）分爲五等：一等者人口二五〇、〇〇〇人以上，二等者人口三五、〇〇〇至五〇、〇〇〇，三等者二〇、〇〇〇至三五〇〇〇，四等者人口一〇、〇〇〇至二〇、〇〇〇，五等者二、〇〇〇至一〇、〇〇〇，人口在二、〇〇〇以下者，祗能設鎮。本薛文尼亞州規定市分爲四等；一等者人口在一、〇〇〇、〇〇〇以上，二等者人口五〇〇、〇〇〇至九九九、九九九，二等A者人口一三五、〇〇〇至四九九、九九九，三等者人口在一二五、〇〇〇以下。鎮的設立以特別法案爲之。各等類之市以不同的法律規定其權利組織。

市政府的法律地位，各有不同，有的是具有高度自治權力的地方自治團體，有的則只是國家官署（State Agency），僅爲州政府的代理處，並無獨立地位。自治法團具有法人人格，爲控訴及被控訴的主體。而國家官署乃是主權者國家的行政工具，非得國家同意不被控訴。不過自治市府所從事的功能亦可分爲兩種，一是政府功能如警察，治安等；一是營業功能，如電燈，自來水等。因執行政府功能，不得州法律許可不被控訴。執行營業功能則無此豁免。

依此而論，市府警察若施行不必要或不當的暴力，致人蒙受損傷，市政府不被控訴；不過警察個人仍須負法律責任。如果因交通管制的紅綠燈因管理不善或失修而發生車禍，造成損失，市政府不負賠償的責任。如市府的消防救火車在開赴救火途中撞壞私人房舍或財產，亦不負賠償責任。至於市政府所經營的事業如市場、自來水、電燈、電車、公共汽車、電話等，如對人造成損失，須負賠償責任。造成損失如由於市警察局的汽車，市府不負賠償之責；如係市政府既是州政府的代理處或工具，他亦如州政府一樣，享有一定的豁免權，不受聯邦政府的干涉。舉例言之，聯邦政府不能向市公債票、市歲收課稅。市政府爲了推行政府功能的購置或營建，聯邦政府亦不能向之徵稅。

在市府的疆界內，計有五個階層的政府組織，同時在工作着：一爲學校區（School District），二爲市政府本身，三爲縣政府；四爲州政府；五爲聯邦政府。有時尙有一些所謂特別區的組織。這些政府機構在推行職務時其關係與運用是十分繁複的，不易描述。不過一般說來，這些政府機構均具有以下的功能：㈠雇用工作人員並指揮之使執行任務。㈡徵收稅款，發行公債，爲達成公共目的支付公款。㈢維持公共建築物，使用器材。㈣執行政府功能，增進社會福利。㈤偵查罪犯及控訴罪犯。㈥辦理公職人員的選舉事宜。㈦除學校區及特別區均負有相當的維持道路與交通之責。㈧州政府及市政府有管制地方商業之權；但聯邦政府爲了徵稅或管制州際貿易亦有插足的機會。㈨聯邦政府，州政府，市政府爲了改進公共衛生，推行公共建設，國民住宅、貧民救濟、社會福利及充實國防常採取聯合的行動及密切的合作。

在市憲中常規定有一些有州政府監督下的市政功能。市租稅的估價方法多明訂於市憲內。州政府則以法律限定市政府的收入來源。市政府的公債數額常於州憲中以州法律加以限制；市政府並須向州行政機關報告其負債數額。市政府土地徵用權的行使，普通亦加以限制。市政府的預算、會計及財政報告常送交州行政機關予以審查。市政府辦理公用事業每受州公用事業委員會的監督。市法院的設置及其運用方法由州法律規定之。市政府所屬的福利機關及感化機構多受有州政府的監督。都市計劃、街道設計、橋樑及隧道建築、交通燈光安排、及飛機場的建築等亦受到州的監督。至於與公共衛生有關的給水來源與清潔等亦在州的控制下。純粹的自治的市政與在州監督下的市政，常混亂不清，市府官吏對此亦感困惑。

因之，州與市的關係常發生劇烈的衝突與爭執。全州的人民對市政雖有興趣與注意，但究遠不及市民對之之關切與直接。州議會的議員多爲鄉村或地域代表，對市政問題多不熱心，有關市政的法案常被其擱置。市政府所提的市憲修正案常爲州議會所否決。州行政機關對市政官吏亦常施以過多的干涉。

爲了試圖解決這種困擾問題，曾有不少人致力於所謂『自治』（Home Rule）運動。這一運動於一八七五年首先在米蘇里州獲得成功，當年修改州憲，給聖路易市（St. Loius）政府以廣泛地方自治權力。今天美國有約半數的州均在州憲中規定，允許州議會給予市以地方自治的權力。有的州對州政府官吏的行政權亦施以相當限制，不使對市過份干涉。

市自治運動雖是相當成功的，但近年來這種運動與趨勢，却遭受到阻抑。其所以致此的因素，計有下列幾端：㈠州議會多不樂於把市自治條款載於州憲中。即使載在州憲中亦常遲延其實施。例如本薛文尼亞州於一九二二年即在州憲中規定有市自治條款，但直至一九四九年州議會始給於費城以市自治權。㈡市自治條文每含混晦澀，而法院則多從嚴從狹解釋，以致抑滯了市自治的發展。㈢工商勞工及社會事業均因交通發達及科學技術的進步，而明顯的表現集權與集中的趨勢；離心的自治運動，不免與時代動向相違逆，而爲人所不歡迎。㈣市自治政府每表現出工作遲緩，效率低減，貪污無能，使人對之發生誤解與不良印象。㈤在經濟的不景氣及戰爭中，市府遭遇涉干重大問題，自力不足解決，不得不求助於州政府與聯邦政府的財政支援與補助。

二、市政組織形式——美國市政組織的形式，計可分爲四種，一曰强市長制（Strong Mayor-Council Form），二曰弱市長制（Weak Mayor Council Form），三曰委員制（Commission Form），四曰經理制（Council-Manager Form）。

强市長制流行於各大都市，係仿行聯邦政府及州政府的組織。其設計乃根據孟德斯鳩的制衡原理，使立法、司法及行政三權分立。行政與立法機關各在其範圍內負責工作，但又彼此牽制使趨於平衡。美國獨立革命後，多數的美國市議會均採兩院制。這種制度直維持至南北戰爭以後。此後則走向一新的趨勢，而改採一院制。今日，只有紐約市及新英格蘭各州的市採兩院制；其餘各市則採一院制。

市議會的人數，多寡不一。最少者市議員三人。最多者爲芝加哥市，市議員五十人。費城市市議員十七人。洛神磯 (Los Angeles) 市市議員十五人。聖路易市 (St. Louis) 市議員二十九人，克里温蘭市 (Cleveland) 市議員卅三人。紐約市下院市議員十七人，上院者八人。最近的趨勢，市議員人數日見膨脹。紐普特市 (New-Port, Rhade Island) 市議員多達一百九十五人。

市議員殆全由選舉產生。依過去傳統，多採分區制。不過近年來有一趨勢，漸棄分區制而採全市普選制，市議員舉多採政黨提名制，但不分黨派的普選制亦間有採行者。市議員任期，最少者一年，多者六年，而以二年或四年者最爲普通。市議員待遇有者爲義務職；而華盛頓特區 (Washington D.C.) 者則至年支一三、〇〇〇美元，而普通數額則爲五六千元。

市長經政黨提名，由市民普選之，不兼任市議會議員，而爲市政府之行政首長。市長任期普通爲二年或四年，爲有給職，以全部時間從公。他雖非市議會議員，但有權向市議會提出法律案，並常能運用議會通過其所提的法律案。市議會如通過他所不贊成的法律案，他可以行使否決權以否決之。市議會在表決時如形成可否同數的僵局，市長有時可以投票打破僵局。在强市長制下，市長對預算有較大的控制權，預算草案由市長編造；市議會通過的預算，市長有分項否決權。在人事方面，市長對市府所屬各局局長有完全任免權與指揮權。在五十萬人口以上的大都市，多採行强市長制。在中等之市亦有採行此制者。但在小都市中甚少有採此制，而却多採弱市長制。

弱市長制的政府組織，亦係依制衡原理，分設市議會與市政府，兩相對立，分負立法，與行政之責，不過市長的權力較弱，市議會則處於優勢地位。市長不但對市議會無有效的控制，即對市府所屬的行政處局亦無完全的指揮與控制權。市長雖亦可以向議會提出立法建議，但議會並不目之為領袖，依其意志予以通過。市長雖亦可把議會所通過的法律案提交複議（卽否決），但複議案多為議會所再度通過。市議會對市府官吏具有若干的任免權，市議會經由所屬的委員會對市行政能施以一定的指揮與監督。

市長的不少的重要功能與權力多為市議會所剝奪，以致他僅成為名義的政府領袖，新選舉成功的市議會用市長名義召開之。有時，市議會表決發生可否同數時，市長可行使否決權以打破僵局。市長是警察首長又兼保安官。市長參加儀節式的集會與典禮。這些都不是重要的權力與任務，祇是依習慣與傳統，保存下來的一些形式作用。

美國市政組織的第三種形式是委員制。葛爾斯頓（Galveston, Texas）於一九〇一年首先採行這種制度。當時該市以遭受洪水泛濫，災情慘重，形成重大危機，原有的政府，脆弱無力，不克成功與有效的負荷時艱，於是乃設計出新的政府組織，以為運用。此後，他市亦多有仿行者。現時，人口在五、〇〇〇以上的市，採委員制者佔百分之十二。採行委員制的重要都市，有華盛頓特別市（Washington D.C.）加塞市（Jersey City, New Jersey），坎木頓（Camden, New Jersey）白敏漢（Birminghanr. Alabama），波特蘭（Portland, Oregon）及聖保羅（St. Paul, Minnesota）等。

委員制的市府組織頗為簡單。委員制的設計者，完全放棄了三權分立的制衡原理的觀念；而把立法與行政的權力都集中在一面所謂市委員會的統治機構。這一委員會的委員，少者三人，或五人多者七人。委員由市民選舉產生之。委員以集會方式決定市政方針，方案與政策，他們共同的負起集體責任•委員同時兼任所屬會局的行政首長，他們又分別負起行政責任。委員們以集體的責任制訂立法；以個別的責任推行行政。

委員中有一人被兼任市長，同時又是委員會集會時的主席，他擔任一些儀節上典禮上的工作；有時對法案具有否決權，委員的任期普通爲二年或四年，由全市選民普選之，在採行委員制的都市中，有約四分之三的市，均採無黨派的選舉，委員候選人不經政黨提名。委員既兼任立法與行政的雙重責任，所以均無專任職務，其待遇亦較普通的市議員爲高。

反對委員制者認爲違犯政治上牽制與制衡的原則，立法與行政的功能混淆不清。在委員制下政黨操縱政府用人的分贓制亦不易遏制。一九〇七年達士茂恩市（Des Moines）曾採行新委員制，期有所補救。這一新制具有以下的特點：㈠推行人才主義的功績制，市委員會之用人須經過考試及格，以遏制政黨干涉人事的分贓制。㈡實行無黨派的選舉制，無論初選或決選均不經由政黨提名。㈢採行公民投票制，選民有創制權，複決權與罷免權，以防止市委員會委員流於專斷。由於這些措施，加强了市民對市委員會的信賴，亦因之提高市政效率。這對市委員制的流行，予以助力。不過，在一九四九年這達士茂恩市却放棄了市委員制。而改行市經理制。

市經理制於一九〇八年首爲斯道頓市（Staunton, Virginia）所採行。但是此制的出名，則是於四年後戴頓市（Dayton, Ohio）的採行此制。該市於慘遭水災後擬重建該市，乃改採新型的市府組織以負荷時艱。人口在五、〇〇〇以上的都市，採行市經理制，約佔三分之一。大都市之採行市經理制者，有聖西那第（Cincinnati, Ohio）達拉布（Dallas, Texas），普特瓦市（Port Worth, Texas），魯切斯特市（Rochester, New York）。

在此制下，市設置一個有力的市議會（Council），以爲立法與決策機關。市議會選任一個有訓練，有經驗，有學養的專家擔任市經理（City Manager）全權的負起推行市政的行政責任。市經理對市議會負責，任期無限制。市議會就議員中推選一人爲名義市長，擔任議會主席及儀節與典禮上的工作。

市議員由選民選舉之。市議會由有政治頭腦及關係的人從政治角度以作決策。而行政負責則由無黨派或政治色彩的專家全權擔負之。

市經理制的改革論者，每認爲此制的成功實行，同時要採行簡短選票制，即使選任的人員減低到少數，要實行無黨派選舉，候選人不經由黨提名；要實行全市選舉制，不劃分選舉區；要採行比例代表制，使少數黨派，亦有代表的機會；要採行直接民權，使選民可以行使創制權，複決權和罷免權。其實這些制度的實行，並不一定能保證市經理制的成功。而市經理制成功的基本要件則在於『政治』（Politics）與『行政』（Administration）的嚴格劃分。政治不干涉行政，行政能獨立自主的全權推行。

但是事實上市議會常以政治的觀點干擾到市經理的行政。市經理每不能無牽就的推行其行政。二者間的關係常難獲得和諧與協調。市經理只是專家，負行政責任，並非一市的政治領袖，號召無力，領導困難。而市長則又權勢不足，僅是一個名義領袖。因之，市經理制下的市政，每陷於羣龍無首及缺乏重心的狀態。爲了補救市經理制的缺點，紐約市，費城市（Philadelphia）舊金山市，紐奧林市（New Orleans）曾就此制加以改造，而採所謂市長經理制（Mayor-Manager Form）。

人口在五十萬以上之市，只有聖西那第市採經理制。其餘採市經理制者都是人口較少的小都市。因爲小都市政治關係不太複雜，市經理尙可勉强應付之。採行市長經理制仍保持一個强有力的市長，其立論觀點有二：㈠不願放棄制衡原理，使立法與行政仍處於相互牽制與平衡狀態。㈡强有力的市長是一市之人望，爲眞實的市政領袖，足以代表全市發言，而形成集中與統一的領導。在不放棄有力市長的制度下，同時亦相當的採取了市經理制的一些長處。而在市長之下，新設一個行政官，曰行政長（Chief Administrator）或管理指導長（Managing Director）或市行政官（City Administrator）。這個行政官以有經驗的行政專家充任之。這一行政官對市長負責處理行政工作。使市長有較多的時間去考慮政策問題，搞好公共關係，參加政治活動及儀節與典禮事務。

贊成市長制者，認爲此制具有以下的優點：㈠適合制衡原理，立法與行政處於制衡狀況，既不致形成議會專斷，亦不會流於市長獨裁，民權有保障，社會留自由。㈡市長制足以吸引傑出的一等人材充任市長；在此制下足以造成有聲有色的著名市長；如紐約市的葛迪亞 (Fiorel La Guardia) 市長，米爾瓦基 (Milwankee) 市的侯恩 (Daniel W. Hoan) 市長，克里溫蘭 (Cleveland) 市的巴頓 (Harold Burton) 市長，費城市的克拉克 (Joseph Clark) 市長等即其著例。㈢市長聲望較高，領導力較强，能使公共問題戲劇化，說服市民接受其觀點，而獲得解決。㈣市長制的政府較爲接近人民，且支出較少，租稅較輕負債較少，而重要市政建設仍能完成。

反對市市長制則持以下的理由：㈠防止政府專斷，保障人民自由，方法頗多，不必要採行立法與行政的對立制。直接民權的採行更足以達到所期欲的目的。㈡市長制雖可以造成出色的有名的好市長，但同時市養出一些操縱把持，爲人民所畏惡的政治大亨，如紐約市的塗德 (William M, Tureed) 市長，加塞市 (Jersey City) 的海格 (Frank Hague) 市長，墨斐 (Meurphis) 市的克魯樸 (Edward Crump) 市長等即其著例。㈢在分權制衡的政制下，責任不專，事權不明，人民評判市政成敗，責任無所歸宿，市長與市議會均可爭功諉過。㈣在市長制下，政治與行政混在一起，糾纏不清，致使行政效率低減，美國的大都會多採市長制；而其市政成績並不如理想。足證市長制本身有缺陷。

委員制的優點如次：㈠把立法與行政的事權統行交由市委員會行使之，權力集中，責任確定；市政的成敗得失，統由少數委員擔當，莫由藉故推諉責任。㈡因採行市委員制，減少了一些選任官吏及議員，使選票簡短，減輕選民選舉負擔，並作較審慎的判斷與抉擇。㈢由多數的市議員變爲少數的市委員，足以提高其聲望與素質。㈣由分區選舉改爲全市普選，足以選出聲譽較高，能以代表全市的傑出人才。

㈤減少政黨或政團操縱把持及營私舞弊的機會。㈥市委員制的政府組織較爲精簡可以節省行政開支減輕人民負擔。

市委員制在另一方面却尚有以下的缺點：㈠市委員會委員係政治人物或政客，同時又是立法者與行政官；因之，行政不免受到政治因素的干擾，致行政效率低減及措置的不合理，而失却人民的信仰與信心。㈡委員地位相若，權力相似，羣龍無首，政治與行政均失却，不易團結力量，作有力有效的號召與領導。㈢市委員限定五人或七人，而行政局處亦因之須設置五所或七所，膠柱鼓瑟，失却彈性，在實際運用上，不免要削足就履。㈣各委員係政治人物，以之兼任局處首長，並非眞正的合格行政官，觀點不同，意見不一，不但難以形成行政的統一與一元領導，且易引起彼此的傾軋與衝突。立法固在調和不同意見，而行政則須統一指揮。

市經理制爲政治學者所讚許，其優點如下：㈠政策的決定權掌握在極少數的市議員手中，選民對其成敗得失，易於評判；他們不易逃避或躲閃責任。㈡市經理對市議會負責，降居於次要地位，立法者與行政者間的衝突，競爭與磨擦，自不若在市長制下之激烈。㈢市經理制把『政治』與『行政』明白劃分，儘量不使政治因素干擾市政推行，使市政能作科學管理及統一指導。㈣使專門人才的市經理成爲市政推行的掌舵者，在專家的領導下，足以適用科學的專門的原則，並延用專門勝任的技術人才。

市經理制歷史較短，其優劣得失如何，尚不易作最後的定論。自長期觀點言之，市經理制是否眞優於市長制，亦不無爭論餘地。近年趨勢，大都市雖亦有採市經理制者，但此制畢竟以在中小型之都市行之爲較相宜。市經理制有兩大缺失不易克服：㈠市議會與市經理間的關係不易協調，常起齟齬與磨擦，難使政治與行政分工而合作，密切配合。㈡在事實上政治與行政確難作明白之劃分，二者互爲影響；政治決策不能不根據行政事實；行政執行不可違背政治決策，抽刀斷流流不斷，强作分解不開。

三、市行政的機構——市政的重要官吏除市長或市經理外，尚有秘書(Clerk)，出納(Treasurer)，估價官(Assessor)，審計官(Auditor)，及檢察官(Attorney)。這些官員多半是由選舉產生的，於是使每屆選舉時，選票上所印列的候選人名，每失冗長，選民投票對之每難作詳審判斷。這些官吏係選舉產生，市長對之削弱了指揮與統屬力，致使責任不確定，指揮欠靈活，行政難迅捷，行政效率因以低減。在已採行市政改革的都市，這些官吏多改由市長委派，以確定責任而便指揮。在市經理制及市委員會制下的都市，都把這些官吏改由委派了。

美國市政府的傳統行政機構，是在市政府之下分設各種行政委員會。委員會分由民主黨與共和黨的人士擔任之。各市普通均分設警察委員會，給水委員會，教育委員會，衛生委員會，救濟委員會，和工務委員會等。在委員會的組織下，責任不專，行政遲緩，以之擔任行政工作，自難提高行政效率。所以近年來漸有一種趨勢，使這種委員會處於顧問地位，而以獨任制的機構負擔行政責任。在採行市委員會制及市經理制的都市，都改會設局，而以首長制或獨任制的警察局，教育局，衛生局，工務局等分擔市行政事權。

在大的都市，市政府下分設為數衆多的委員會、局、處，分峙獨立，各不相轄，使市長或市經理對之難作集中有效的行政指揮，為增進行政效率，提高市政效能，行政改革者對此不合理現象，近年來曾作了不少的合併與裁撤的努力。一般說來，現時各市政府所轄為人民服務的業務機關有衛生局，安全局，教育局，福利局，工務局，公用局。至於幫助或利便業務機關作事的幕僚機關或輔助機關有會計處，法律處，人事處，供應處及計劃處。

四、都市區域問題——美國自十九世紀以來，工業發達，人口集中，大規模的都會，紛紛興起，有如雨後春筍。人口在五萬人以上的都市，更是數不勝數。在二十英里之內就有兩三個這樣的都市，地區毗連，便會發生一些問題。依一九五〇年的統計，在美國號稱大都會者就有一六八個。其中有的涉及兩個以上的州界。所謂較小都市亦有一五七個，全國有二分之一以上的人口居住在這三二五個大小都市中。人口最多的都市首推紐約，合其附近的加塞市區域（Jersey City Region）而言之，依一九五〇年的統計，人口達一千三百萬之多。人口次多的都市為芝加哥、洛神磯、費城、第錯伊（Detroit）等。這些的大都市猶如磁石一樣把鄉區或農間的人民都大量的吸引進來。在經濟不景氣時代，第二次世界大戰期間，甚至戰後，人口的向都市集中移動並有加速的趨勢。即使國際緊張局勢趨於鬆弛，因為美國的工業性質已有改變，人口集中的趨勢，仍將繼續下去。

人口集中，至為迅速，區域變遷，亦頗顯著，而擔任統治與指導的政府機構，反多墨守成規，很少變動，以致難以適應社會演化飛騰猛進，政府適應慢如牛步，兩者未能並駕齊驅，如何保持平衡。因之，市民在管轄權上不免發生問題。有者則受到雙重管轄，有的反流於三不管。實在說，一個大都會並不是一個單一的行政區域，而是幾個行政區域的集合體。嚴格的說，紐約區包括一、〇七四個政府單位；芝加哥區包括九五四個政府單位。區域的合併與聯合運動，雖在推行中，但其成效欠著。都市區域如何作合理的調整，實是一大艱鉅問題。

事權管轄的脫節與重複，乃是由於區域的不合理而造成的嚴重問題。一個市警察局為了確保治安，對於市周圍的地區應有相當的關切，注意，與聯繫。同時，縣政府及鄉、鎮的行政與治安人員亦要注意到都市的動態與問題。都市與其周圍的縣、鄉、鎮並無共同的或統一的管轄權，因之，彼此在事權上的衝突及工作上的重複，自是勢所難免的。甚至彼此間發生猜忌，敵對與仇視的惡劣情事。這些不同的政府單位因組織的不一致，效能高下的不同，對居民所給予的保護亦就有了差異與不平。地痞流氓等從事犯罪活動及作傷風敗俗之地下工作者率皆沿市周圍的空隙區為其活動基地。如何使這區域能作合理的聯合或統一的管理，使市政能作完整集中的推行，確屬當務之急。市政的統一，不僅在治安方面應該如此，就是在衛生、工務、道路、交通、教育等方面，均應作統籌兼顧的打算。

都市與其附近區域在財產的估價上及租稅的課徵上，亦常有差異與不平等。這亦是一個有待解決的市政問題。各個政府單位都自有其財產估價員，所用標準難期一致；各單位又自有其租稅表，重稅與漏稅亦易發生。市中心區稅率較高，使人競向郊區發展。但這種發展又足影響到市政府的財源，亦使之發生不安。各個政府單位所採行工商管制辦法亦多不一致，要想彼此間維持一種統一有效的標準，亦頗爲不易。如何推行合理的都市計劃及分區制度都遭遇到阻礙。道路、街市、路燈、下水道等設計與安排都欠却聯繫，無法作統一的籌劃。學校、公園、電力、給水，下水道等多有重複與不必要之處，致構成浪費，增加市民租稅負擔。

爲要解決這種困難，消弭這種缺失，現時曾採行了一些的改進。其中最簡便的實施，就是市政府的官員與其他政府單位作非正式的合作與聯繫，隨時交換情報，互通消息，在設備方面，可以彼此借用。其次，是中心的市政府同意爲其附近區域，作一定的服務；例如市中心區的學校可准許郊區學童入校讀書；市中心區政府可以在消防上，給水上，電力上，供應郊區需要。第三，市政府與郊區聯合經營事業或推行服務。如橋樑，下水道，道路卽可由兩個以上政府共同修建之。有時州政府可以就需要劃定區域，設置機構推行某種事業或服務。如芝加哥市的衛生區 (The Chicago Sanitary District) 波士頓的都會區 (Boston Metropoliton District) 及紐約港務局(Port of New York Authority)等均其著例。第四，州政府授以中心市政府特別的權力，使之能在市中心區以外隣接地區敷設自來水管，擴建道路，興築橋樑及下水道等。爲了防止傳染疾病，中心的市政府對周圍區域可施行衛生管制。中心市政府有時有權禁止毗連區域設屠場、猪舍、妓館、賭場，必要時對之可施行食品檢查。因毗連區域未選舉有代表參加中心區的市政府或市議會，所以他們對這種管制，常是不歡迎的，抱怨的，不合作的。第五，使市及城鎮推選代表參加縣委員會，藉作聯繫與溝通。不過由於㈠大都會發展常跨及兩個以上的縣界，㈡縣行政與組織多欠健全，㈢代表分派不易計算，致使這一聯繫方案亦發生不少困難。

前述的補救辦法，祇是治標的，並非治本的。根本的改造辦法則在於澈底調整市政區域及改變市府組織、美國有些的市政府曾向這一方向進行改造或作區域合併，或作區域聯合。合併者是一個政府吸收或增加一些管轄區域；聯合者是兩個以上的政府單位把管區統一起來。由於區域的合併與聯合，都市愈發展愈擴大，而形成龐大驚人的大都會。這等的大都會的區域則坐跨兩州以上的州界。都市的合併與聯合有的是出於市民的自願，自動爲之；有的是出於州政府的强制，由州議會通過法案或決議爲之，不管當事人是否同意。

爲要解決市區管轄的困難與糾紛，有人提議成立『市聯政府』(City-Federation)。在大都會區域內各個政府單位，均保持其獨立性；但各推舉代表，組成聯邦的市政府。個別政府具有權力，管理其純粹地區性事務，至於全區的或共同的事務，則歸由中央的或聯邦的市政府處理之。另一極端的改革提議是使現在的大都會升格而成爲『都市州』(City State)，直屬於華盛頓的聯邦政府。但依憲法規定，不得各州的同意，不得變更州的疆界，實行上，自有很大困難。不過在理論上，『都市州』的擬議，是很有道理的，値得考慮的。在都市區域未能作根本的調整或改造前，自願的合作與特別區的設置是較爲簡而易行的。

第十八章　縣政府

美國由鄉村的農業經濟，進步到都市的工業經濟，迫使聯邦、各州及各市政府，不得不隨時代而變遷以爲適應。但是，那較小政治單位的縣政府却不會受到重大的影響，變動得並不大。美國的國民有極大量的人，對縣政府情形知悉者甚少，或竟一無所知；但是事實上縣政府仍居於相當重要的地位，並擔當着一定的功能。儘管人口，自鄉村大量的向都市移入，但縣仍爲無數人民在服務，在工作。縣政府可以征收租稅，可以發行公債，可以用人，可以用錢，可以統治人民，可以推行服務，亦可以指導人民的政治活動，確爲一重要政治單位，不可忽視。

一、**縣的地位**——縣的地位與市不同，市是法團，具有法人資格。而縣祇是州政府設定的一種行政區劃，縣政府祇是州政府所憑藉的行政工具，並非自治法團。縣是一個地方行政單位。美國全國的地方行政單位包括縣、鄉、鎮、區等約計有一〇二、〇〇〇個。在各州中，以伊利諾州的數目爲最多。這些地方行政單位，自有其原因與需要，但無疑問的，在交通進步，經濟發達的今天，這數目實在不太大了，應予合併及簡化。

縣及地方單位，祇是國家官署 (State Agent)，即州政府的代理處，並無獨立的地位與人格，只是州的一部份，以州的意志爲意志，以州的存在爲存在。縣及其他地方行政單位的政府組織、功能、職權均依州議會的意志决定之。因之，他們具有與州政府相同的特權或豁免，不得其同意不被控訴，對某些事務不負法律責任。所謂同意指有法律規定言。聯邦政府亦不能無理的增加地方政府的負擔。但縣及地方行政單位若破壞契約仍須負法律責任。

州政府對縣政府的控制權雖然是很廣泛的强大的，但亦並非沒有限制的，州憲法對州政府的限制，爲數不少，但歸納言之，計有以下四類：㈠很多州的州憲禁止州議會以特別法案規定地方政府的組織與職權；即是說，不得一個縣通過一個組織法；相同或相似之縣應適用一個或相同的組織法。一州的縣可以分爲幾等或幾類；一等或一類的縣適用一個組織法。㈡縣的疆界不得隨意改變。阿克拉荷馬（Oklahoma）州於州憲中設置政府單位，非修改憲法不得變更縣的疆域。有的州規定變更縣界須經州議會三分之二的多數通過。有的州規定縣界變動，不得使其縣境距離縣治少於一定里數。有的規定非具一定條件，不得設置新縣。有的州規定非經全縣選民投票，不得變更縣界。㈢很多州的州憲禁止州議會遷移縣治，即縣政府在地。㈣有些州憲禁止州議會廢除地方機關，並不得改變普選制度。由於這些限制，縣的疆界變更，則祇有採修改憲法的一途。但修改憲法,每失之行動迂緩,致不易適應社會事態的變遷與需要。

儘管州憲有許多的限制，但因事實的需要，州政府對縣政府的控制權逐在加强中擴大中。由於經濟的進步及交通的發達，行政的責任與權力逐漸的由較小的單位移向於大的單位；即由下級移向上級。儘管有些州給予縣以若干的自治權，但其所施的行政監督與管制則在增加中。無論在財產估價上、租稅徵收上、公債發行上、預算及會計控制上、教育行政上、公路建造上、公共衛生上、社會福利上莫不如此。行政的集中趨向，是由於技術的進步與人口的增加。集中與統一的要求，使行政單位，有予以調查及合併的必要。

二、縣的現勢——當美國在殖民地時代，英國本國劃分爲若干郡（Shires）。郡下復分爲教區（Parishes）、百人區（Hundreds）、采地（Manors）、及市（Boroughs）。當英國的地方制度移植至殖民地時，則改郡爲縣（County）。縣首在維吉尼亞州設置，其後成爲南部各州普通的地方政府及行政單位。中部各州的地方行政區劃，則同時兼採縣與鎭（Township）兩種制度。新英格蘭各州雖同時採行縣與城（Town）的制度；但降抑縣居於次要地位。沿大西洋岸的州現仍採行城與縣並存制。西部、南部及落磯山（Rockies）以西各州均採縣爲行政區域。其他各州多採縣鎭（County-Township）混合制。縣制見於四十六州。羅得島州以面積小，不設縣。路易士安那州亦廢縣而設教區。得烈威（Delaware）州僅有三縣。德克薩斯（Texas）州內，縣數最多，計二五四處。平均每州約六十縣。各州設置縣數及劃定縣的疆界，各自適用其自認爲合適的標準。美國全國最大的縣是加里福尼亞州的聖巴納丁納（San Bernardino）縣，面積計二〇、一三七方英里；縣的平均面積約爲九六一方英里。依一九五〇年的統計，人口最多的縣是伊利諾州的寇克縣（Cook County），縣民達四百五十萬。人口最少的縣是德克薩斯州的魯文縣（Loving County），縣民僅二二七人。縣的平均人口約爲四四、〇〇〇人。雖然許多的政治學者都一致的認爲美國的縣數太多了，應予裁併，但事實上縣的廢除與合併，是極少見的。

在不少的州內，縣需要作適當的分類。州議會若對每一個縣都作個別的處理，不但耗費很多時間，且會引起很多的麻煩，並可能引起對各縣有不平等待遇情勢。自本世紀來，各州州憲多禁止州議會以特別法案規定某一縣的事項。縣政處理應以分類法案爲之。雖然各縣予以分類，但州議會仍然能用一種巧妙的方法，對某一兩個縣作特別的處理。州議會每能用一種特別分類標準，剛好使某一兩個縣成爲一類。加里福尼亞州曾將全州的縣分爲五十八類，一縣是一類。這種逃避法眞屬可笑。

三、縣府組織——美國縣府組織，大多數是保守的，仍因襲着殖民地時代的傳統，不似市府組織演變之快，花樣之多。所謂縣的分類，乃是就立法方面而言，並非謂縣府組織方面有這多的種類。有若干州規定全州各縣縣政府均須採行相同的或一律的組織。有若干州則頒行縣政府組織大綱或通則，使在大同之下，留有一些小的差異。有若干州對縣政府組織作分類的規定，即頒行三種四種的縣政府組織法，予各縣以自由選擇之權，亦即相當的自治權，使其自行選用一種。

三權分立說或孟德斯鳩的制衡原理，在美國政治理想上是十分盛行的；在中央及州市的政治制度上是大度採用的。但是很奇怪的，這一學說或原理，在縣級的政府組織中，根本未發生影響。其所以致此的原因，約有二端：㈠美國縣政府組織的形態，是由英國的傳統移植過來的；英國縣 (County) 政府的組織，向採『立法與行政』的合一制，並無所謂分權或制衡。㈡縣政府規模狹小，權力脆弱，不足以構成威勢强大的專制政府，而威脅到人權與自由。人民不怕其專斷與濫權，自無需採分權制度以爲牽制。在縣政府組織中，找不到一個可以與總統、州長、市長地位相比擬的官職。許多的行政或執行的功能，並未能付予行政官吏，而是交由兼管立法與司法任務的機關同時擔任之。這個機關是縣的統治機關，兼掌立法、司法與行政三種功能。這一統治機關的名稱各州並不一致。綜其名稱有下列幾種㈠縣監察委員會 (Board of Supervisiors)，㈡縣政委員會 (Board of County Commissioners)，㈢縣法院 (County Court)，㈣縣歲入委員會 (Board of County Revenue)，㈤縣財政法院 (County Fisical Court))，㈥縣選任地主委員會 (Board of Chosen Freeholders)。

縣委員會的組織普通不外兩種形式，一是縣政委員會制，僅有委員三人，由全縣選民投票普選產生之。一是縣監察委員會制，委員人數則較多。監察委員由縣內各鄉、鎮、市、區分別選擧之。在農業區域的縣，縣監察委員約爲十五人至二十五人。在工業區域的縣，縣監察委員多至五六十人，甚至百人，有的州，同時採行這兩種制度。

在南部各州，縣下不設市、鎮，而將全縣劃分爲若干區，每區選擧代表一人，參加縣委員會。在這些縣份，保安官亦由各區選擧之，且多參加縣委員會。人數衆多的縣委員會，普通每三個月開一次會，必要時召開臨時會議。人數較少的縣委員會，開會的次數則較此爲多。縣委員會開會在法院大廈擧行，係公開會議，人民可以旁聽。縣政委員或縣監察委員的任期，普通爲二年或四年。縣委員會委員支領出席費及交通費；小型的縣委員會委員則支領薪給，惟爲數不多。

這兩種類型的縣委員會，孰優孰劣，論者意見並不一致。大型縣委員會制有以下的優點：㈠容納地方的多數代表，足以有效的反映民意，具有有效的代表制，及較多的民主精神。㈡統治機構有多數人參加，足以集中政治力量，加强政府地位，對政務推行，較爲有力，且易於獲得地方的廣泛支持。㈢在立法的功能上，足以收博訪周諮，集衆思廣益之效。㈣參加縣委員會者人數衆多，易於顧及到縣境內各方面的利益與需要，而爲通力合作予以增進。但大型的縣委員會無疑的具有以下的缺點：㈠人數衆多，意見難集中，責任難專，爭辯費時，行動遲緩。㈡以大型的縣委員會推行行政工作，必致責任不確定，爭功諉過，遺誤事機。改進之道，端在折衷。以大型委員會擔任立法功能。大型委員會推行少數常務委員或縣經理以負執行之責。

美國的典型縣政府尚有不少的民選官吏。其重要者有法官、典獄長(Sheriff)、檢察官、祕書長或總書記、法醫或檢驗吏(Coroner)、審計官、司庫、契據登記官、測量官、學校監督官及陪審委員等。民選官吏過多，使行政無法統一，權力莫由集中，工作重複，事權衝突，勢所難免，以致形成行政效率的低減。每屆選舉，選票上印列甚多候選人，形成所謂『長選票』，使選舉人亦不易作審愼適當的選擇。這些民選官吏，多規定在州憲法內，非修改州憲，無法廢止或改變這些官吏。由於這種原因，所以縣政府的演進甚爲緩慢，不易與時代並駕齊驅，而使之現代化。

美國縣政府革新或改選的途徑有二。一是仿行市經理制，而採行縣經理制。在此制下，縣委員會仍繼續存在，而負立法與決策的責任；由縣委員會負責延聘一有經驗有專長的人擔任縣經理，負行政或執行之責。現有的民選官吏改由縣經理提名縣委員會同意任命之。採行此制有以下的優點：㈠明白劃分立法的行政的功能。㈡立法者人數衆多，而收集思廣益之效。㈢行政責任交於一人，事權集中，命令貫徹，行動迅速。㈣行政官吏改由委派，建立層級節制的指揮系統，而收指臂運如之效。㈤減少民選官吏，實現『短選票制』，加强選民的選舉效能。在較爲工業化的縣份，已有少數的縣，採行縣經理制。自然，這種亦不是絕對無缺點的。舉其著者，則在：㈠政治與行政難嚴格劃分；㈡縣委員會干擾縣經理，二者間的關係，難期協調。㈢縣經理的號召力不足，權勢不够，難以有力有效的推行縣行政。美國現有八州的十五個縣採行縣經理制。

二是三權分立的學說，仿行强市長制，由選民選舉縣議員組織縣議會，擔任立法功能；由選民選舉縣長，以爲行政首長；由選民選舉法官擔任司法審判。三權分立，各有專責，系統分明。縣長由縣民直接選舉，有全民支持，聲望高，號召强，基礎厚，成爲一縣的眞正政治領袖，爲統一團結的象徵。在强有力的領導下，縣政推行易著成效。行政責任確定，事權集中，政令推行易於貫徹。縣長雖權大勢强，然有縣議會的牽制制衡，亦不致流於專制蠻横。不過在此制下，縣長與市議會因相互牽制之故，有時會造成政治僵局。

四、縣下區域——在縣境之內，尙有較小的政治單位或行政區域。這些單位或區域的名稱在各州並不一致。在南部及西部各州，縣下單位多稱城或鎭（Town）；在東北部及中西部各州則多稱村（Village）；在東部幾州則多稱市（Boroagh）。這些單位或區域都比較是人口集中的，工商化的，有似都市，而非縣鄉。但這些單位又和新英格蘭各州的鄉（Town）或鎭（Township）又有不同，不可混爲一談。

這裏所謂『村』（Village）『鎭』（Town）具有以下的特點：㈠這些都是縣下的行政區域或政府單位，面積小者祇一方英里，大者達幾百方英里。㈡這些區域的人口，較之其他鄉區則爲衆多而稠密。㈢這些區域雖是縣的一部份，但依法律規定，這些單位都是一種法團，有權自行籌供各種服務事業，以適應市區的需要。㈣這些單位的法律地位有似大都市，具有法人資格。㈤多數的單位多獲得所謂『地方憲章』(Local Charter) 以規定其權利義務。㈥這些單位所擔任功能是十分廣泛的衆多的。

村或鎭的政治組織有似市政府者，幾乎都採行所謂弱市長制。行政的首長稱爲村長或鎭長 (President. Mayor, Burgess)，由居民直接選舉之。立法機關稱爲理事會 (Council)，或董事會 (Board of Trustees) 由選民選舉理事或董事三人至九人組織之。理事或董事普通均爲義務職或無給職。其他的官吏有祕書或書記、司庫、街道官、檢察官、警衛官等，亦均由選能產生之。縣市政府在這些區域內可以派遣官員執行自己的任務與功能。執行縣市任務的官員普通是租稅估價員，租稅徵收員，審計官、保安官及巡警。

村或鎭的政府組織雖類似市政府者，但究尚有以下的不同：㈠市政府組織龐大複雜，村鎭政府組織則甚爲簡單。㈡市政府的權力大，功能多；而村鎭政府則權力小，功能少。㈢村鎭的理事會或董事會，人數較少，且爲無給職。㈣村長或鎭長的權力較弱，許多行政功能多分由若干民選官員擔任之。不過村鎭政府是接近民衆的政治機構，廣大的民衆均瞭解這種政府，接近這種政府。他們在生活上所需要的服務，多由這村鎭政府供應之；所遭遇到生活上的困難問題，亦多由村鎭政府予以解決。

英格蘭各州的鎭 (Town) 起源於殖民地時代。這種鎭今日仍大量存在，數達幾百處之多，疆界極不規則，面積約二十五至三十五方英道。這些區域有的完全是農業區；有的在其區域內亦有若干工商業中心，但尙未依法定程序成爲自治法團。英格蘭各州的縣下組織，與其他州者稍有不同。他的組織特色是兼採鄉制與市制的混合體。

英格蘭各州鎭的政治勢力機關是鎭民大會。鎭民大會每年集會一次，必要時得召開臨時大會；其主要任務是決定政策及選舉官吏。在鎭民大會閉會期間，由『精選委員會』(Board of Selectmen)負其責任。精選委員會普通由鎭民大會選舉委員三人組織之。其他民選官吏有祕書、巡警、司庫、教育委員、租稅徵收員等的組織，間亦有採經理制者。鎭同時是選舉州議員的選舉單位。

在形式上，新英格蘭各州的鎭政府和殖民地時代者並無不同，不過在實際上卻有很大的變化。在昔日，鎭民大會確是有實權的統治機構，但在今日，這一大會却失掉了不少的統治權，其社會價值與權勢已大不若從前了。其所以致此的原因如下：㈠現在的居民都忙於生活和職業，對參加鎭民大會多半不感興趣，缺少時間，自動放棄了出席權利。㈡參加市鎭民大會的人，則以背景不同，利益不一，意見分歧，發言盈庭，對共同事務，不易獲致協議。㈢現代的地方事務已漸趨專門化、技術化、科學化，以常人的選民，對此等事務與問題，多不甚瞭解，難以有所決定。㈣交通發達，經濟進步，科學昌明，政治與行政的管理權，漸由小擴大，由下趨上，於是州政府、縣政府、甚而聯邦政府對地方事務的控制與指導，已大見增加，使鎭民大會失却其重要性。在今日，鄉鎭民大會雖仍不失爲一重要集會，但統治大權，漸移向於『精選委員會』。

在英格蘭各州外，十六個州內有『里』(Township)的存在。這些位於紐澤西(東)與肯薩斯(西)兩州之間。華盛頓州是唯一西岸州，在州境內只有少數的縣設『里』。南部各州並無這一名稱或單位。在紐約，本薛文尼亞，紐澤西三州，『里』發展極不規則，其疆界非常不整齊。但自鄂亥俄州向西的各州則以人爲的區劃，劃定『里』的界線，所以是整齊劃一的。一個『里』普通是四周各爲六英里，面積是三十六平方英里。

在『里』的區域內若有人煙稠密的地方，則可依法定手續成立爲村、鎭或市。但這些村、鎭或市和新英格蘭各州的鎭又有不同。他們都可以脫離『里』而分別的設立單獨政府。自然，亦有些村、鎭、市仍願屬於『里』政府，不另成單獨政府。多數的市、鎮仍做行新英格蘭各州的制度而設有市或鎮民大會。在大會閉會期間，其統治機構是董事會(Board of Trustees)或『監察委員會』(Board of Supervisors)這些委員會有的係由民選的委員會單獨組織之；有的則並加入民選的祕書、司庫，及保安官等混合組織之。印第安那，愛阿華，米尼蘇達，達柯達，俄亥鄂，本薛文尼亞，威斯康辛等州採行前種制度。其他有『里』的各州採行後種制度。

有很多人認爲『里』這個行政區域是殘存的或多餘的。很多的州都沒有『里』的組織，照樣的治理無礙。這便是『里』並非必要的事實證明。『里』政府的地位日趨削弱；其功能漸爲較大區域的政府所奪去。雖然，有些地方，特別是在半工業化的區域，『里』政府仍具活力，而有蓬勃之氣，但其將來前途與發展，並未可樂觀。美國如要實行地方行政改革，裁併基層區域，『里』是應該首先取消的地方單位。

在美國的南部及極西部各州，縣下並不設鎮或『里』，而是把全縣劃分爲若干區(District)。區並非法團，並無法人資格，祇是爲了縣政府的行政需要與方便，而劃設的行政區域。鎮及『里』政府擔當一般的政府功能和責任，而區則執行少數的特別功能。區的名稱在各州並不相同。渥金尼吉及西渥金尼亞兩州稱『官治區』(Magisteral District)；在田納西州稱『民政區』(Civil District)；在喬治亞州稱『民防區』(Militia District)；在瑪麗蘭、福里瑞達、阿拉巴馬三州稱『選舉區』(Election District)；在密西失必州稱『監察區』(Supervision District)；在得拉威爾州仍沿用英國的舊名，稱『百人區』(Hundred)。在西部各州，多稱『行政區』(Precinct)。區的名稱雖有不同，但均有一種共同的功能，就是選舉縣委員會委員，及其他民選縣政官吏的選舉單位。同時，區是推行司法、執行法律、估計租稅及推行教育、衛生、交通的行政區域。

除前述的地方行政區域，構成一層級節制體系外，各州尚另設有所謂『特別區』(Special District)。其中最多而又最普遍者當推『學校區』(School District)。學校區雖然仍是一種活潑而發達的一種教育行政區域，但近二三十年來，由於地方區域的聯合與合併運動，學校區有漸行減少的趨勢。美國全國依一九五七年的統計，共有六四、八五一個特別區，其有五〇、四四六個是學校區。

在很多地方，教育行政是由學校區辦理之。有少數的學校區是與縣境一樣大小。在市或工業區率設一個學校區；而農業區域或鄉區則分為較小單位以為辦學的範圍。鄉區的學校區普遍皆面積甚小，人口不多。因之，這些地方的學校常感經費不足，設備不良，教師的待遇亦較差。為謀求改進常有校區聯合運動，期對教育設施有所改進。

學校區亦被視為一種政府行政單位，有權課稅，有權借債，為該區的公共利益，有權支用公款；在民事案件方面不負法律責任。這種豁免，使學生、教員及僱工不能因學校行政而受損害，去控訴學校區。但學校區如破壞契約，則仍須負法律責任。學校區的重要行政責任，由『學校委員會』(School Board) 擔任之。委員會委員由選民選舉之。市區的學校由學校委員會委派學校監督以督導之；鄉區學校由民選的縣督學以督導之。在較高階層，多數的州皆有民選的或委派的教育監督，負責執行該州有關教育的法令及教育行政事宜。

除學校區外各州尚設有其他的特別區。這特別區設置的理由或原因有下列幾點：㈠為了擺脫政治的干擾與影響。㈡有時為了逃避正常政府下所規定的公債總額的限制。㈢有時需要設置新機構，使不受傳統的或原有疆界的限制，期能作較自由較有彈性的適當運用。㈣有時以縣府或市府官吏工作過忙，責任已重，不如另劃新區另用新人擔任新的工作。㈤在特別區內可以任用特別適格的人員擔任特別任務。

特別區是依法特別設定的法團，以獨立的地位或與正規合作推行某種的特別任務。有的特別區具有租稅權；有者並無此權。多數的特別區有借債之權，其法律地位，有似小型政府。美國各州的特別區數在六萬以上，其組織與功能，極爲分歧複雜，很難作簡明的分類與扼要的描述。除學校區外，其他的特別區約計有一萬四千處，究其大別，約有三種：一是推行公共服務事業的特別區。二是推行行政功能的特別區；三是兼司公共服務與行政功能的特別區。

公共服務事業的特別區在經營自來水、電力、電燈、煤氣、住宅各種事業。其維持原則在本商業精神作公平與自由的交易；以其營業收入彌補本身的開支。政府行政功能的特別區靠租稅及特別受益稅維持其開支。這些特別區的功能，包括消防、衞生、民用航業、道路交通、下水道、土地保持、公墓等。兼司服務與行政的特別區爲數極少。視其功能性質徵收受益稅或營業費。

特別區的行政或管理機構是十分分歧的。形形色色，極不一致。不過最普通的組織形式是設立一個民選的或委派的委員會。有的委員會採分工制，由各委員分任各種行政或監督之責。有的委員會則推任一經理或監督擔任執行任務。這些機構所管轄的功能或事業範圍常超出縣界或市界。特別區的創設雖足以解決某一特別問題或情勢，但增加地方行政單位，分散政治責任，擾亂行政系統，實引致不少的弊害與批評。這對簡化地方行政單位，改革地方行政制度，亦是一大阻抑。

參考書目

1. Charles A. Beard, Am Economic Interpretation of the Constitution of the United Statcs, N. Y. Macmillan, 1913

2. James Bryee, The American Commonwealth, N. Y. Maemillan, ren. ed. & Vols, 1889
3. Kenneth Wheare, Federal Gavernment, N. Y. Oxford University Press. 3d ed, 1953
4. Hngh A. Bone, American Politics and Party System, N. Y. Me Braw-Hill, 2d ed, 1955
5. Howard D. Samuel & Franklin L. Burdette, Congress at Work, N. Y. Halt, 1952
6. Lauis Brawnlow, The American Presidency, Chicago, University of Chicago Press, 1949
7. Edward S, Corwin & Louis W. Koenig, The Presidenoy Today, N. Y. New York University Press, 1956
8. James C. Charlesworth, Governmental Administration, N. Y. Harper, 1951
9. Glenn O. Stahl, Public Personnel Administration, N.Y, Harper 4th ed 1956, Formerly Mosher, Kingaley & Stahl.
10. Lewis Mayers, The American Legal System, N. Y. Harper. 1955
11. Dean G. Acheson, Power and Diplomacy, Cambridge, Mass, Harvard University Press, 1958
12. Samuel P. Huntington, The Soldier & the State: The Theary and Politics of

Civil-Military Relations, Cambridge, Mass, Harvard University Press, 1957
13. Daniel T. Selko, The Federal Financial System, Washington D. C. Brooking, 1940
14. Brooke W. Graves, American State Gavernment. Boston, Heath, 4th ed. 1953
15. William V. Halloway, State and Local Government in United States, N. Y. Mc Graw-Hill, 1951
16. Harald F. Alderfer, American Local Government and administration, N. Y. Macmillan, 1956
17. J. H. Ferguson and Dean E. Me Henry, Elements of American government, N. Y. Mc Graw-Hill 1960
18. J. H. Ferguson and Dean Mc Henry, American System of Government, N. Y. Mc Graw-Hill, 1961
19. William B. Munro, The Gavernment of the United States, 5th, ed. 1950
20. F. A. Ogg and P. O. Ray, Introduction to American Government, N. Y. 8th 1945
21. F. A. Ogg and P. O. Ray, Essentials of American government, N. Y. 4th ed 1943
22. Charles A. Beard, American government and Politics, N. Y. 9th ed 1944
23. D. W. Brogan, Government of the People, N. Y. 1944

24. Harolda Zink, Government and Politics in the United States, N. Y. 1942

25. A. N. Christenson and E. M. Kirkpatrick ed, People, Politics and Politieian, N. Y. 1941

三民大專用書書目——政治・外交

書名	作者	單位
政治學	薩孟武 著	臺灣大學
政治學	鄒文海 著	政治大學
政治學	曹伯森 著	陸軍官校
政治學	呂亞力 著	臺灣大學
政治學	凌渝郎 著	美國法蘭克林學院
政治學概論	張金鑑 著	政治大學
政治學概要	張金鑑 著	政治大學
政治學概要	呂亞力 著	臺灣大學
政治學方法論	呂亞力 著	臺灣大學
政治理論與研究方法	易君博 著	政治大學
公共政策	朱志宏 著	臺灣大學
公共政策	曹俊漢 著	臺灣大學
公共關係	王德馨、俞成業 著	交通大學
中國社會政治史（一）～（四）	薩孟武 著	臺灣大學
中國政治思想史	薩孟武 著	臺灣大學
中國政治思想史（上）（中）（下）	張金鑑 著	政治大學
西洋政治思想史	張金鑑 著	政治大學
西洋政治思想史	薩孟武 著	臺灣大學
佛洛姆（Erich Fromm）的政治思想	陳秀容 著	政治大學
中國政治制度史	張金鑑 著	政治大學
比較主義	張亞澐 著	政治大學
比較監察制度	陶百川 著	國策顧問
歐洲各國政府	張金鑑 著	政治大學
美國政府	張金鑑 著	政治大學
地方自治概要	管歐 著	東吳大學
中國吏治制度史概要	張金鑑 著	政治大學
國際關係——理論與實踐	朱張碧珠 著	臺灣大學
中國外交史	劉彥 著	
中美早期外交史	李定一 著	政治大學
現代西洋外交史	楊逢泰 著	政治大學
中國大陸研究	段家鋒、張煥卿、周玉山主編	政治大學
立法論	朱志宏 著	臺灣大學

三民大專用書書目——心理學

書名	作者		單位
心理學（修訂版）	劉安彥	著	傑克遜州立大學
心理學	張春興、楊國樞	著	臺灣師大
怎樣研究心理學	王書林	著	
人事心理學	黃天中	著	淡江大學
人事心理學	傅肅良	著	中興大學
心理測驗	葉重新	著	臺中師院
青年心理學	劉安彥 陳英豪	著	傑克遜州立大學 省政府

三民大專用書書目——美術・廣告

書名	作者		單位
廣告學	顏伯勤	著	輔仁大學
展示設計	黃世輝、吳瑞楓	著	成功大學
基本造型學	林書堯	著	臺灣國立藝專
色彩認識論	林書堯	著	臺灣國立藝專
造形（一）	林銘泉	著	成功大學
造形（二）	林振陽	著	成功大學
畢業製作	賴新喜	著	成功大學
設計圖法	林振陽	編	成功大學
廣告設計	管倖生	著	成功大學

犯罪學	林山田、林東茂 著	臺灣大學
監獄學	林紀東 著	臺灣大學
交通法規概要	管歐 著	東吳大學
郵政法原理	劉承漢 著	成功大學
土地法釋論	焦祖涵 著	東吳大學
土地登記之理論與實務	焦祖涵 著	東吳大學
引渡之理論與實踐	陳榮傑 著	自立報系
國際私法	劉甲一 著	臺灣大學
國際私法新論	梅仲協 著	臺灣大學
國際私法論叢	劉鐵錚 著	司法院大法官
現代國際法	丘宏達等 著	馬利蘭大學等
現代國際法基本文件	丘宏達 編	馬利蘭大學
國際法概要	彭明敏 著	
平時國際法	蘇義雄 著	中興大
中國法制史概要	陳顧遠 著	
中國法制史	戴炎輝 著	臺灣大
法學緒論	鄭玉波 著	臺灣大
法學緒論	孫致中 編著	各大專院
法律實務問題彙編	周叔厚、段紹禋 編	司法
誠實信用原則與衡平法	何孝元 著	
工業所有權之研究	何孝元 著	
強制執行法	陳榮宗 著	臺灣大
法院組織法論	管歐 著	東吳大
國際海洋法——衡平劃界論	傅崐成 著	臺灣大
最新綜合六法 要旨增編 判解指引 法令援引 事項引得 全書	陶百川 編 王澤鑑 編 劉宗榮 編 葛克昌 編	國策顧 司法院大法 臺灣大 臺灣大
最新六法全書	陶百川 編	國策顧
基本六法		
憲法、民法、刑法（最新增修版）		
行政法總論	黃異 著	海洋大

商事法論（緒論、商業登記法、公司法、票據法）（修訂版）	張國鍵 著	臺灣大學
商事法論（保險法）	張國鍵 著	臺灣大學
商事法要論	梁宇賢 著	中興大學
商事法概要	張國鍵著、梁宇賢修訂	臺灣大學
商事法概要（修訂版）	蔡蔭恩著、梁宇賢修訂	中興大學
公司法	鄭玉波 著	臺灣大學
公司法論（增訂版）	柯芳枝 著	臺灣大學
公司法論	梁宇賢 著	中興大學
票據法	鄭玉波 著	臺灣大學
海商法	鄭玉波 著	臺灣大學
海商法論	梁宇賢 著	中興大學
保險法論（增訂版）	鄭玉波 著	臺灣大學
保險法規（增訂版）	陳俊郎 著	成功大學
合作社法論	李錫勛 著	政治大學
民事訴訟法概要	莊柏林 著	律師
民事訴訟法釋義	石志泉原著、楊建華修訂	文化大學
破產法	陳榮宗 著	臺灣大學
破產法	陳計男 著	司法院大法官
刑法總整理	曾榮振 著	律師
刑法總論	蔡墩銘 著	臺灣大學
刑法各論	蔡墩銘 著	臺灣大學
刑法特論（上）（下）	林山田 著	臺灣大學
刑法概要	周冶平 著	臺灣大學
刑法概要	蔡墩銘 著	臺灣大學
刑法之理論與實際	陶龍生 著	律師
刑事政策	張甘妹 著	臺灣大學
刑事訴訟法論	黃東熊 著	中興大學
刑事訴訟法論	胡開誠 著	監察委員
刑事訴訟法概要	蔡墩銘 著	臺灣大學
行政法	林紀東 著	臺灣大學
行政法	張家洋 著	政治大學
民事訴訟法論（上）（下）	陳計男 著	司法院大法官
行政法之一般法律原則	城仲模 編	司法院大法官
行政法概要	管歐 著	東吳大學
行政法概要	左潞生 著	中興大學
行政法之基礎理論	城仲模 著	司法院大法官
少年事件處理法（修訂版）	劉作揖 著	臺南縣教育局

犯罪學	林山田、林東茂	著	臺灣大學
監獄學	林紀東	著	臺灣大學
交通法規概要	管歐	著	東吳大學
郵政法原理	劉承漢	著	成功大學
土地法釋論	焦祖涵	著	東吳大學
土地登記之理論與實務	焦祖涵	著	東吳大學
引渡之理論與實踐	陳榮傑	著	自立報系
國際私法	劉甲一	著	臺灣大學
國際私法新論	梅仲協	著	臺灣大學
國際私法論叢	劉鐵錚	著	司法院大法官
現代國際法	丘宏達等	著	馬利蘭大學等
現代國際法基本文件	丘宏達	編	馬利蘭大學
國際法概要	彭明敏	著	
平時國際法	蘇義雄	著	中興大學
中國法制史概要	陳顧遠	著	
中國法制史	戴炎輝	著	臺灣大學
法學緒論	鄭玉波	著	臺灣大學
法學緒論	孫致中	編著	各大專院校
法律實務問題彙編	周叔厚、段紹禋	編	司法院
誠實信用原則與衡平法	何孝元	著	
工業所有權之研究	何孝元	著	
強制執行法	陳榮宗	著	臺灣大學
法院組織法論	管歐	著	東吳大學
國際海洋法──衡平劃界論	傅崐成	著	臺灣大學
最新綜合六法 要旨增編	陶百川	編	國策顧問
最新綜合六法 判解指引 全書	王澤鑑	編	司法院大法官
最新綜合六法 法令援引 全書	劉宗榮	編	臺灣大學
最新綜合六法 事項引得	葛克昌	編	臺灣大學
最新六法全書	陶百川	編	國策顧問
基本六法			
憲法、民法、刑法（最新增修版）			
行政法總論	黃異	著	海洋大學

商事法論（緒論、商業登記法、公司法、票據法）（修訂版）	張國鍵　著	臺灣大學
商事法論（保險法）	張國鍵　著	臺灣大學
商事法要論	梁宇賢　著	中興大學
商事法概要	張國鍵著、梁宇賢修訂	臺灣大學
商事法概要（修訂版）	蔡蔭恩著、梁宇賢修訂	中興大學
公司法	鄭玉波　著	臺灣大學
公司法論（增訂版）	柯芳枝　著	臺灣大學
公司法論	梁宇賢　著	中興大學
票據法	鄭玉波　著	臺灣大學
海商法	鄭玉波　著	臺灣大學
海商法論	梁宇賢　著	中興大學
保險法論（增訂版）	鄭玉波　著	臺灣大學
保險法規（增訂版）	陳俊郎　著	成功大學
合作社法論	李錫勛　著	政治大學
民事訴訟法概要	莊柏林　著	律師
民事訴訟法釋義	石志泉原著、楊建華修訂	文化大學
破產法	陳榮宗　著	臺灣大學
破產法	陳計男　著	司法院大法官
刑法總整理	曾榮振　著	律師
刑法總論	蔡墩銘　著	臺灣大學
刑法各論	蔡墩銘　著	臺灣大學
刑法特論（上）（下）	林山田　著	臺灣大學
刑法概要	周冶平　著	臺灣大學
刑法概要	蔡墩銘　著	臺灣大學
刑法之理論與實際	陶龍生　著	律師
刑事政策	張甘妹　著	臺灣大學
刑事訴訟法論	黃東熊　著	中興大學
刑事訴訟法論	胡開誠　著	監察委員
刑事訴訟法概要	蔡墩銘　著	臺灣大學
行政法	林紀東　著	臺灣大學
行政法	張家洋　著	政治大學
民事訴訟法論（上）（下）	陳計男　著	司法院大法官
行政法之一般法律原則	城仲模　編	司法院大法官
行政法概要	管歐　著	東吳大學
行政法概要	左潞生　著	中興大學
行政法之基礎理論	城仲模　著	司法院大法官
少年事件處理法（修訂版）	劉作揖　著	臺南縣教育局

三民大專用書書目——法律

書名	著者		單位
中華民國憲法與立國精神	胡佛、沈清松、石之瑜、周陽山	著	臺灣大學、政治大學、臺灣大學、臺灣大學
中國憲法新論（修訂版）	薩孟武	著	臺灣大學
中國憲法論（修訂版）	傅肅良	著	中興大學
中華民國憲法論（最新版）	管歐	著	東吳大學
中華民國憲法概要	曾繁康	著	臺灣大學
中華民國憲法逐條釋義（一）～（四）	林紀東	著	臺灣大學
比較憲法	鄒文海	著	政治大學
比較憲法	曾繁康	著	臺灣大學
美國憲法與憲政	荊知仁	著	政治大學
國家賠償法	劉春堂	著	輔仁大學
民法總整理（增訂版）	曾榮振	著	律師
民法概要	鄭玉波	著	臺灣大學
民法概要	劉宗榮	著	臺灣大學
民法概要	何孝元著、李志鵬修訂		前司法院大法官
民法概要	董世芳	著	實踐學院
民法總則	鄭玉波	著	臺灣大學
民法總則	何孝元著、李志鵬修訂		前司法院大法官
判解民法總則	劉春堂	著	輔仁大學
民法債編總論	戴修瓚	著	
民法債編總論	鄭玉波	著	臺灣大學
民法債編總論	何孝元	著	
民法債編各論	戴修瓚	著	
判解民法債篇通則	劉春堂	著	輔仁大學
民法物權	鄭玉波	著	臺灣大學
判解民法物權	劉春堂	著	輔仁大學
民法親屬新論	陳棋炎、黃宗樂、郭振恭	著	臺灣大學
民法繼承	陳棋炎	著	臺灣大學
公司法要義	柯芳枝	著	臺灣大學
民法繼承論	羅鼎	著	
民法繼承新論	陳棋炎、黃宗樂、郭振恭	著	臺灣大學
商事法新論	王立中	著	中興大學
商事法			

三民大專用書書目──國父遺教

三民主義	孫　　文　著	
三民主義要論	周世輔編著	政治大學
大專聯考三民主義複習指要	涂子麟　著	中山大學
建國方略建國大綱	孫　　文　著	
民權初步	孫　　文　著	
國父思想	涂子麟　著	中山大學
國父思想	周世輔　著	政治大學
國父思想新論	周世輔　著	政治大學
國父思想要義	周世輔　著	政治大學
國父思想綱要	周世輔　著	政治大學
中山思想新詮 ──總論與民族主義	周世輔、周陽山　著	政治大學
中山思想新詮 ──民權主義與中華民國憲法	周世輔、周陽山　著	政治大學
國父思想概要	張鐵君　著	
國父遺教概要	張鐵君　著	
國父遺教表解	尹讓轍　著	
三民主義要義	涂子麟　著	中山大學